志丹苑

上海元代水闸遗址考古报告

上海博物馆　编著
宋　建　主编

科学出版社
北京

图书在版编目（CIP）数据

志丹苑：上海元代水闸遗址考古报告 / 宋建主编；上海博物馆编著. —北京：科学出版社，2018.4

ISBN 978-7-03-057113-7

Ⅰ. ①志… Ⅱ. ①宋… ②上… Ⅲ. ①水闸—文化遗址—发掘报告—上海—元代 Ⅳ. ①K878.45

中国版本图书馆CIP数据核字（2018）第071823号

责任编辑：李　茜 / 责任校对：邹慧卿

责任印制：肖兴 / 书籍设计：北京美光设计制版有限公司

科学出版社 出版

北京东黄城根北街16号

邮政编码：100717

http://www.sciencep.com

北京华联印刷有限公司 印刷

科学出版社发行　各地新华书店经销

*

2018年4月第　一　版　　开本：889 × 1194　1/16

2018年4月第一次印刷　　印张：18

字数：465 000

定价：298.00元

（如有印装质量问题，我社负责调换）

CONTENTS 目录

插 图 目 录

第一章 概况

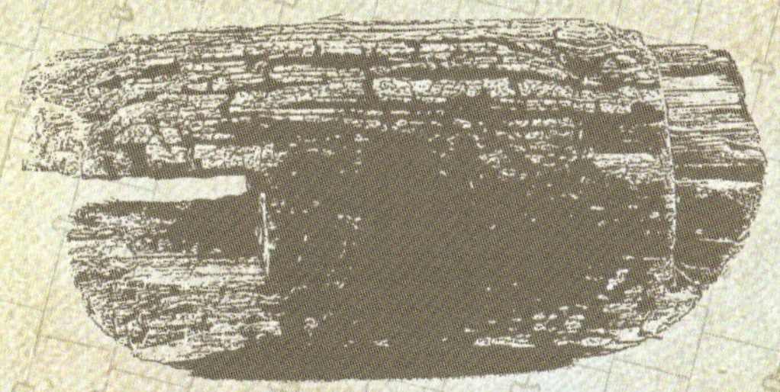

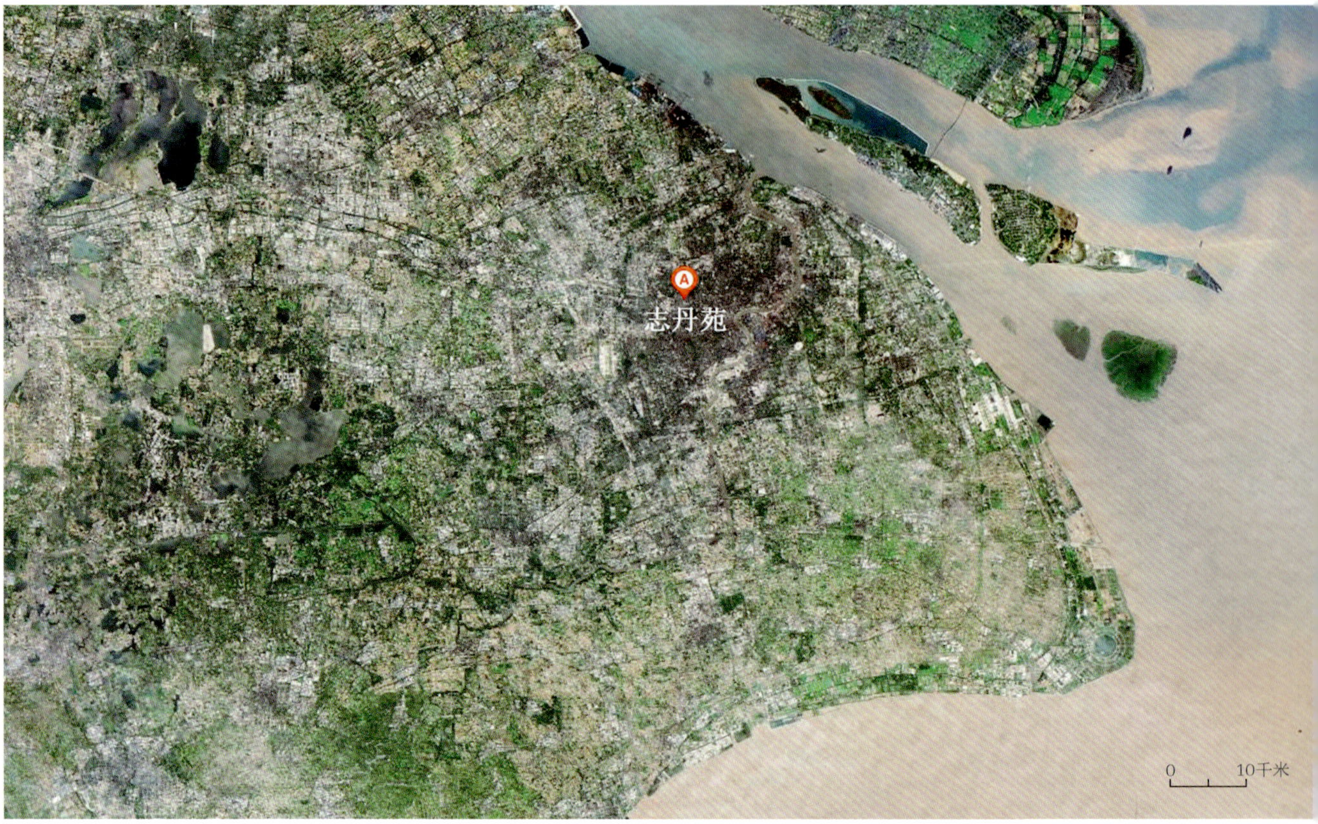

图1 水闸遗址位置卫星图（中国四维测绘技术有限公司卫星影像数据）

第一节 地理环境与历史沿革

一、 自然地理环境

志丹苑元代水闸遗址位于今上海市普陀区志丹路和延长西路交汇处，深埋于现地表下6.5米处，因毗邻志丹苑居民小区而得名（图1）。遗址所在东经121° 25′ 32″，北纬31° 15′ 41″，据上海市岩土工程检测中心工程测量与水文监测数据，地表的吴淞高程约4米。地势平坦，为长江三角洲平原感潮河网地区，周边水域均属吴淞江水系。由于长江携带大量泥沙入海，不断淤积，海岸线逐渐东移，唐代以前已经成陆。地貌属堆积地貌类型，为滨海平原的老滨海平原区，地下水资源丰富，常年地下水位高程约2.5米，遗址上部基本为砂淤土[①]。气候情况与上海市整体气候要素大

①任丹琦：《综合物理探查在古建筑水闸遗址保护中应用》，《上海建设科技》2013年第3期（总第197期）。牟建华：《综合物理探查在上海元代水闸考古中应用》，《志丹苑——上海元代水闸遗址研究文集》，科学出版社，2015年。二文内容相同，任文先于牟文发表。

致相同。东亚季风盛行，气候温和湿润，降水丰沛，四季分明，雨热同期。年平均气温为15.5℃，年平均降水量为1147.3毫米，年雨日达132天，年内降水分布不均衡，夏秋为多雨期，年际降水变化较大，丰枯比约3倍多。暴雨、热带气旋、连续干旱等灾害性天气时有侵袭，其中热带气旋及其伴随的暴雨和风暴潮危害尤甚①。

遗址以南约1.15千米的吴淞江（苏州河）是周边最大的河流，所在地区是吴淞江下游支河密集地区。遗址东邻彭越浦，西邻大场浦，稍远有木渎港（桃浦汇入），均为吴淞江北的支流。各浦、港之间，又多有人工开凿的分支河浜，形成密集的河网（图2）。

①上海市普陀区志编纂委员会：《普陀区志》，上海社会科学院出版社，1994年。

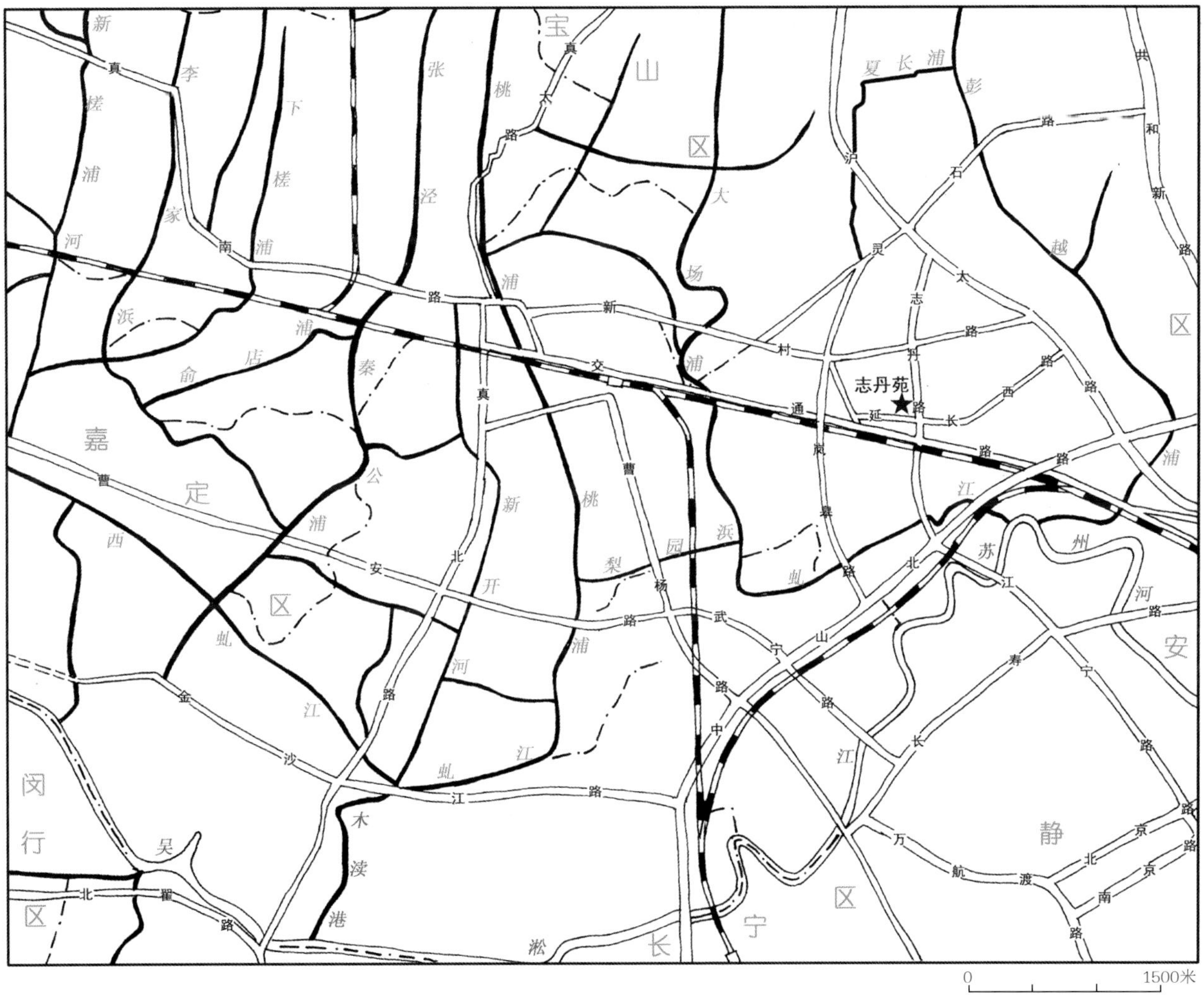

图2　水闸遗址周边水网图

二、　区域隶属沿革

志丹苑水闸遗址所在区域隶属沿革复杂多变。唐代天宝十年（751年）以前隶属昆山县，上隶江南东道吴郡。五代吴越、北宋隶属承前。南宋嘉定十年十二月初九（1218年1月7日），析昆山县西乡之安亭、东乡之春申、临江、平原、醋塘等五乡置嘉定县，改属嘉定县临江乡。稍后临江乡改名为依仁乡，上隶两浙西路平江府。元代元贞二年（1296年）嘉定县升为州治，上隶平江路。明代洪武二年（1369年）复改为县治，上隶苏州府，属苏州府嘉定县依仁乡，直至清初。清代康熙九年（1670年）县境水灾，翌年，为赈济灾民划区时设施粥厂九个，分别为城厂、杨行厂、月浦厂、罗店厂、广福厂、大场厂、真如厂、江湾厂、高桥厂，并逐渐以厂代乡，遗址所在属真如厂。雍正二年（1724年），析嘉定县东境置宝山县，属宝山县依仁乡，上隶太仓直隶州。道光十三年（1833年），在赈济灾民时从江湾、大场、真如三厂分出彭浦厂，现普陀区北境在真如、彭浦二厂范围内，此后以厂代乡。宣统二年（1910年），改为县属真如乡，遂划归宝山县，上隶江苏省[①]。民国三十四年抗日战争胜利后置大场区（1949年前称上海市24区），遗址在其范围内。新中国成立后隶属变化较大，先后分属真如区及宝山、嘉定、上海三县。1956年市政府撤销大场区建制，将延长路以南地境划归普陀区甘泉新村街道。1991年9月撤甘泉新村街道，更名为甘泉路街道至今[②]。

1944年后，大丰化工厂（前身大丰工业原料公司）由陕西北路迁至遗址地点建成车间。1949年前，周边多为乡村，名大李家宅，周边还有陈家宅、周家巷、同家巷等诸多村庄[③]。自1953年始，原有村落和农田逐渐被征用，陆续兴建了大批以甘泉新村为代表的多层住宅楼群。据现在周边居民回忆，大丰化工厂于20世纪90年代废弃了该地的厂房，后经历拆迁，计划兴建志丹苑居民小区。

三、 周边道路沿革

20世纪50年代前该区域均为农田，后经历年辟筑拓宽形成遗址周边道路（图3-1、图3-2）。同遗址相关最主要的两条道路是志丹路和延长西路，涉及交通路和双山路等。

遗址东倚志丹路。志丹路在普陀境内南起交通路，北至沪太路，是交通主干道，长1.62千米，宽30～35米。沿路有住宅、大学、商店等。1953年建甘泉新村时，即辟筑沟通新村的交通路至新村路段，车行道宽9米，碎石路面，得名于陕西志丹县。20世纪70年代初向北延伸至沪太路，此段车行道宽6.5米，碎石路面，两侧为土路肩。1984年，改建宜川排水系统时，新村路至沪太路段路幅拓宽至30米，车行道拓宽至24米，铺沥青混凝土路面。1990年为适应甘泉地域连片的住宅小区建设，甘泉路至延长路段拓宽改建，机动车道宽15米，两侧分隔带各宽0.5米，非机动车道各宽4

①上海市地方志办公室、上海市嘉定区地方志办公室：《嘉定县志》，上海古籍出版社，2012年。

②上海市普陀区志编纂委员会：《普陀区志（1991～2003）》，方志出版社，2007年。

③普陀区人民政府：《上海市普陀区地名志》，学林出版社，1988年。

米，沥青混凝土路面。1994年配合光新路铁路立交桥建设，交通路至延长路段路幅拓宽至35米。

遗址北部压在延长西路下。延长西路为普陀区次干道。1953年初辟筑志丹路至双山路段，车行道宽6米，碎石路面，名延长路。次年，向东筑至沪太路。1957年续筑至彭越浦。1958年为便利彭浦工业区对外运输，辟筑北宝兴路至共和新路段，路幅为16米，车行道宽7米，碎石路。1984～1985

图3-1　水闸遗址周边路网图

图3-2　水闸遗址周边俯瞰图

年沪太路至双山路段车行道拓宽至14米。1988年彭越浦（西侧）至沪太路段车行道拓宽至15米，铺沥青混凝土路面。1990年为配合老沪太路铺设排水管道，新筑共和新路至老沪太路段，车行道宽15米，水泥混凝土路面。1992年区地名办公室正式批准沪太路至双山路段道路为"延长西路"。

遗址南200米为交通路，是一条次干道路。该路跨静安、普陀两区，分东、西两段。长7150米，宽5.8～24.2米。民国三年（1914年）筑东段，以江西地名命名彭泽路。民国十五年（1926年）筑徐家宅路至真南路段，因路在沪宁铁路边，故改名交通路。1988年延伸成现状，沿路为工厂、住宅等，有车行、人行立交桥共4座。1999年4月为配合新村路西段（真华路—真南路）辟通改建工程，缓解新村路、真北路等干道交通压力，由区市政工程管理署负责实施交通路大修改造工程，同年11月竣工通车[①]。

四、 周边河道沿革

吴淞江位于江苏省东南和上海市西北部，源于太湖瓜泾口，东经江苏吴江至昆山，上海境内则贯穿青浦、嘉定、闵行、普陀、长宁、静安、虹口、黄浦八区，至外白渡桥汇入黄浦江，全长125千米，其中流经上海境内约54千米。吴淞江流经普陀区内长14.05千米，自西向东穿过长风新村、沙洪浜街道、石泉路街道、中山北路等地块。上海开埠以后，西侨来沪，记录此河可通苏州，乃称吴淞江之下游段为苏州河。清道光二十八年（1848年），英国驻上海领事阿礼国胁迫上海道台麟桂签订扩大租界协定书中始见官方明确的苏州河之名。

吴淞江古名松江，与娄江、东江合称三江，《尚书·禹贡》曰："三江既入，震泽底定"，又名笠泽江、松陵江、吴江、吴松江或淞江。吴松江之名，始见于《陈书·侯瑱传》"与景战于吴松江"句（《陈书·侯瑱传》卷九 列传第三 清乾隆武英殿刻本）；松江之名始见于《后汉书·左慈传》"所少吴松江鲈鱼"句。松陵江和笠泽江见于陆广微《吴地记》"松江一名松陵，又名笠泽也"句。至北宋时，《吴中水利书》中仍称松江，然亦并用吴松江之名，此后的水利记载，遂多称吴淞江。

南宋《云间志》中将吴淞江河口称为"南跄口"，唐代时河口已达今复兴岛附近，河口宽二十里，北宋时河口还有九里[②]。《吴郡志》卷十九水利下（宋人）郑亶称："吴淞古江，故道深广，可敌千浦。" 后因潮汐泥沙长期淤积，宋代又受到筑吴江长桥、长堤等因素的影响，北宋庆历二年（1042年），"堤界于松江太湖之间，横截五六十里，以益漕运"（图4）。自然和人为因素，使吴淞江水迂回绕道，宣泄不畅，导致下游河段逐年不断淤浅，河口宽度日渐浅狭为五里、三里，嘉庆《上海县志》

①上海市普陀区志编纂委员会：《普陀区志（1991～2003）》，方志出版社，2007年。

②褚绍唐：《上海历史地理》，华东师范大学出版社，1996年。

称吴淞江"唐时阔二十里，宋时阔九里、后渐减至五里、三里、一里"。至元代末年，吴淞江下游段已逐渐淤成平陆。元代著名水利专家任仁发在其著《水利集》卷三之"至元二十八年潘应武言决放湖水"条中，对当时吴淞江淤塞情况的严重性进行了翔实的记述。元以后，由于河道淤塞等因导致水患更为严重，明永乐元年（1403年），夏元吉治理吴淞江，放弃下游故道，于上海城东北疏浚范家浜（今黄浦江自外白渡桥至复兴岛东一段），使吴淞江与黄浦沟通，史称"江浦合流"。明隆庆三年（1569年），海瑞在吴淞江下游浚宋家浜新水道，自黄渡至宋家桥（今黄浦区福建路桥附近）长80里，形成吴淞江下游现河道[①]。

经过明清两代不断治理，吴淞江下游的河床逐步稳定，沿江集市、村落与渡口逐渐增多（图5）。吴淞江也高度依赖疏浚与塘浦圩田系统维持，但仍很脆弱，常因淤积而崩溃。19世纪末租界扩展后，吴淞江沿岸被占地设厂，兴建仓库、住房，开办商店，辟筑道路等，江南岸多处河道先后被填没。20世纪初辟筑沪宁、沪杭铁路，穿越吴淞江北岸时，沿线所经

①《上海水利志》编纂委员会：《上海水利志》，上海社会科学院出版社，2010年。

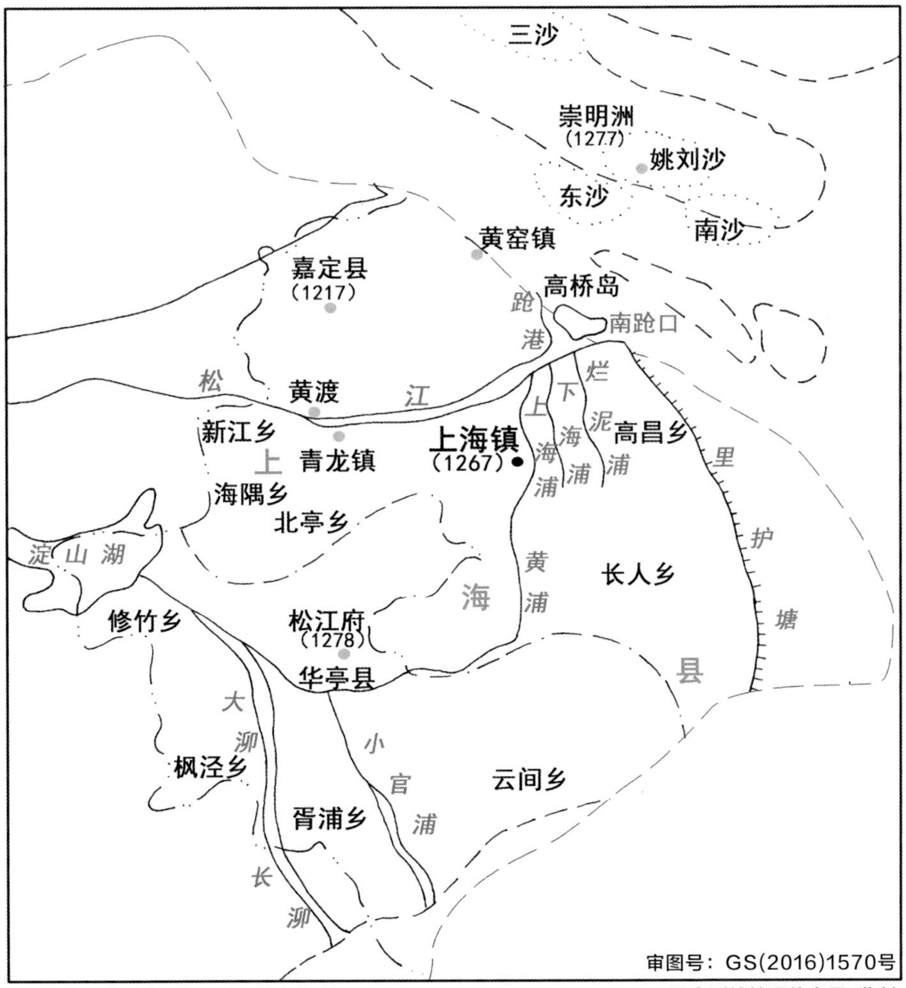

图4　宋元时期上海主要河道示意图

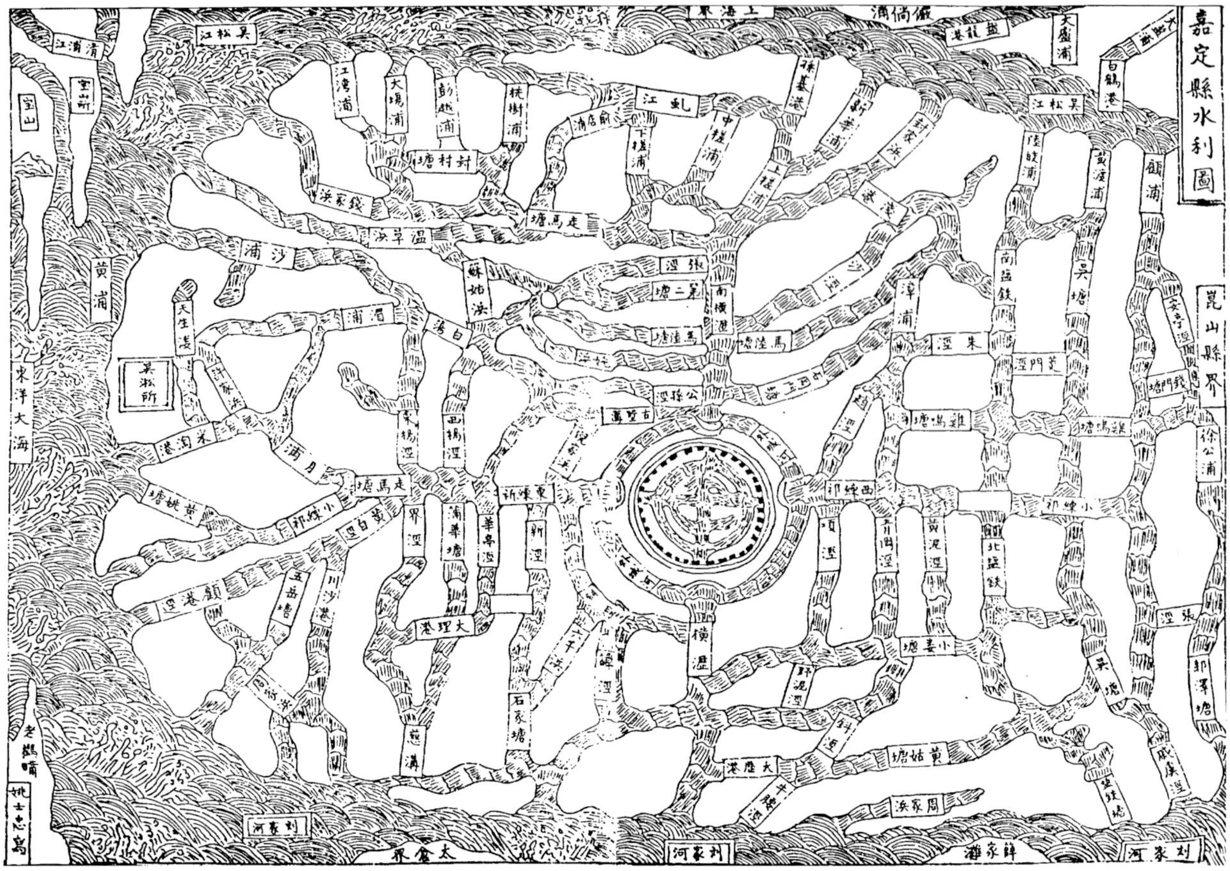

图5　明万历三十三年（1605年）嘉定县水利图

河道，不少都被截断改道。中华人民共和国成立后，市政建设迅速发展，吴淞江南岸残存的河浜，全部填没；北岸的支河，亦因市区由南向北扩展，陆续被湮断、填没。今上海市境内吴淞江宽不过40～50米，但中游的宽度在苏州市的东坊到甪直一段最狭处犹宽约400米，最宽处达600～700米，还保留有古时河身面貌，而瓜泾口段河道宽仅80米左右。吴淞江两端狭、中段宽的特殊形态乃是自然和人为双重作用长期演变所致。

夏元吉改道前的吴淞江故道，今称虬江或旧江。大致走向自今天的嘉定黄渡吴塘起，东经封浜、江桥两乡进入普陀区境内，抵长沈港（今丹巴路北端），趋东北，经虬江浪（今桂巷新村）、朱家湾（今石泉新村）至潭子湾（今中远两湾城），向东北接虬江至虬江码头（军工路）附近（图6）。虬江故道绝大部分河段已被填没，如现今的虬江路就是筑在虬江故道上。尚存的虬江残断，在嘉定区境内较多且长，均被纳入嘉定区河网水系范畴，至今仍发挥着一定作用；桃浦以西河段1981年正式更名为西虬江，亦称旧江（图7）。

遗址附近注入今吴淞江的主要支流自东向西有彭越浦、大场浦，以及与桃浦相汇的木渎港。

今彭越浦在遗址东约1.5千米处，长7千米，北起走马塘，南经彭浦

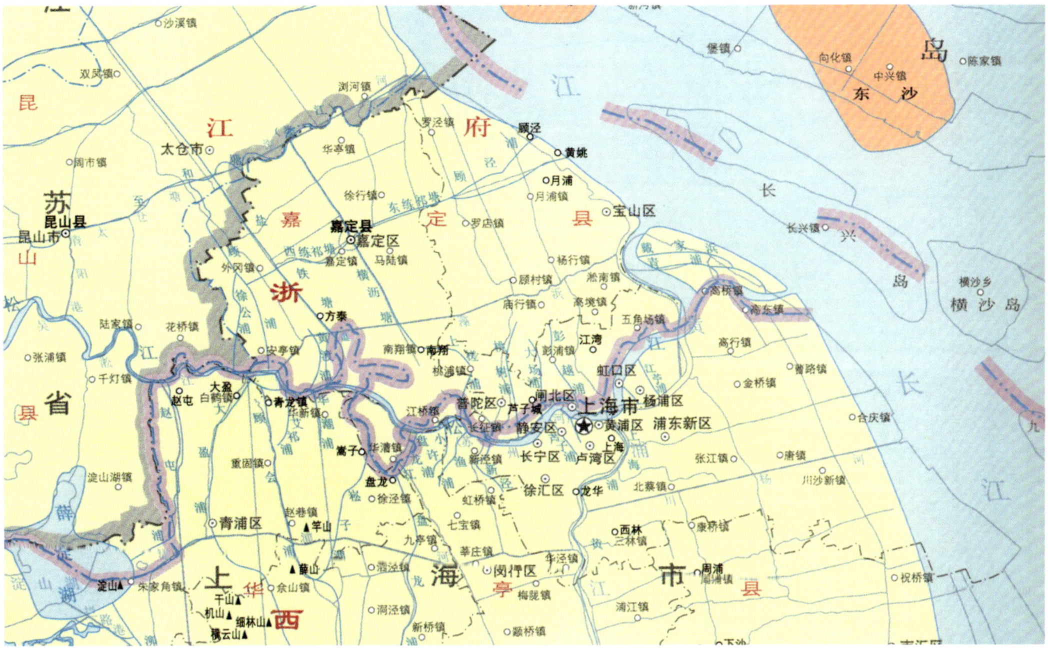

图6 南宋吴淞江水系图（国家文物局主编《中国文物地图集·上海分册》中“南宋时期”）

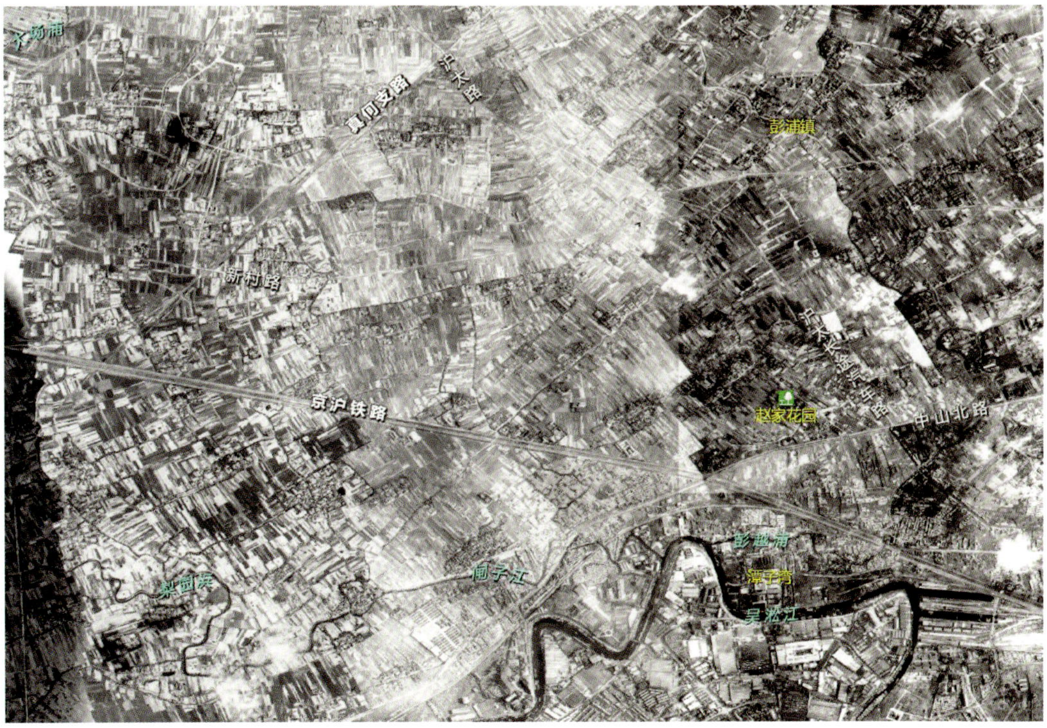

图7 1948年志丹苑航片（上海市测绘院，天地图上海3.0系统）

镇，至中远两湾城入吴淞江。元代曾在浦旁（今彭浦镇范围）建彭王庙，祀奉西汉刘邦灭楚大将彭越，以镇潮神，故名彭越浦或彭公浦，简称彭浦。

今大场浦位于遗址西约1.5千米处，全长约7.5千米，宽7～22米，水流平缓，水深各段不等，沿河有横港、胡家湾等支河。沪宁铁路将切断的大场浦分为南北两段，北段北起走马塘，南流经徐家宅、新桥、东横港、长港等；南段长1.3千米，北自沪宁铁路起，经潘家阁、太平桥（今临平路附近）等，注入吴淞江。

宋元时期，彭越浦和大场浦均为吴淞江北的大浦。据《水利集》卷七记载，吴淞江北的支流有“东彭越浦、西彭越浦、赵浦、大场浦、桃树浦”。《三吴水考》记载：“又东为桃树浦，又东为大场浦，又东为赵浦，又东为彭越浦，又东为卢泾浦，俱北通走马塘，南入吴淞江。”彼时，彭越浦和大场浦之间的赵浦亦注入吴淞江。在《宝山县续志》全境支河一览表中，新港条目释文内有“起虬江，迄赵浦（又称下长浦）”的记载，则赵浦亦有“下长浦”之称。

据20世纪30年代港务局业务报告及舆图，赵浦流经大场区、彭浦区及真如区，北起走马塘，南迄潭子江（今虬江），约15里许。大致走向自走马塘南流经盛家角至陈家头，折西，在孙家阁西北又折向南流，越沪宁铁路，经赵浦庙、管弄，在童家桥流入虬江。并有众多支流、横浜连接大场浦、彭越浦等河道，具航运灌溉之利。舆图上将赵浦的北段河道均标为夏长浦或下长浦。30年代中期以后，由于兴筑沪宁铁路货运支线道基、扩建新村路、辟筑新沪路等工程，以及乡村农牧业的发展，将铁路以北至孙家阁河道分段填塞湮断，毁坏了整体河道。1958年辟筑石泉路，建石泉路桥，同年沿河西岸辟筑旬阳路。80年代初，又将旬阳路东侧河段填没，增建住宅。1984年平毁石泉路桥，填塞河口一段水道。1986年，由于兴建管弄新村，辟筑岚皋路西段及建造岚皋路立交桥等，管弄北至铁路河段及其支流，亦均被填没。沪宁铁路以北河段，断续流经郊区农村，两岸多新建的农民村宅及饲养场，乡办工厂等。今赵浦留存河段（夏长浦河段），在志丹苑以北约1.6千米处，长约4千米，多为浅水沟浜。北段（夏长浦）有支河与大场浦、彭越浦相通，起排涝作用[①]。

①上海市普陀区志编纂委员会：《普陀区志（1991～2003）》，方志出版社，2007年。

第二节　工作经过

一、发掘前的准备

2001年5月3日适逢“五一”七天长假，下午，在家中休假的上海博物馆（上海市文物管理委员会）考古研究部主任宋建接到由上海博物馆保卫部转来的报告，称在上海市普陀区志丹路和延长西路交汇处的“志丹苑小区”住宅建设工地，从地下挖出石、木等物。宋建当即安排住在距出土地点最近的陈杰赶往现场。不久，陈杰来电报告相关发现：自距地面以下深7米处出土了石板、铁锭榫、木板、木梁等。并告知建设单位：立即停止施工，保护现场。5月6日上午，宋建、陈杰来到“志丹苑”工地，了解到施工者以自制筒状钻头取出上述物品。经仔细观察出土物，发现石板为企口拼接，石板面上凿凹槽镶嵌铁锭榫固定，木板亦为企口拼接并以铁质骑马钉固定，木梁上凿有卯孔，当以榫卯结构与木梁下面的木桩相接，这些都是制作工艺相当考究的建筑构件（图8-1～3）。施工者偶然选定的钻孔位置，却为理解遗存的结构提供了极其珍贵的信息。五年以后发掘至此处，最终确认这是闸底。为保存水闸结构的完整性，未发掘闸底，管钻出土的物品和对钻孔周壁的清理观察为我们判定闸底的构造提供了很好的依据。

根据出土物的性质初步判断，这里很可能是一处湮没已久的古代建筑遗存。由于出土地点距离吴淞江（苏州河）仅1千米，我们甚至大胆揣测这是一处与吴淞江相关的水上或水边建筑遗存。

图8-1　施工出土的石板与铁锭榫

图8-2　施工出土的木板（木枋）与铁骑马钉

图8-3　施工出土的木梁

5月8日下午召开上海市文物管理委员会工作例会，宋建汇报了志丹苑的发现。会上决定考古研究部用十天时间确定这处遗存的分布范围，并对遗存的性质和年代作出初步判定。由于遗存埋藏很深，考古勘探常用的"洛阳铲"无用武之地，于是委托上海市岩土工程检测中心运用探地雷达、高密度电阻率法和罗纹钻等对遗存进行综合探查（图9-1～4）。5月14日下午，考古学家黄宣佩、上海博物馆副馆长汪庆正等到遗存探查现场考察。5月15日根据探查结果初步确定遗存分布范围约1500多平方米，距地表深4～7米，可能是宋元时期的石构建筑遗存。5月15日下午上海博物馆（上海市文物管理委员会）领导作出重大决策：对这处遗存进行考古发掘。

图9-1　探地雷达探测图剖面

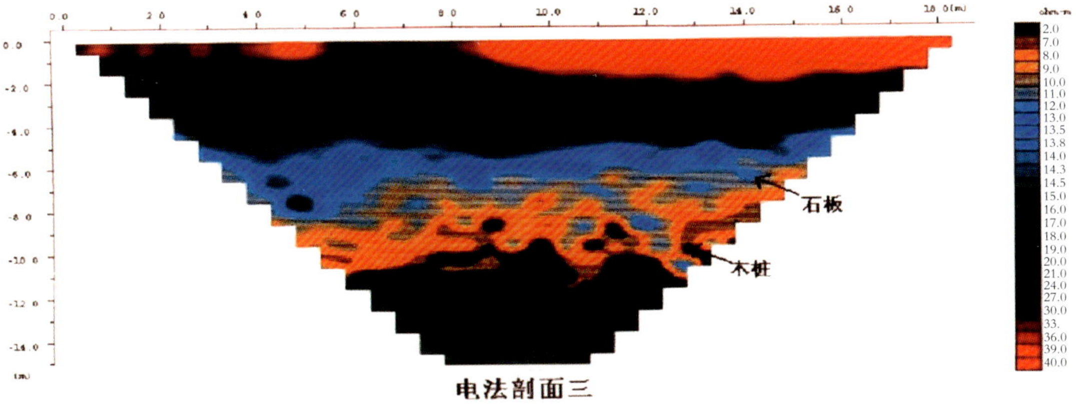

图9-2　高密度电阻率法探测图剖面

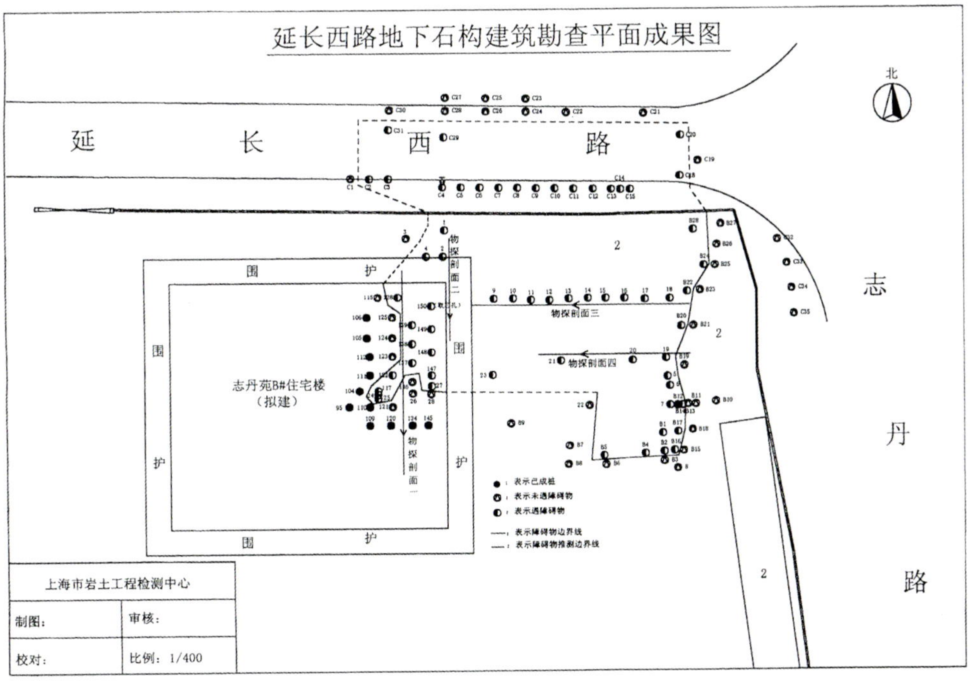

图9-3　螺纹钻探测范围

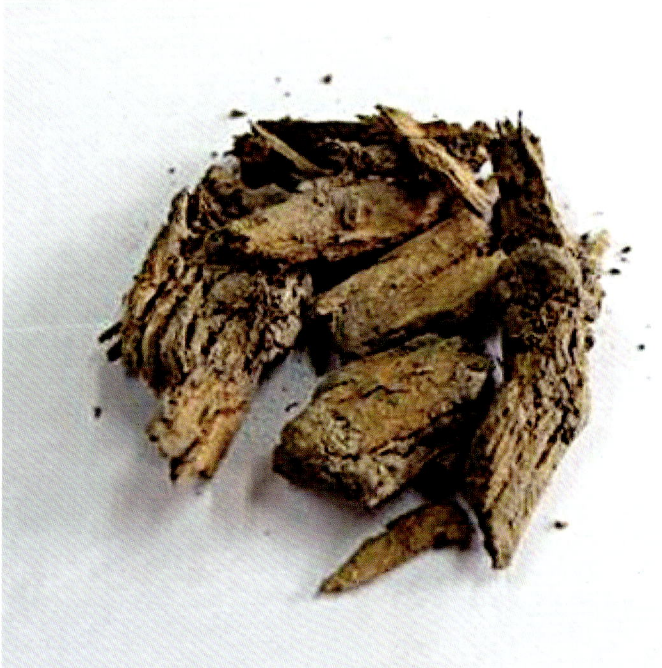

图9-4 螺纹钻128号孔在7.3米取出的木屑

在准备发掘期间，王莲芬（时任上海市文物管理委员会办公室主任）趁赴北京工作之便参观了“北京金中都水关遗址博物馆”，该遗址是1993年中国十大考古新发现之一。王莲芬发现水关的一些细部结构同志丹苑的出土遗物很相似，返沪后做了汇报。接着，考古研究部组织到北京、广州等地考察，考察重点是水关遗址。

6月18日，上海市文物管理委员会主持召开“志丹苑石构建筑遗址专家论证会”，专家组组长为中国考古学会理事长、中国社会科学院考古研究所研究员徐苹芳先生。专家有：华东师范大学河口所教授、院士陈吉余，广州市文物管理委员会副主任、广州市博物馆名誉馆长麦英豪，北京市考古研究所副所长赵福生，复旦大学文博学院教授蔡达峰等。论证后，专家们一致同意上海考古研究部的初步判断，肯定志丹苑石构建筑遗存是和水利有关的工程，年代大约在宋、元以后，对研究上海历史具有重要意义。专家组赞同进行考古发掘，并建议要先试掘，要尽量克服遗址埋藏深、面积大等困难，先挖探沟，了解建筑的工程结构。若遗址保存非常好，位置关系也比较清楚，就可以计划下一步的全面揭露和保护工作。

7月14日，在中共上海市委2号会议室召开“关于志丹苑小区古代建筑遗址问题”专题会议。徐匡迪（时任上海市市长）主持会议。参加会议的有上海市政府陈良宇、周慕尧、姜斯宪、王荣华、吴念祖、杨雄；市文管委陈燮君、汪庆正等；普陀区政府胡延照等，市计委、市建委、市财政局、市规划局、市委宣传部事业处等相关机构人员也参加了会议。陈燮君汇报了志丹苑遗址发现以来所做的工作；宋建就前期考古发现情况作了介绍；汪庆正特别说明了遗址的年代和价值等问题。市各部委办和普陀区发表了各自意见。会议最后作出七项决定：①市发改委立项；②考古发掘后筹建遗址博物馆；③相关配套工作由普陀区政府协调；④遗址博物馆建设主体为上海市文物管理委员会；⑤项目建设经费由市财政支出；⑥对建设商以适当补偿，经费由市财政承担；⑦遗址历史价值的确定由市文管委负责。要求各方努力工作，扎扎实实地把项目向前推进。经过两个多月的全方位准备，从这一天开始，志丹苑遗址的考古发掘正式启动。

根据6月18日专家组的论证意见，志丹苑遗址的考古发掘工作分阶段实施。第一次发掘为试掘，以确定遗址的性质、年代、分布和保存现状等详细信息。第二次发掘是揭露遗址全貌。第三次发掘是在博物馆的建造过程中，发掘遗址的局部和细部。

因为遗址主体埋藏于地表以下7米深处，受土壤层、周边地面建筑和各类地下管线的影响和干扰，发掘难度极大，所以地下基坑围护工程、考古发掘、遗址保护和博物馆建设工程必须交替或同时进行。由于相关条件的制约，有的施工项目必须在遗址范围内实施。根据钻探结果，将施工位置限定于遗址主体之外，考古专业人员在施工全过程对相关遗存进行观察、清理和记录。

二、 第一次发掘

发掘之前，设计并建造围护基坑（后文称第一次基坑），其东、南、西三面采用钻孔灌注桩方法，北面因为涉及地下文物埋藏，不宜采用钻孔灌注桩，改为放坡形式，并对坡体进行压密注浆加固。施工中，在基坑东壁等钻孔区域发现残木桩和木屑（图10）。

2002年8月26日～11月，进行第一次发掘。

根据遗址性质，这次发掘采用探方发掘和较大范围揭露相互结合的方法。综合探查结果表明遗址埋藏较深，因此发掘之初在基坑范围内整体开挖。8月28日发现较高露头的北石柱，9月3日又发现了南石柱，两石柱的相对面均凿纵向槽口，确定这是闸门柱，从而水闸遗址的性质得以确认。随后又发现了水闸的南闸墙。按照水闸结构，在闸墙内的河道部分，依闸形、按层位堆积顺序下挖，直至发现部分水闸底板石。又在遗址南部布设探方进行发掘。因为基坑内北部区域为放坡形式，无法下挖，所以发掘区主要位于南部区域。

水闸底板石距地表以下深7米，2001年5月3日建筑施工挖出的石板、铁锭榫、木板、木梁就是底板石及以下部分。在南闸墙外的布方发掘中，

图10　第一次发掘围护基坑和发掘场景

发现了露头最高的一行木桩，2006年第二次发掘确定此为南侧的擗土桩。根据这些发现和先期勘察、钻探资料，初步复原了水闸平面图和闸门剖面图，了解了比较准确的遗址分布范围，并判断水闸面积在1300平方米以上。这为全面发掘和博物馆建设所必需的地下围护基坑范围的确定奠定了坚实的基础。

根据相关史料记载，元代都水监、松江人任仁发为治理吴淞江水系，先后于元大德八年（1304年）、十年，泰定元年（1324年）受命疏浚吴淞江下游，并置石闸、木闸数座，以限潮沙。志丹苑水闸很可能就是任仁发所建石闸中的一座。志丹苑遗址是元代的水闸遗址。

三、第二次发掘

为发掘揭露水闸遗址的全貌，并在原址保护遗址、建造遗址博物馆，又新设计、实施了新的地下围护（地下连续墙工程，后文称第二次基坑）。2003年4月对遗址的已揭露部分采取了稳妥的保护措施后回填，以确保遗址安全。2004～2005年围护工程的施工过程中，在连续墙的所在区域对涉及水闸遗存部分进行小范围发掘，明确了南闸墙东端外围的细部结构和闸身四至的保存情况。围护工程全部完成后，于2006年6月19日～12月进行第二次发掘。

这次发掘是对水闸遗址主体部分的全面发掘，采用探方发掘、整体揭露和局部解剖相互结合的方法。水闸闸墙内外分别发掘，先发掘闸墙及其外侧，后发掘闸墙内，最后发掘水闸不同部位的细部结构。

2006年8月8日，发掘T3近西壁处，清理多根木桩，其中一木桩上墨书“义二千五百五（？）六”，其右侧有一“八思巴文”戳记，再下一朱印模糊不清，这为断定水闸遗址为元代建造提供了更为确切的依据。

第二次发掘是主要发掘，揭露了水闸遗址的全貌，基本了解了水闸遗址的整体布局，并摸清了水闸一些部位的细部结构。

2006年11月18日，上海市文物管理委员会组织召开“上海市志丹苑元代水闸遗址”专家论证会。与会专家有：徐苹芳、张忠培、黄景略、刘庆柱、陈吉余、麦英豪、赵福生、冯永驱等。专家们一致肯定了志丹苑考古发掘的规范性，确定这是元代建造的一处水闸，是上海地方史研究中一个标志性的重要物质文化遗产，建议将这处遗址申请为全国重点文物保护单位，并肯定了水闸遗址原址保护，建造遗址博物馆的计划。

第二次发掘结束后，为建造遗址博物馆，再次在发掘区域进行保护性回填。随后开始水闸遗址博物馆的土建工程。

四、 第三次发掘

2010年水闸遗址博物馆土建工程施工，在水闸南墙外侧建造承重柱平台（图11），施工之前先在施工范围内进行发掘，然后将该区域10平方米范围的100多根木桩拔出保存。

土建工程竣工后，于2012年2～6月进行了第三次发掘。在兼顾了解水闸的结构和施工方式，并尽可能保存水闸遗址原貌的前提下，这次发掘主要采用在水闸的相关部分局部解剖的方法，重点了解闸身两侧和闸身东端的构造、水闸不同部位之间的相互关系，以及水闸同原有河道的关系。解剖位置主要选择原先损坏比较严重的部位，如北侧下分水雁翅段的闸墙秤砖和秤石、门柱外侧等区域（图12）。通过局部发掘，基本明确了闸墙的建筑结构和建筑材料，并复原了水闸整体的建造工序。

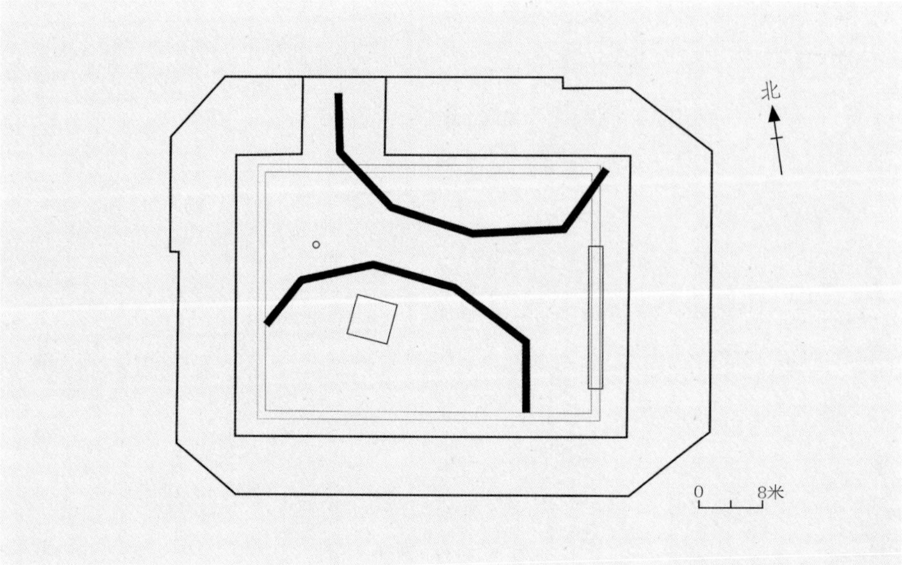

图11　建筑施工位置图

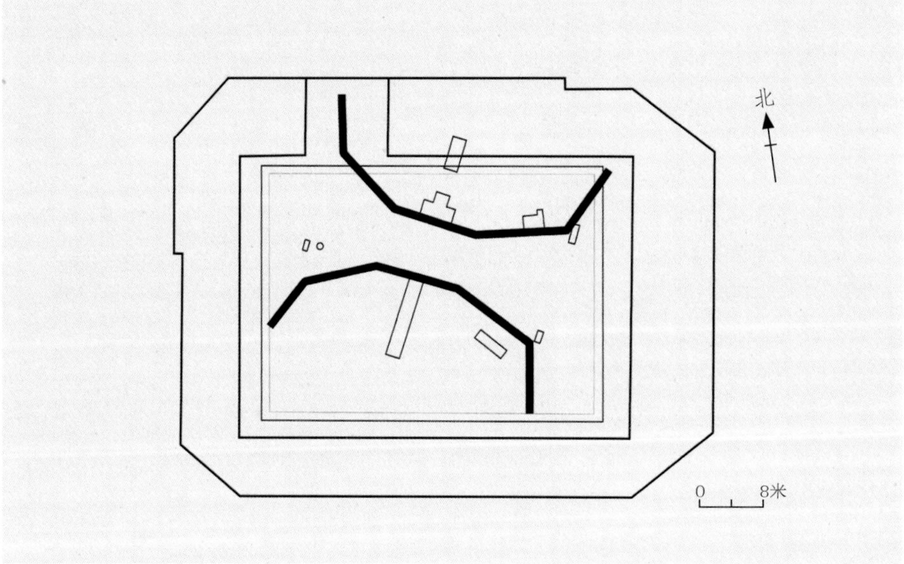

图12　考古解剖位置图

五、 资料整理与编写报告

2002年第一次发掘结束后，为使学术界和公众尽早知晓遗址概况，初步整理了出土资料并查阅相关文献，将考古研究的成果发表在《上海文博论丛》2003年第1期，题为《志丹苑水闸遗址的发掘与研究》。

2006年第二次发掘结束后立即对当时所获全部资料进行整理，并编写《上海市普陀区志丹苑元代水闸遗址发掘简报》，发表在《文物》2007年第4期。

2012年第三次发掘结束，考古发掘历时11年全部完成。

志丹苑元代水闸遗址的发掘，先起因于上海特殊环境下进行遗址发掘和结构保护必不可少的防护工程的设计和建设，后必须同遗址博物馆建造、布展相协调，因此经历了长达10余年的漫长过程。期间，除了发掘、整理和编写简报，还在专题研究和文物保护等方面做了不少工作。前者着重于在水闸建造原因、建筑工艺技术和水闸的兴废等方面进行研究；后者总结了防护工程的实施和文物保护的技术思路。二者都有不同学科领域的学者参与其中。与此同时还撰写了一些科普文章，让公众了解这一重大考古发现。2012年底，上海第一座遗址博物馆——“元代水闸遗址博物馆”建成开放。为了满足公众与学界了解这一重要古代文化遗存的迫切需求，我们决定在发掘报告出版之前先将已经完成的研究论文和科普文章结集出版，《志丹苑——上海元代水闸遗址研究文集》于2015年1月面世。

元代水闸遗址发掘资料的全面整理和发掘报告的编写从2014年下半年开始，2016年结束。在此过程中，对多次发掘的资料进行细致核对与完整梳理，并纠正了以往发表资料的错误，发掘报告全面公布资料。

第四章结语部分对《志丹苑——上海元代水闸遗址研究文集》已经发表的研究成果进行了系统的概括，并探讨了学界关注的一些问题，提出新的认识。

六、 主要工作人员

领队：宋建

勘探：张忠良（负责人）、王峰、富锡良、沈永泉、王冠林、曹春生、吴昕远、任丹琦、金晓洁

第一次发掘：何继英、周丽娟、陈杰、翟杨、陆耀辉

第二次发掘：何继英、周丽娟、陈杰、翟杨、陆耀辉

第三次发掘：何继英、翟杨、陆耀辉、黄翔、周云

报告编写：

第一章第一节：周云初稿，何继英二稿

第一章第二节：宋建

第一章第三节：陈杰

第二章：何继英初稿，宋建、何继英二稿

第三章：翟杨初稿，何继英二稿

第四章：宋建

绘图：陆耀辉

宋建负责本报告体例制定、文图修订并定稿。

第三节　地层堆积

一、　探方位置

第一次发掘采用探方发掘和较大范围按照地层堆积顺序逐层揭露相互结合的方法。

探方为顺序编号。第一次发掘布设探方2个。02PZT1位于水闸南石柱的南部，面积为10米×8米，方向为正南北向（按照罗盘方向，下同）。后因为需要了解水闸南石柱局部结构，在02PZT1的北部布方，编号为02PZT2，面积为6米×4米。T1与T2之间保留1米的隔梁。水闸南门柱大致位于T2的中部。

当T1、T2发掘至距地表深约5.4米时，为了保持水闸各部位遗存的完整性，便于整体了解水闸，也为了保障水闸主体的安全，停止了T1、T2的发掘，并将发掘区域扩展到第一次基坑内可发掘范围。总发掘面积约800平方米。

第二次发掘以整体揭露水闸遗址为主，并在较小区域布设探方和局部解剖，以了解遗址的堆积过程和细部结构，发掘总面积增至约1800平方米。

重新发掘T1、T2，并将T1向南扩1.5米，面积为10米×9.5米。后为了

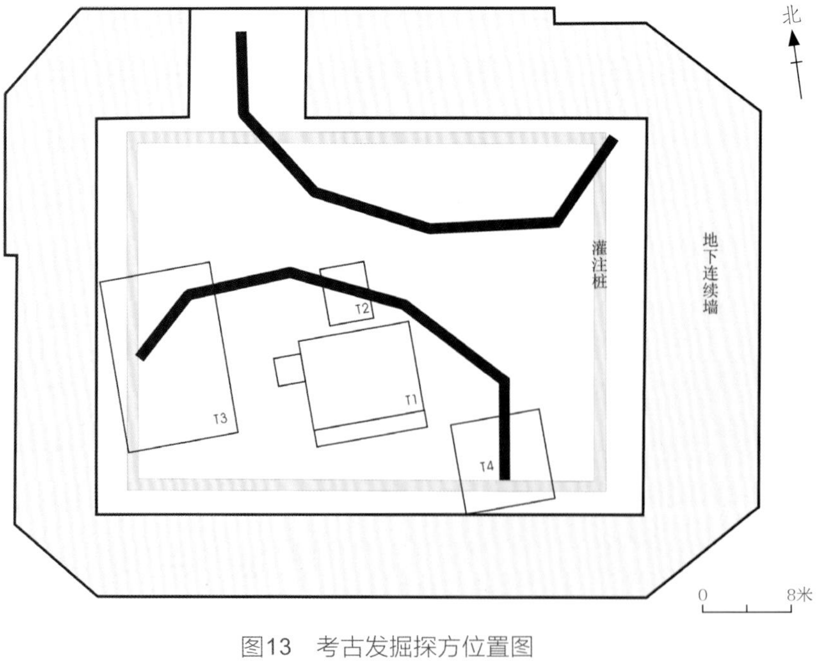

图13　考古发掘探方位置图

观察木桩在T1排列情况，又在T1的西侧向外扩2米×2米。新开探方T3和T4。T3位于南闸墙的西端，T1和T2的西部。T4 位于南闸墙的东端，T1的东南部（图13）。

二、 地层堆积

水闸遗址位于一条老河道内， T1正好布设于古河道淤积层与水闸闸身外围南侧的交界处，因此T1可以大致反映建闸前后的闸身外围地层堆积情况。T1是第一次基坑内较大范围发掘至距地表深4.4米后开始布方，反映了此深度以下的地层堆积；此深度以上的地层堆积以较大范围发掘的记录为准，现将二者合并介绍。

第①层，深褐色土，一般厚1.8～2.2米，最厚2.5米，最薄1.5米，土质较疏松，含近现代玻璃、陶瓷、砖瓦碎片及少量明清砖瓦瓷片，为近现代堆积。

第②层，黄土，一般厚2米左右，最厚2.5米，最薄1米，砂性土，土质较疏松，纯净，包含遗物少，见零星砖瓦、明青花瓷片等，为水闸废弃后的堆积。

第③层，褐色土，厚0～3米，土质坚硬，它位于水闸闸身外围，由一层土和一层碎砖瓦相间、层层夯筑而成，包含宋元青瓷、黑釉瓷及韩瓶、大口缸碎片等，下部有许多直立木桩。夯土层和木桩是水闸闸身的外围构筑，以整固闸身。该层未发掘到底。

第④层，青灰土，深距地表4.4米以下，黏质粉土，土质较疏松。堆积物呈多层波浪状，纹理清晰，它是受潮汐进退水位涨落影响形成的沉积层（图14）。未发掘到底。该层为建造水闸之前的老河道淤泥堆积。

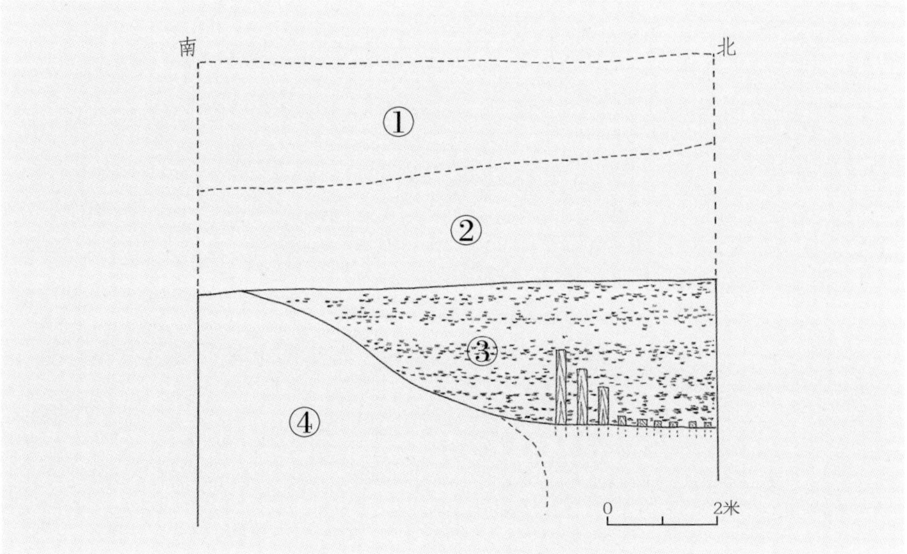

图14 T1西壁地层剖面图

第二章

水闸结构

图15-1　水闸遗址全景

水闸遗址总平面大致呈长方形，方向117度，西北—东南长47米，西南—东北宽35米，总面积1650平方米（图15-1～3、图16-1、2）。水闸遗址的建筑结构分为闸身和闸身外围两大部分，闸身是水闸主体，用以实现水闸的功能；闸身外围部分用以固定和保护闸身。

图15-2　水闸遗址

图15-3　水闸遗址

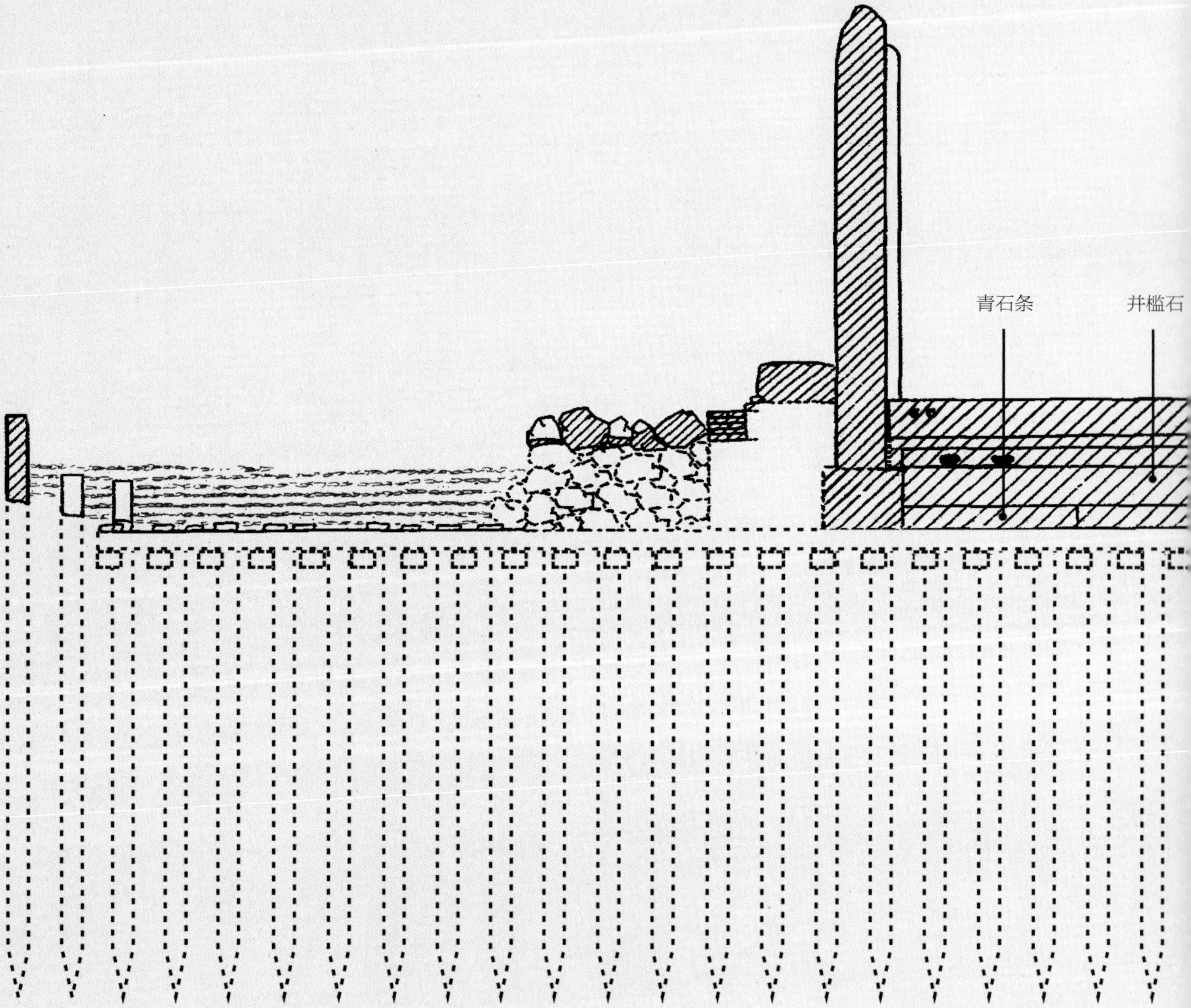

图16-1　水闸遗址横剖面图

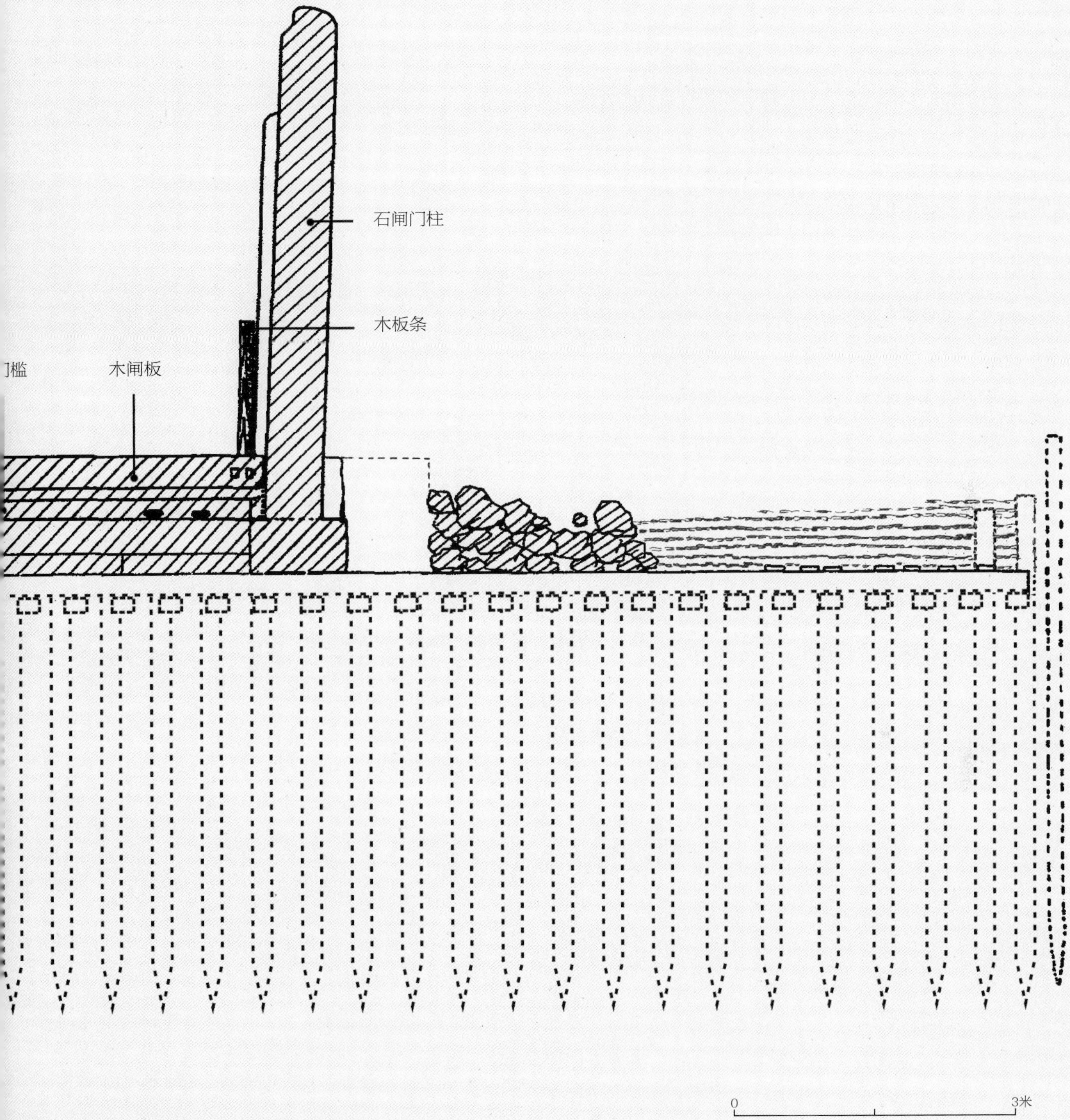
石闸门柱
木板条
]槛
木闸板
0
3米

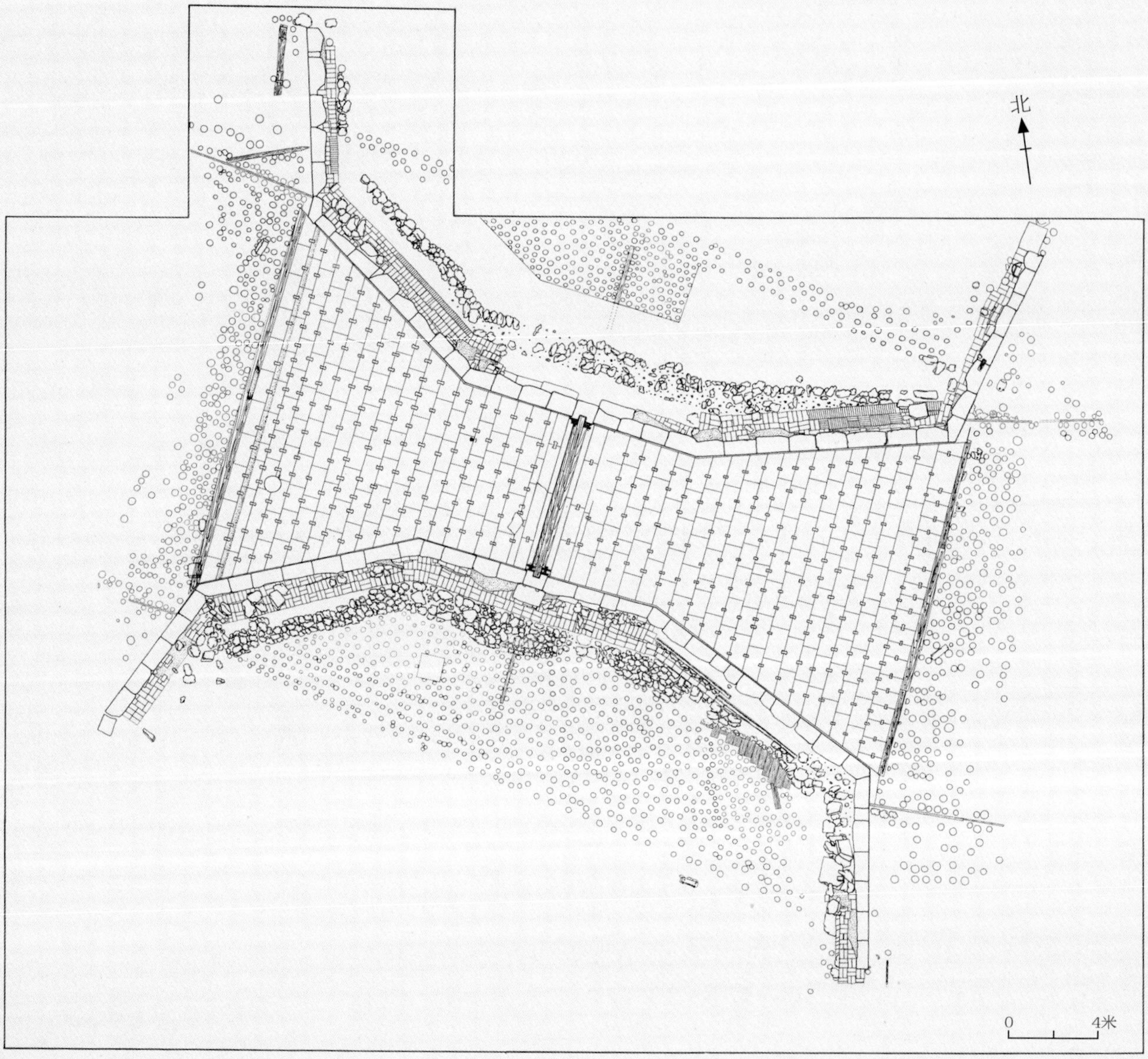

图16-2　水闸遗址平面图

第一节　闸身

闸身部分大致呈对称八字形，中间窄，两头宽，长42米。水闸所在河流属吴淞江水系，河水由西北流向东南，水闸西北端为进水口，宽32米，东南端为出水口，宽33米，闸身内面积600平方米（图17）。

闸身由闸门、闸墙、闸底组成。

一、　闸门

闸门，位于水闸中心位置，水流由此出入。

闸门分为石闸门柱、木闸板及其附件、木门槛、并槛石等。

元代《水利集》卷十记载："先摆砌伏驮石、并槛石，次用禁口石。"考古发现闸门的木门槛下铺一路青石条，承托木门槛，因此就是并槛石。

以下凡《水利集》用元代水闸结构专属词汇且确定无疑者，本报告皆用之；有疑问者，另作说明，或用现代词汇。

（一）　闸门柱

两个闸门柱矗立在整座水闸的中心位置，分别砌筑在两道伏驮石（即石墙，详见下"闸墙"）内，其下端直接立在伏驮石（石墙）基础石上。两门柱上端均有不同程度缺损（图18～图20）。南门柱残损较甚，残高4.6米（图21），北门柱上部稍残，残高6米（图22）。

门柱为方柱体，人工打凿而成，凿痕明显。四面平整，棱角分明。两门柱的相对面均在居中位置开凿一道纵向槽口，门柱有槽口的一面为正面（图23）。南门柱正面宽0.94米，背面宽0.85米，两侧面各宽0.7米（图24）。北门柱正面宽0.92米，背面宽0.91米，两侧面各宽0.76米（图25）。

两门柱正面左右两边各凸出5厘米的宽沿，沿厚亦5厘米。宽沿出前后两个角，其中后角为直角，前角是在直角的基础上从上到下削成45度斜面，面宽3.5厘米（见图21）。前角的处理方法完全是仿元代木家具的做法，做工一丝不苟。

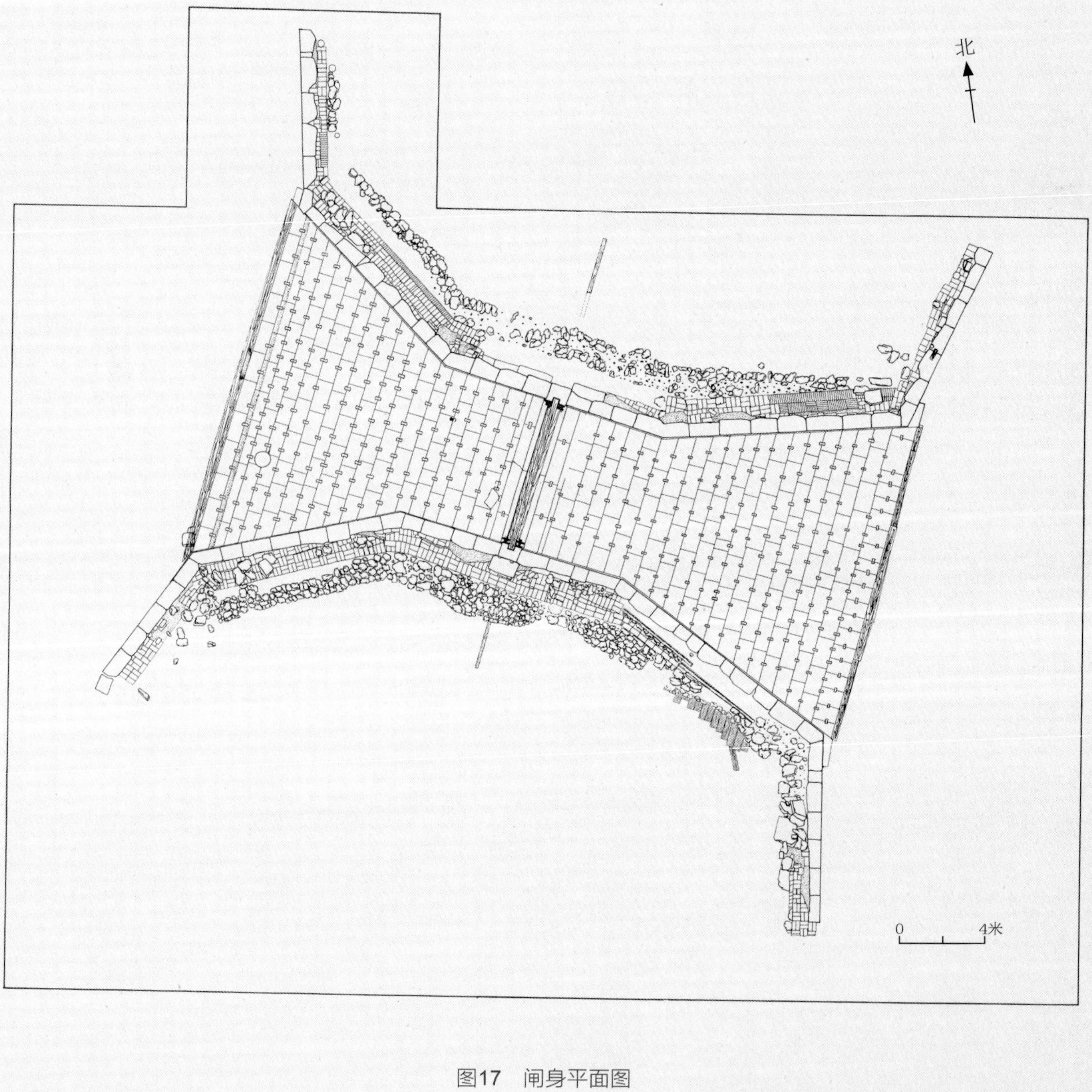

图17 闸身平面图

图18　闸门柱发现场景

图19　闸门全景

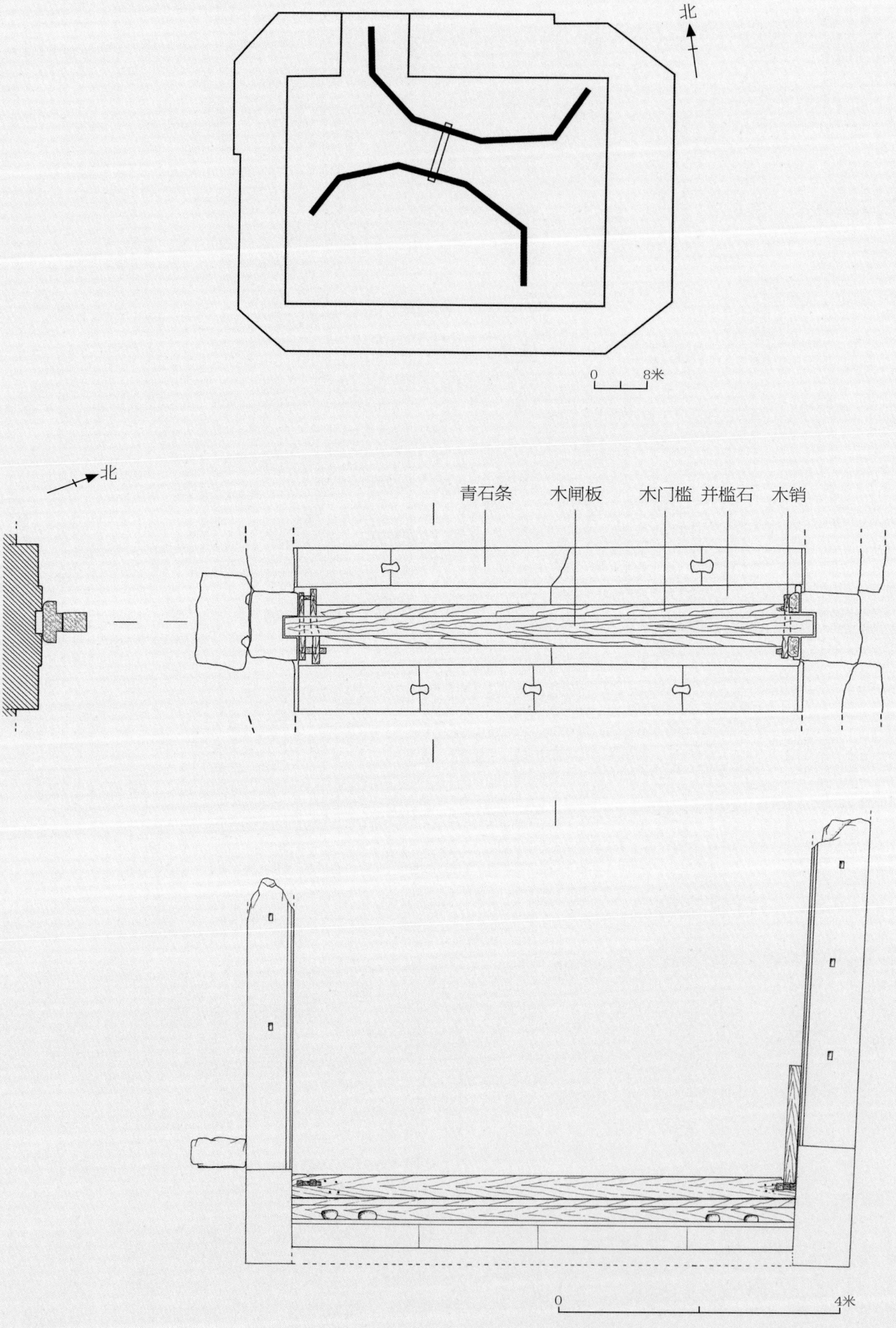

图20　闸门平面、剖面、东侧立面图

图21　南门柱

门柱正面的纵向槽口可插门板。槽口宽28、深18厘米。槽底平整，两壁面上下笔直，犹如刀切割的一般，显示出高超的开凿水平。

两门柱的两侧面中上部皆凿有槽眼，其中北门柱东西两侧面各存上下排列的3个槽眼。东侧下槽眼的位置在现保存的伏驮石（石墙）以上1.07米，中槽眼距下槽眼1.36米，上槽眼距中槽眼1.06米；西侧下槽眼在现保存的伏驮石（石墙）以上1.36米，中槽眼距下槽眼1.39米，上槽眼距中槽眼0.97米（见图25）。南门柱东西两侧面各完整保存2个槽眼，当为下槽眼和中槽眼，上槽眼残缺。东下槽眼位置在现保存的伏驮石（石墙）以上1.35米，中槽眼距下槽眼1.32米；西下槽眼位置在现保存的伏驮石（石墙）以上1.37米，中槽眼距下槽眼1.39米（见图24）。南、北门柱各槽眼的形制、尺寸大同小异，皆呈不规则竖长方形，外大内小，长10～12、宽5～7、深4.5～5.3厘米。两门柱的槽眼位置也大体对称（见图19）。

门柱两侧面在下槽眼以下留有明显的横道痕迹，其中南门柱两侧面和北门柱西侧面各发现上下两道痕迹，间距为30厘米，下横道痕迹比现存伏驮石（石墙）顶部高30厘米。北门柱东侧面有一道痕迹，也比现存伏驮石（石墙）顶部高30厘米。南门柱两侧面和北门柱西侧面的伏驮石（石墙）现存4层石条，北门柱东侧面的伏驮石（石墙）现存5层石条，每层石条厚约30厘米。水闸其他位置伏驮石（石墙）现存高度最高者为6层石条，应该就是伏驮石（石墙）的原有高度。因此门柱两侧面的一道或两道痕迹就是原来伏驮石（石墙）上部砌筑的石条残缺后留下的印痕（见图22）。这样，门柱两侧面的槽眼原先都暴露在伏驮石（石墙）以上部位，其用途可能是安装附件，用以上下启闭闸门。

南门柱直立无倾斜，背面顶1块大石块，为顶柱石。石块长1.25、宽0.67、厚0.37米。大石块顶面与伏驮石（石墙）第4层（自下向上，下同）石条顶面大致同高。南门柱背面下部有明显剥落痕迹，可知大石块上面应该还有石块，高度当与伏驮石（石墙）同高（图26）。北门柱肉眼观看稍

图22　北门柱

图23　南门柱正面槽口

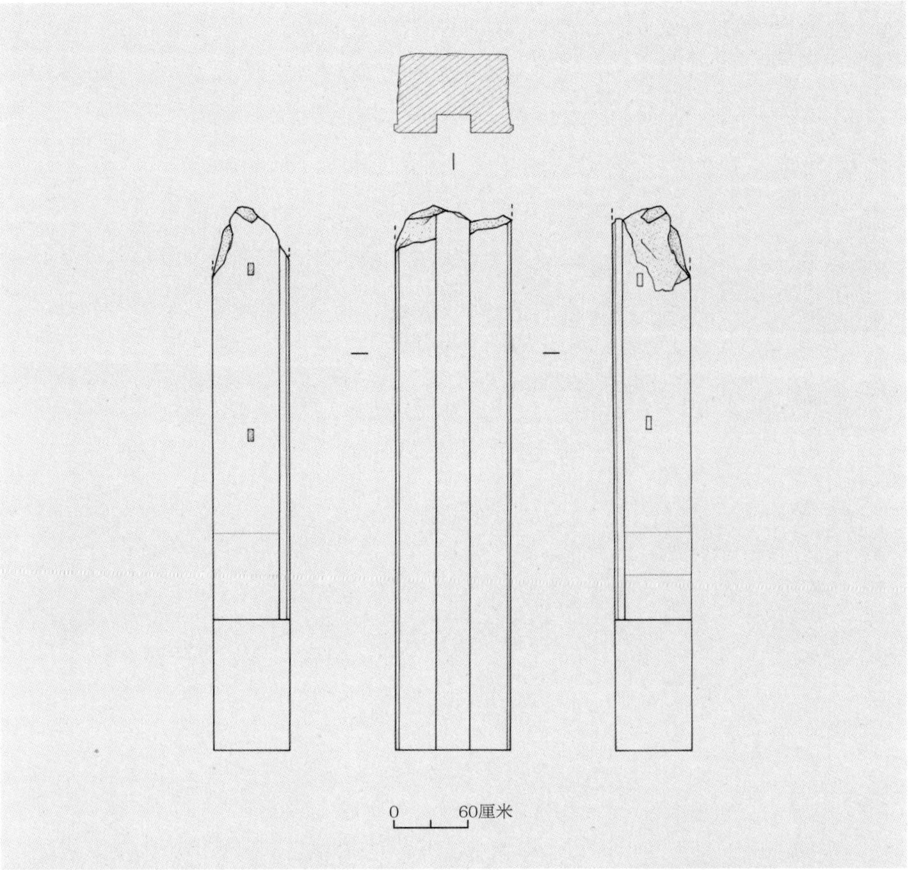

图24　南门柱正面、侧面和横剖面图

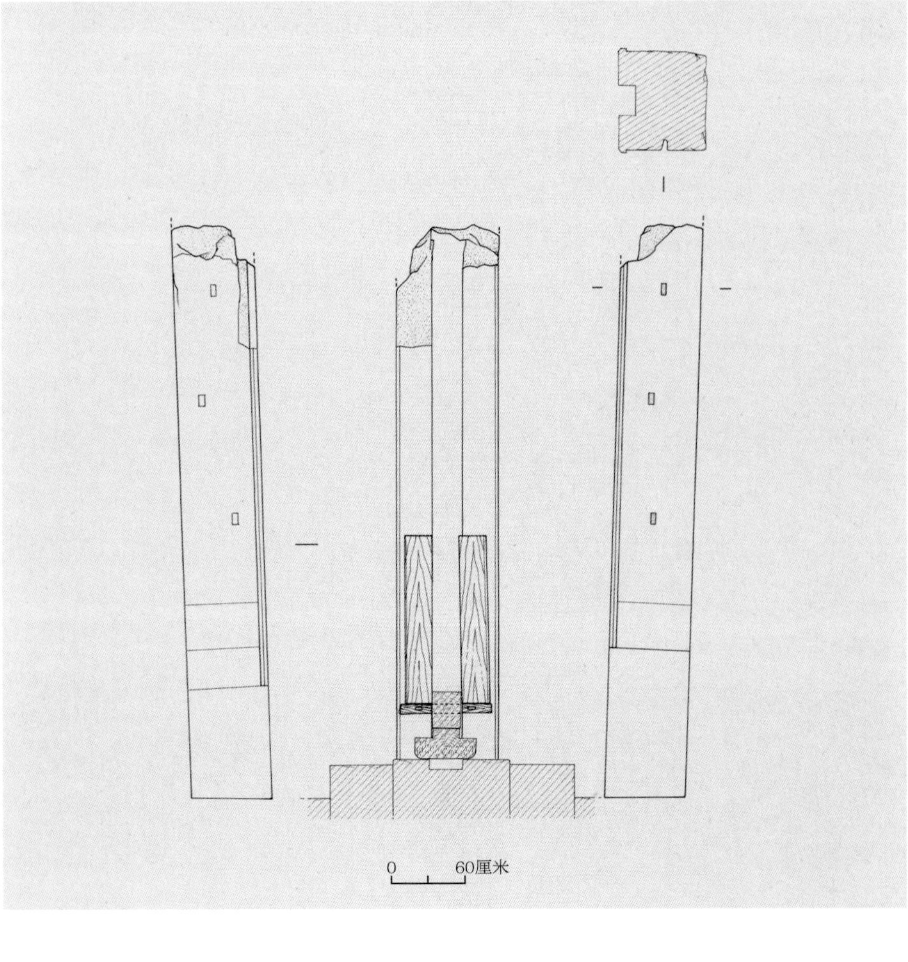

图25　北门柱正面、侧面和横剖面图

向北倾斜，经上海市岩土工程检测中心测量，从上向下在3米高的范围内向北倾斜7厘米，倾斜度1.2度。北门柱立在一大石块上，大石块的高度大致相当于伏驮石（石墙）基础石条和第1层石条。大石块夹在两侧伏驮石（石墙）之间，从北门柱背面看，大石块宽于门柱；大石块正面被并槛石顶住而不外露，宽度当与门柱相当。大石块外宽内窄，平面当为梯形或凸字形（图27）。在北门柱背面向西、向北1米之外的废墟中发现1块大石块，大小同南门柱背面顶柱石相当，疑似北门柱背面的顶柱石（图28-1、2）。这块石块位置明显被移动过，而且伏驮石（石墙）外侧的秤砖也残缺无存。顶石柱缺失当为北石柱向北倾斜的主要原因。发掘中及时对北门柱进行了临时加固，防止其继续向北倾斜。

图26　南门柱背面及顶柱石

图27　北门柱背面建筑结构

图28-1　被扰动的北门柱顶柱石

图28-2　被扰动的北门柱顶柱石

图29-1　木闸板出土情况（南门柱旁）

图29-2　木闸板出土情况（南门柱旁）

（二）　木闸板

两门柱之间为闸门。闸门宽6.75米，闸门槽口之间的宽度是7.12米。闸门槽口下部现保存1块横插的木闸板。闸板为完整的枋木，松木质，四面平整。长6.95、高0.3、厚0.27米。闸板的厚度较槽口宽度仅少1厘米，正好插在槽口内（见图20，图29-1、2）。由此可知木闸板分成多块，根据水位的高低，顺序插入。在木闸板两端靠近闸门槽口处，侧面各横穿2个长方孔，孔长9、宽8厘米，用以穿插木销。在木闸板两端靠近木销处，北端两侧面各有安装过2件铁环的残痕，南端东面有2件、西面有1件铁环残痕。

（三）　木闸板附件木销、木板条

木销2件，形制相同，在木闸板两端各安装1件（图30-1、2，图31）。木销为硬木质，呈条状井字形，长80、宽24、厚8厘米。由两根扁方长枨、两根扁方短枨榫卯插合。两根长枨尺寸相同，长80、宽6、厚8厘米，分别从闸板上的两个长方孔内穿过，在长枨两端各插一根短枨固定。短枨两端伸出长枨。两根短枨各长24、宽5、厚3厘米（图32）。

图30-1　木闸板南端木销

图30-2　木闸板南端木销

图31　木闸板北端木销

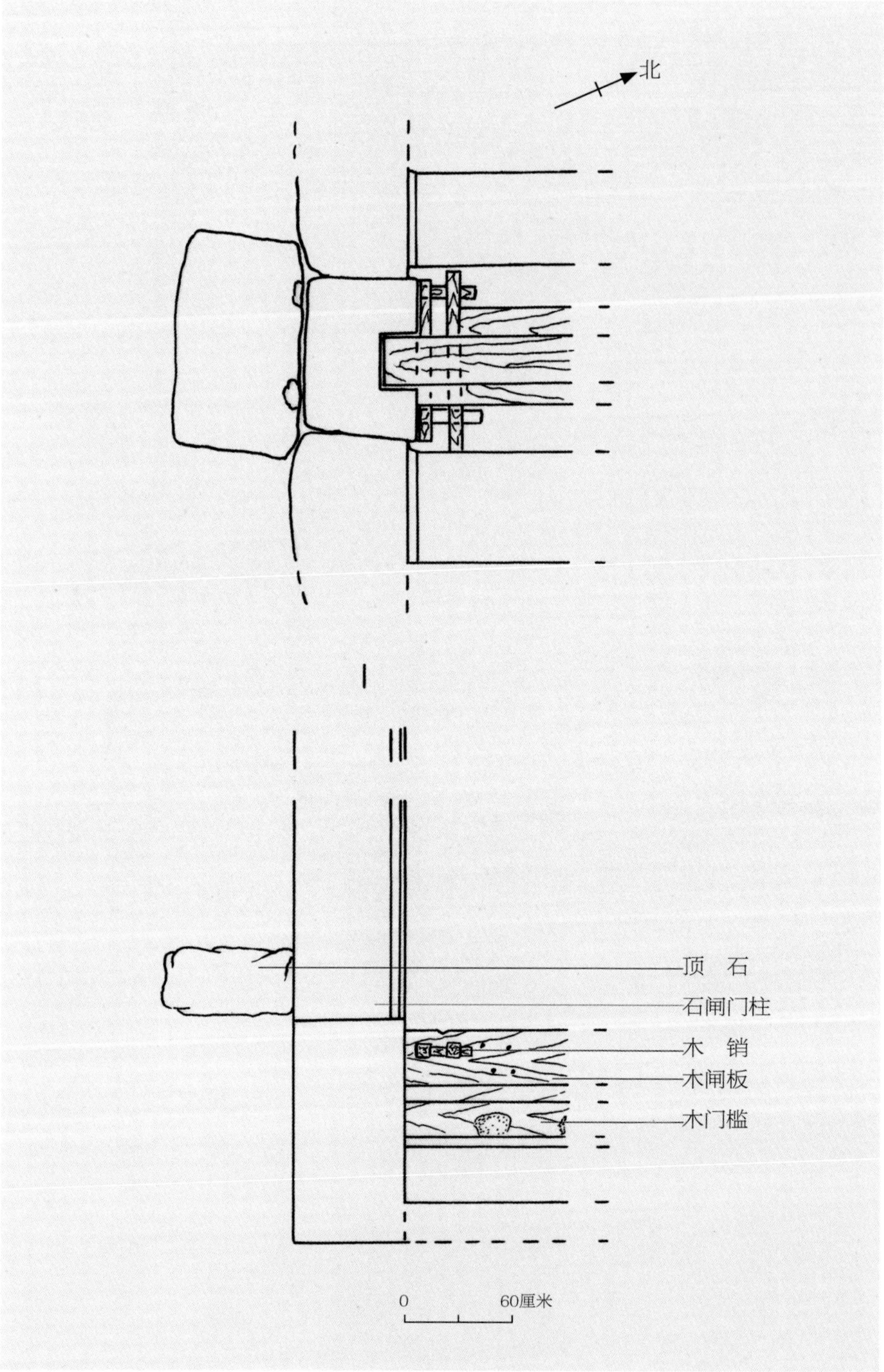

图32　木销平面、剖面图

木板条2件，形制、尺寸相同。长1.55、宽0.25、厚0.16米。一面平整，一面微弧。分别竖置在木闸板北端木销的短柲之上，平整的一面略斜倚靠在门柱正面，微弧面朝外，一侧面同门柱槽口边沿对齐，形似向外延伸的槽口（图33-1、2，图34）。因木闸板南端有与北端对称的木销，其上原来应该也竖置有木板条，现已残缺。

图33-1　木闸板北端木销及木板条

图33-2　木闸板北端木销及木板条

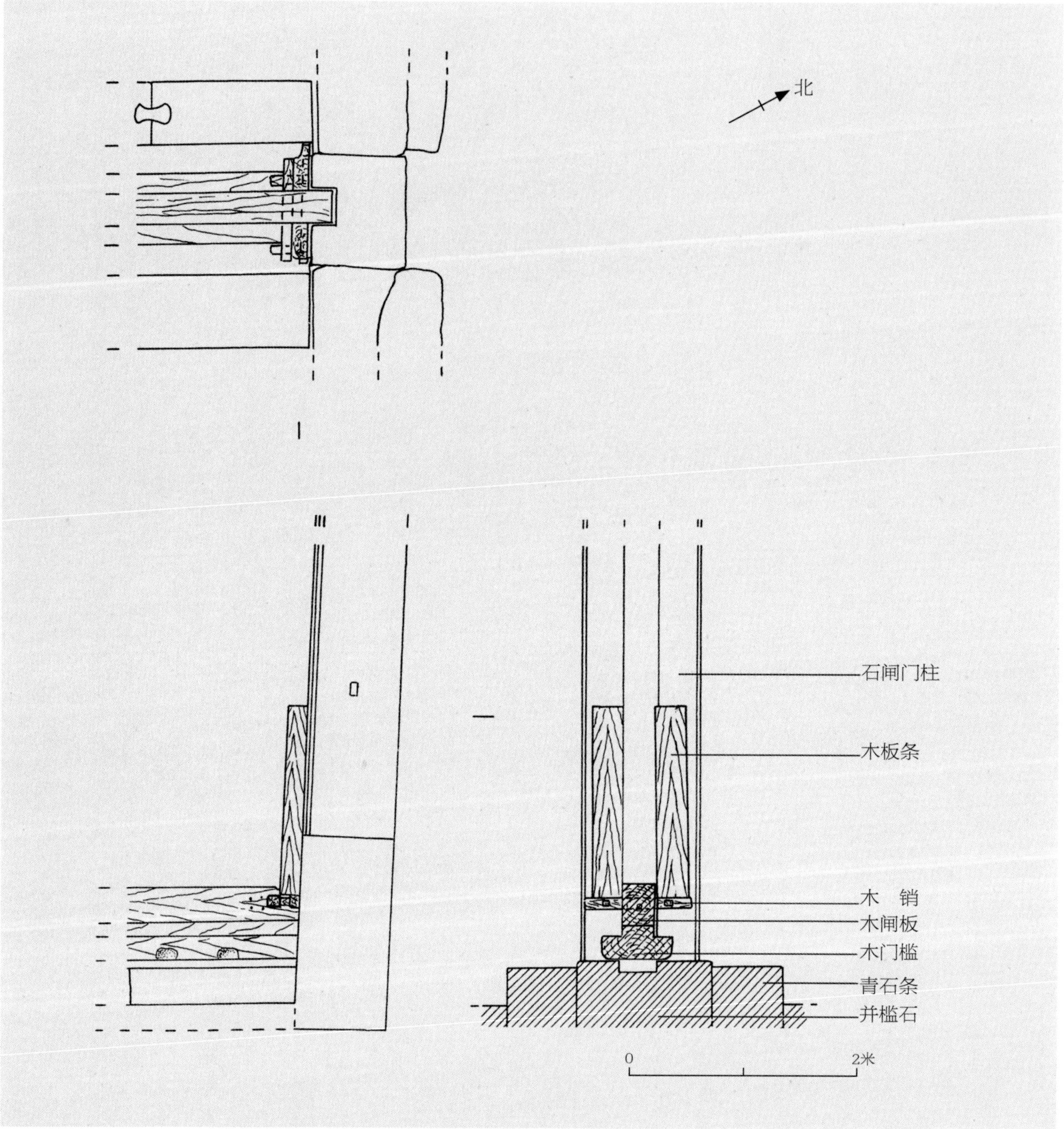

图34　北门柱端闸板、门槛等平面、立面、剖面图

（四）　木门槛

木闸板下安置木门槛，为一根完整的松木放置在并槛石上，底部平整。门槛剖面大致呈凸字形，上下的长度不一，上部凸出部分稍长，两端插入门柱槽口内，高13、厚27厘米，与闸板厚度大致相当，略窄于门柱槽口；下部略短，两端顶在门柱正面，长约6.75、宽0.6米。保留的一块木闸板直接搁置在门槛上，二者相贴，严丝合缝（见图20）。

图35 木闸板下的木门槛

木门槛下部靠近两端处，从侧面一横排各凿出2个横椭圆形穿孔，穿孔长径20厘米，短径18厘米左右。孔内塞满黑色淤泥，经清理的靠近北门柱的一个孔内淤泥中，发现正隆元宝钱币1枚（图35）。

（五） 并槛石

铺设于木门槛下，长度与木门槛下部相同，宽98、厚35厘米。并槛石由两条石条拼接而成，上部居中纵向凿出一道凹槽，宽28厘米，同门柱槽口宽度相同，槽深8厘米。凹槽上承搁木门槛（见图20、图34、图36）。

图36 木门槛、并槛石及两侧青石条

（六） 青石条

并槛石的闸门两侧各横铺一路青石条于底板石上。石条长同闸门宽，高28厘米，略低于并槛石6厘米。进水一侧石条宽56厘米，由两端的两块长方形石块和中间一块长条形石块组成，石块之间各嵌1只铁锭，中间石块已经断裂；出水一侧石条宽68厘米，由4块长方形石块组成，石块之间亦各嵌1只铁锭榫（见图20、图25）。铁锭榫形制、尺寸与底板石的相同（详下文）。

（七） 闸门旁相关遗物

闸门两侧底板石上堆积着同淤泥混杂在一起的铁钩、铁环、铁锔、铸铁残件，及龙泉窑瓷碗残件、韩瓶和碎砖瓦瓷片等。其中闸门出水侧的堆积物明显多于闸门进水侧，出水侧又以东北部遗留物最多，中部较少。闸门进水侧留有少量遗物。千百年的水垢，使铁器、陶瓷器、碎砖瓦、淤泥同石板粘合在一起（图37-1～6）。考古清理揭取铁钩3件、铁环2件、铁锔3件、残铁器2件、龙泉窑青瓷碗残件1件、韩瓶1件等。另有数件铁锔同

图37-1　闸门东侧北端遗留物

图37-2　闸门东侧北端遗留物

图37-3　闸门东侧近中部遗留物

图37-4　闸门东侧南端遗留物

图37-5　闸门东侧中部出土铁锔

图37-6　闸门东侧北端出土铁锔

底板石牢固粘合在一起，考虑到遗址博物馆展示需要，保留在原地。铁钩、铁环及2件残铁器件仅在闸门口两侧发现，参考清代《石闸砌筑结构图》，铁环是安置在木闸板两侧，铁钩钩进铁环，应该是启闭闸板的部件。2件残铁器尺寸较大，比例相当，分别出土在闸门两侧，可能为一件器体上的不同构件，似同千斤有关（图38-1、2）。

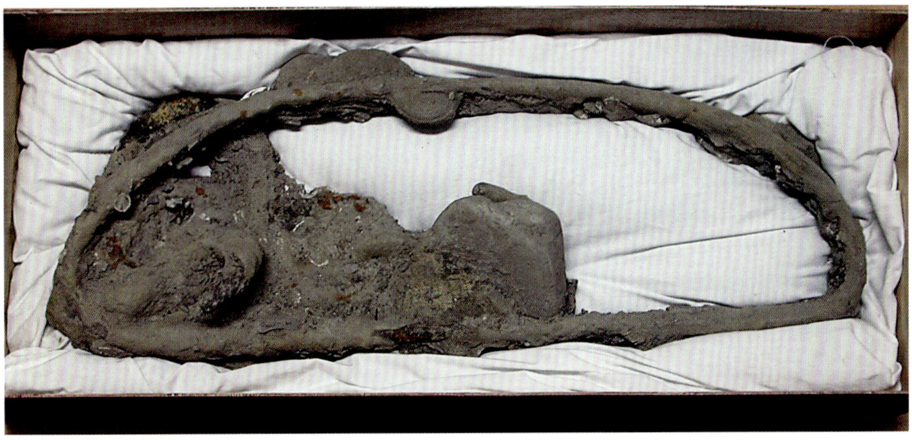

图38-1　残铁器1

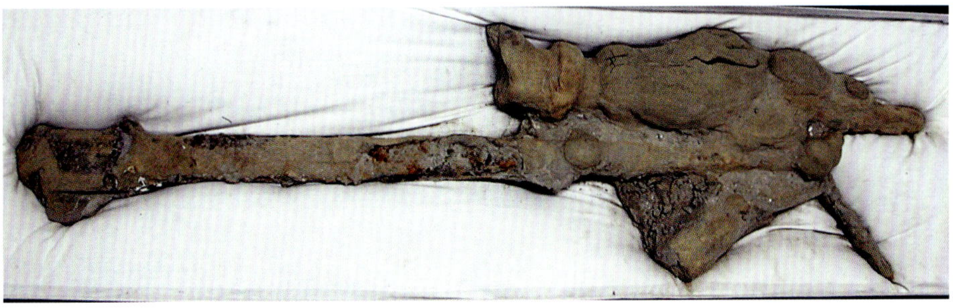

图38-2　残铁器2

图39-1　铁钩1

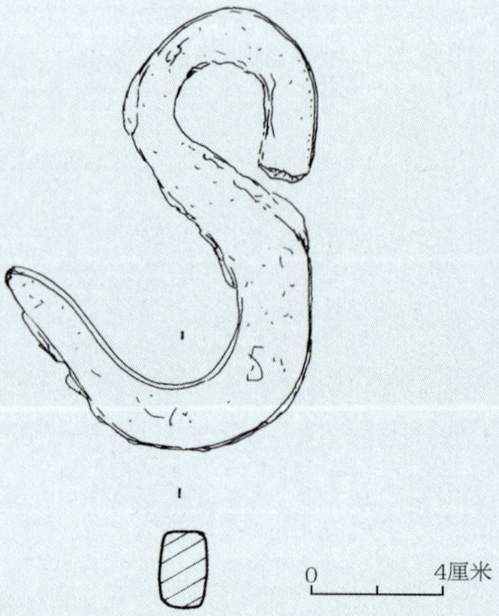

图39-2　铁钩1平面、剖面图

图40-1　铁钩2

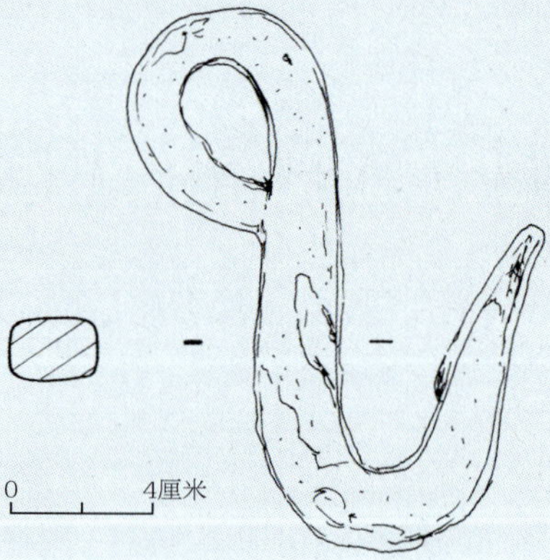

图40-2　铁钩2平面、剖面图

在石板的东侧，还发现较多螺蛳壳、蛤蜊等。

铁钩，3件。弯钩形，大小3种规格。

铁钩1，长13厘米（图39-1、2）。

铁钩2，长18厘米（图40-1、2）。

铁钩3，长13、宽8.5、厚1.5厘米（图41）。

铁环，2件。形制、尺寸基本相同。

铁环1，外径12.5、内径8厘米（图42）。

铁锔，3件。形制基本相同，马蹄形。大小两种规格。

铁锔1，长22.8厘米（图43-1、2）。

铁锔2，长22.8厘米（图44-1、2）。

铁锔3，长10.5、宽10.5、厚1.8厘米（图45）。

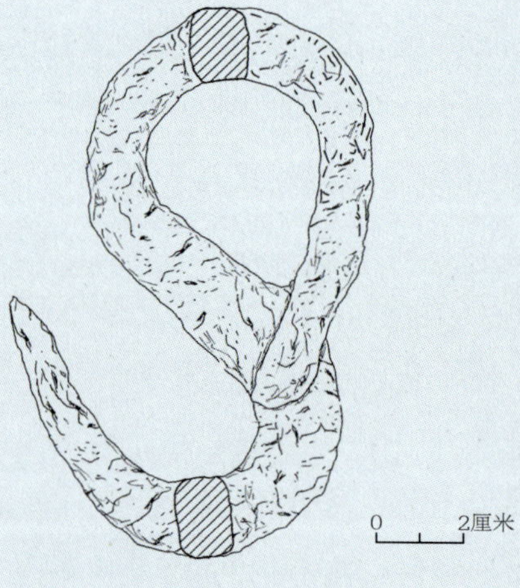

图41　铁钩3平面、剖面图

图42　铁环1

图43-1　铁锔1

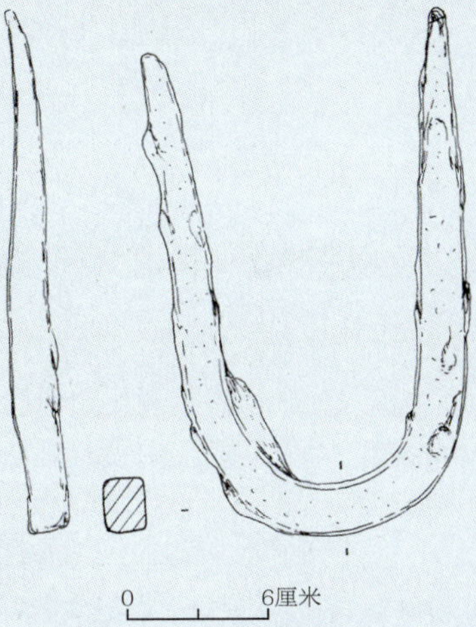

图43-2　铁锔1平面、剖面图

图44-1　铁锔2

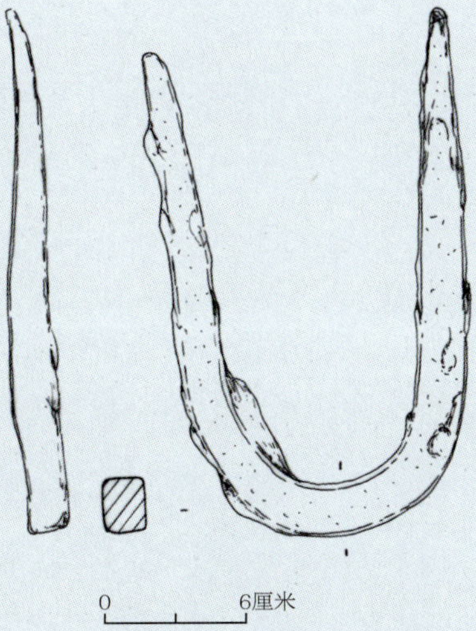

图44-2　铁锔2平面、剖面图

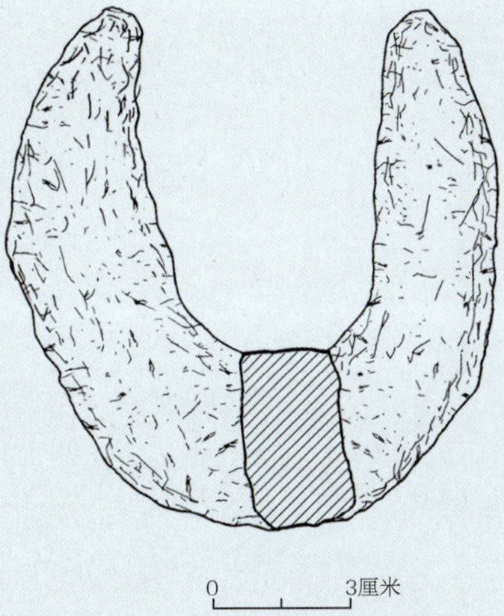

图45　铁锔3平面、剖面图

图46　伏驮石（石墙）

二、　闸墙

闸墙位于闸身两边，由规整石条、砖和未经加工或简单加工的石块等三部分不同的材质和建造技法构筑而成。

《水利集》卷十记载："复铺底板石、两辟伏驮石，后面用秤砖砌七重阔，并用糯米粥纸筋石灰灌砌，及用秤石挨砖后至一丈高，不用挨石。"伏驮石砌于两辟，辟为壁的通假字。根据《水利集》记载的位置和不同结构的相互关系，可以确定元代水闸工程中由规整石条砌成的石墙名为伏驮石。秤砖在伏驮石（石墙）"后面"，即外侧，秤石"挨砖后"，为未经加工或简单加工的石块。水闸闸墙的三部分在元代都有专用名词，非常明确。

闸墙从内到外，先砌筑一道伏驮石（石墙），其外侧砌秤砖，秤砖外侧为秤石，用形态不规整、大小各异的石块垒砌。伏驮石（石墙）、秤砖和秤石牢固连为一体，构成水闸闸墙（图46、图47）。闸墙各部分均建在万年枋之上。万年枋结构见本节之三"闸底"。

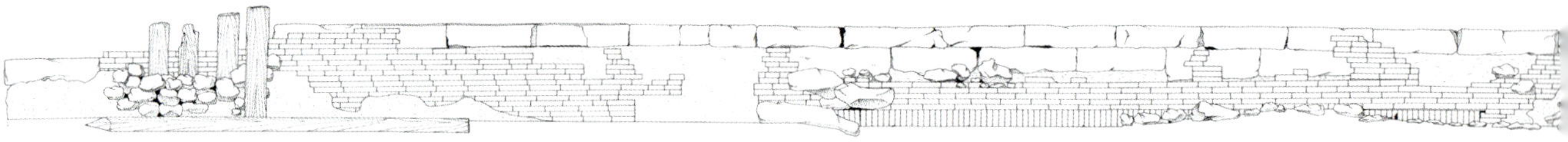
图47　北闸墙外侧立面图

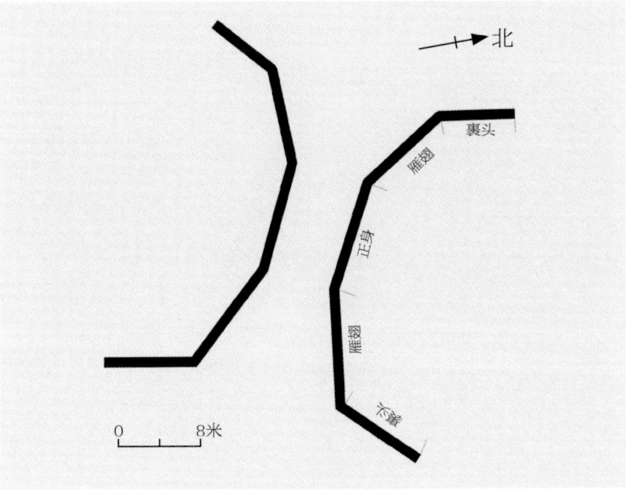

图48　伏驮石（石墙）各分段名称

闸身在闸门处最窄，进水端和出水端外扩，大致呈对称的两个“八字形”，宋代《营造法式》卷三“卷輂水窗”将两端外扩的四角称之为“四摆手”，元代《水利集》没有区分水闸闸墙的不同部位，也没有名称。据王璧文研究，清代官式石闸的两边闸墙各以折角分段。闸门两侧的闸墙中部直长一段，称正身或由身；正身两端左右斜张如八字形者称雁翅，在进水端叫上迎水雁翅，出水端叫下分水雁翅或跌水雁翅；上下雁翅外端左右横亘与闸门平行者叫裹头，进水端叫上迎水裹头，出水端叫下分水裹头[①]。为表述清晰，本报告采用清代名称区分闸墙的不同部位，分别称为正身、雁翅和裹头，后两者有上迎水和下分水之别（图48）。

①王璧文：《清官式石闸及石涵洞做法》，《中国营造学社汇刊》第六卷第二期。

（一）　伏驮石（石墙）

1. 伏驮石（石墙）基础

根据对东北门柱背面和东北闸墙下分水雁翅段的局部解剖，可知伏驮石（石墙）之下有基础石一道，为伏驮石（石墙）基础。伏驮石（石墙）

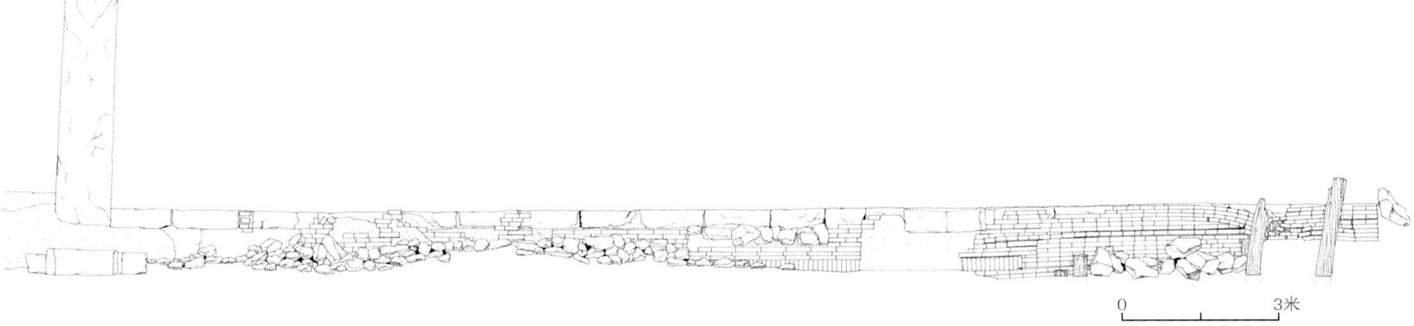

图49　伏驮石（石墙）下部与基础石

第1层石条砌筑在基础石上。基础石表面平整，其面水一侧有2厘米宽的边沿，与闸底部分的底板石面大致平齐，或局部高出底板石2～5厘米。基础石底面与底板石底面平齐，都铺砌在万年枋之上（图49）。

2. 伏驮石（石墙）

伏驮石（石墙）砌筑在伏驮石（石墙）基础石上，由石条层层砌筑而成。石条一般长1.25、宽0.6、厚0.3～0.33米。最长的长1.56、宽0.75、厚0.68米。最短的长0.6、宽0.6、厚0.3米。

伏驮石（石墙）保存最高部分为南下分水雁翅中的一段，现存6层（图50）。根据门柱两侧面的残存痕迹，可证伏驮石（石墙）共砌筑6层石条。砌筑时自下而上每层石条间有2厘米收分，为明收，以增加墙体的稳固性（图51）。石条顺砌，错缝勾压，用灰浆粘合，灰浆厚1～1.5厘米，多呈白色，局部略显黑灰色，同上海地区发现的宋元明墓葬的糯米浆三合土粘合剂相似。经上海博物馆文物保护与科技考古实验室检测，主要成分为石灰、黄沙和糯米浆。据《水利集》，秤砖“用糯米粥纸筋石灰灌砌”，石条或亦用之。伏驮石（石墙）向河道一面平整，背面不甚规整，并紧靠秤砖。

南伏驮石（石墙）残长46米，残高1.40～2.08米，从下至上共保存石条4～6层。北伏驮石（石墙）残长45.5米，残高1.4～1.74米，从下至上保存石条4～5层。

伏驮石（石墙）中部正身段，在两个闸门柱两侧的第1层石条之上，各砌1块长方形大石块，石块一侧紧贴门柱。这四块大石块的尺寸分别为，北门柱进水侧的大石块长1.08、宽0.8、厚0.62米，出水侧的大石块长

图50 保存完好的伏驮石（石墙）段

1、宽0.8、厚0.68米；南门柱进水侧的大石块长1.16、厚0.68米，出水侧大石块长1.56、厚0.68米，两侧大石块外均被秤砖所挡，宽度不详。

这四块大石块，同伏驮石（石墙）上的其他石条尺寸相比，长度不相上下，厚度是其他石条的两倍，正好是紧邻第2、第3层石条厚度的总和。将这样大的石块分别砌筑在两根门柱的两侧，并且在门柱背面还顶了1块大石条（顶柱石），其作用明显是为了卡住高大的门柱石，防止其向前后左右摇摆倾斜（图52、图53）。

图51 伏驮石（石墙）明收面

图52　南伏驮石（石墙）东正身段

图53　北伏驮石（石墙）西正身段

南伏驮石（石墙）正身长9.8、高1.42米，保存上下4层石条（图54）。北伏驮石（石墙）正身长10.1、高1.4～1.72米。其中进水端保存石条4层，高1.4米；出水端保存石条5层，高1.72米（图55）。

雁翅位于正身和裹头之间，一端与正身相接，另一端与裹头相连（图56、图57）。南伏驮石（石墙）上迎水雁翅长8.2米，残高1.4米，保存上下4层石条（图58）；下分水雁翅长10.4米，残高1.4～2.08米，保存上下4～6层石条（图59）。北伏驮石（石墙）的上迎水雁翅长8.4米，残高1.4米，保存上下4层石条（图60）；下分水雁翅长9.7 米，残高1.72米，保存上下5层石条（图61）。

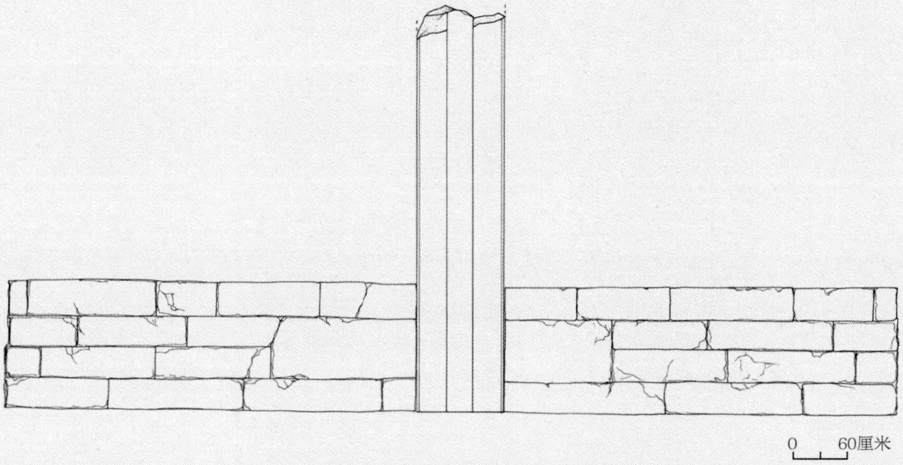

图54　南伏驮石（石墙）正身立面图

图55　北伏驮石（石墙）正身立面图

图56　南伏驮石（石墙）正身、雁翅立面图

图57　北伏驮石（石墙）正身、雁翅立面图

图58　南伏驮石（石墙）上迎水雁翅立面图

图59　南伏驮石（石墙）下分水雁翅立面图

图60　北伏驮石（石墙）上迎水雁翅立面图

图61　北伏驮石（石墙）下分水雁翅立面图

雁翅段闸墙向两边外撇，至雁翅与裹头衔接处河道宽15米，较闸门处宽6.8米增加一倍多（图62，图63-1、2，图64-1、2）。

裹头位于雁翅两端，裹头段闸墙进一步外扩，裹头顶端的河道宽32～33米，是闸门处的4倍余（图65-1、2，图66-1、2）。

图62　北伏驮石（石墙）正身和下分水雁翅折角

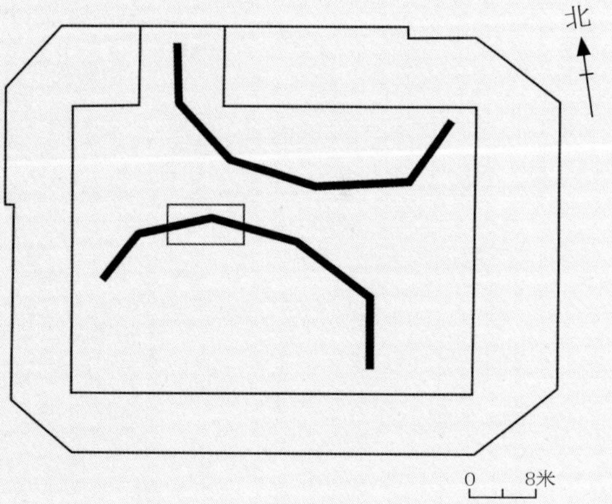

图63-1　南伏驮石（石墙）正身和上迎水雁翅折角位置图

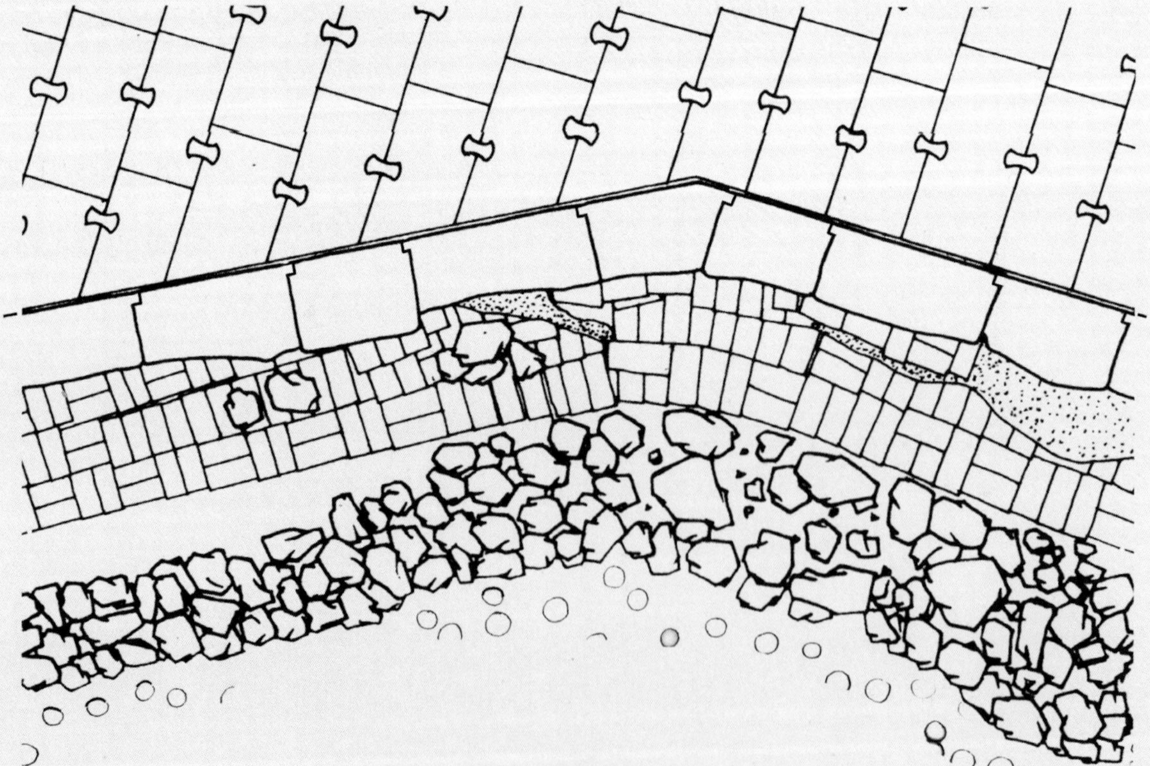

图63-2　南伏驮石（石墙）正身和上迎水雁翅折角平面图

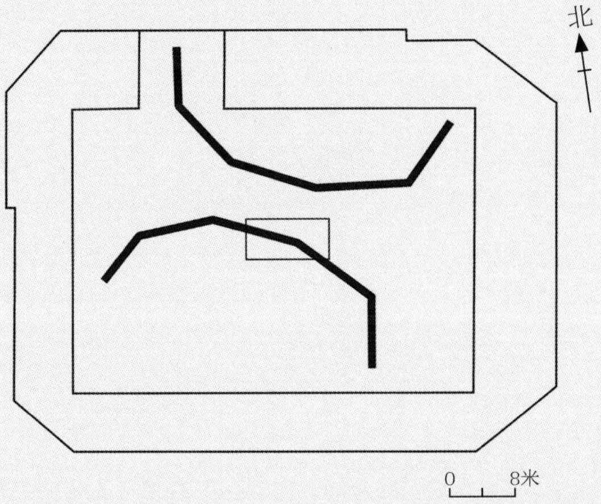

图64-1 南伏驮石（石墙）正身和下分水雁翅折角位置图

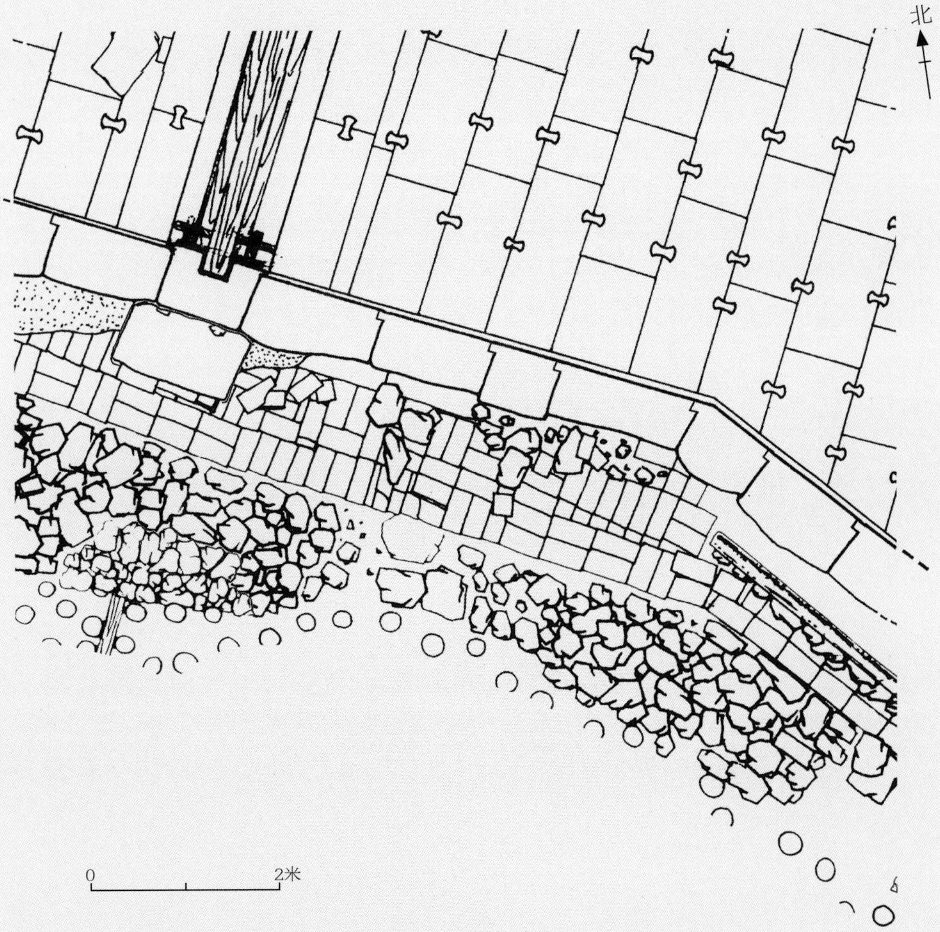

图64-2 南伏驮石（石墙）正身和下分水雁翅折角平面图

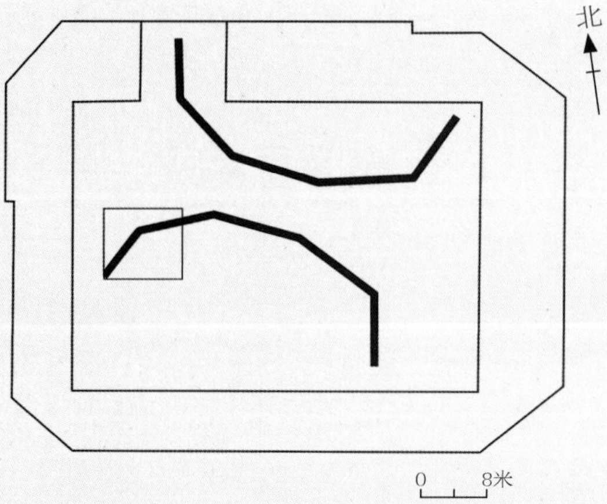

图65-1　南伏驮石（石墙）上迎水雁翅与裹头折角位置图

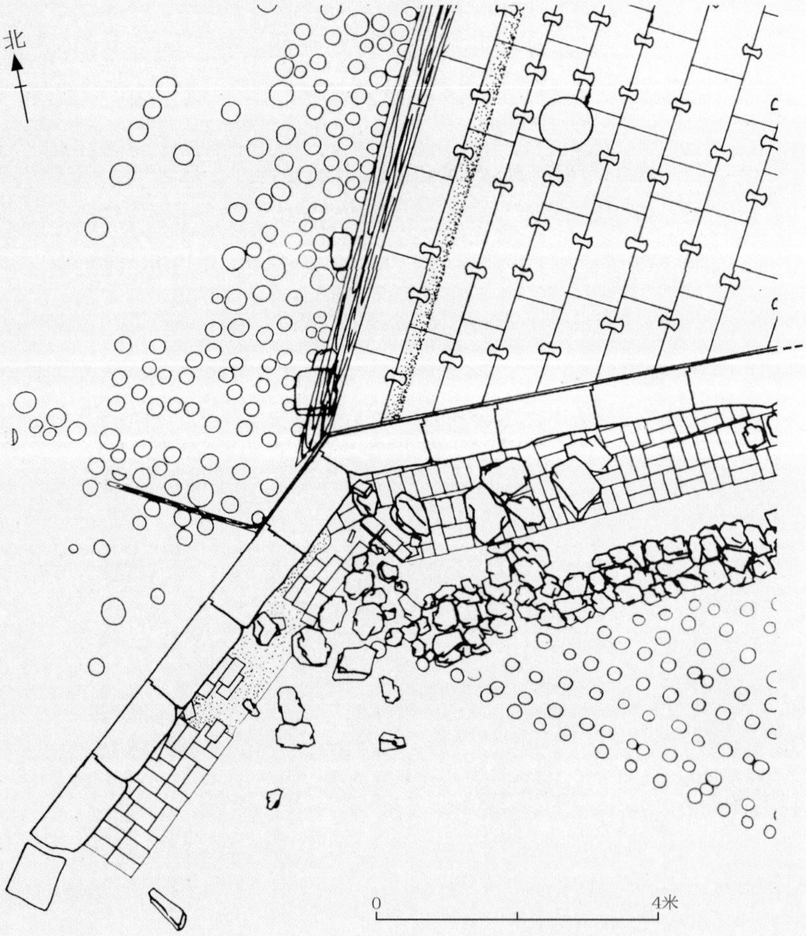

图65-2　南伏驮石（石墙）上迎水雁翅与裹头折角平面图

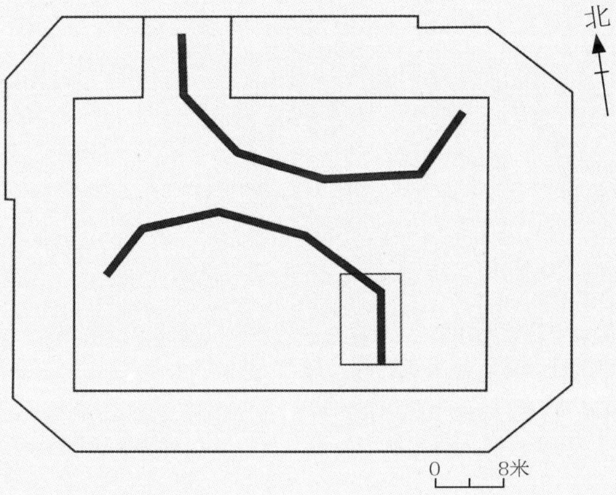

图66-1　南伏驮石（石墙）下分水雁翅与裹头折角位置图

图66-2　南伏驮石（石墙）下分水雁翅与裹头折角平面图

南伏驮石（石墙）上迎水裹头长7.8米，残高1.68米（图67）；下分水裹头长8.5米，残高1.68～2.08米（图68-1、2，图69）。北伏驮石（石墙）上迎水裹头长8.85 米，残高1.4～1.68米（图70）；下分水裹头长8米，残高1.68～2.08米（图71）。

值得注意的是，雁翅与正身、裹头连接处的折角不是由两块石条拼接，而是在一块石条上打凿而成，且有棱有角，工艺难度加大，但可以防止墙体渗水，工程质量明显提高（见图62）。

3. 伏驮石（石墙）裹头顶端的围护

南伏驮石（石墙）下分水裹头端的围护保存较好，比较完整，另外三个裹头顶端围护均有不同程度的毁坏。

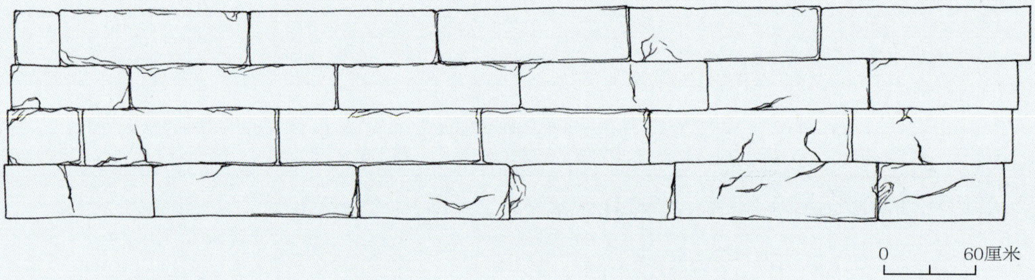

图67　南伏驮石（石墙）上迎水裹头立面图

图68-1　南伏驮石（石墙）下分水裹头

图68-2 南伏驮石（石墙）下分水裹头

图69 南伏驮石（石墙）下分水裹头立面图

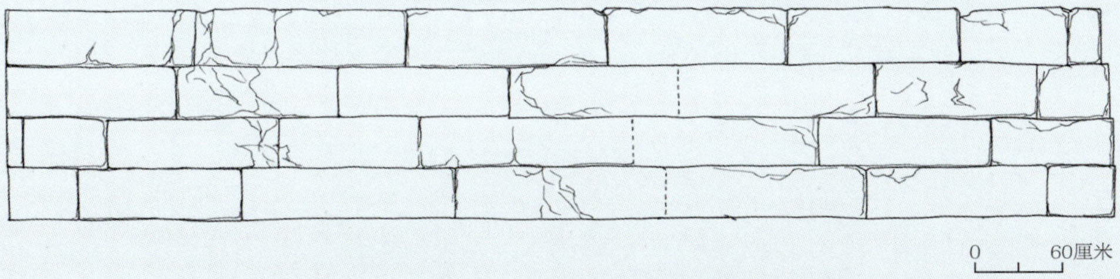

图70 北伏驮石（石墙）上迎水裹头立面图

图71 北伏驮石（石墙）下分水裹头立面图

南伏驮石（石墙）下分水裹头端的内侧角顶1根粗大的木桩，木桩直径35厘米，木桩顶部与伏驮石（石墙）第3层石条表面平齐。木桩内侧（水闸内）距伏驮石（石墙）56厘米处，保存一道木板，木板与伏驮石（石墙）平行。木板上下由3块条板横向拼接而成，上部的1块已经残损，残长2.3～5.7、残高1.1米，厚0.08～0.12米。木板近旁立两根木桩，桩顶同木板高度相当（图72-1～3，图73，图74）。

南伏驮石（石墙）上迎水裹头端已被破坏殆尽，仅在近旁残余3根木桩（图75-1、2，图76）。

北伏驮石（石墙）上迎水裹头端沿水道一侧角顶1块大石块，背面栽打两根粗大的木桩，桩径30厘米。一根木桩高于相靠的伏驮石（石墙）40厘米，另一根与伏驮石（石墙）、秤砖高度相当。伏驮石（石墙）沿水道一面栽打8根木桩（图77，图78，图79-1、2）。

图72-1　南伏驮石（石墙）下分水裹头端的围护（内侧）

图72-2　南伏驮石（石墙）下分水裹头端的围护（内侧）

图72-3　南伏驮石（石墙）下分水裹头端的围护（内侧）

图73　南伏驮石（石墙）下分水裹头端的围护（外侧）

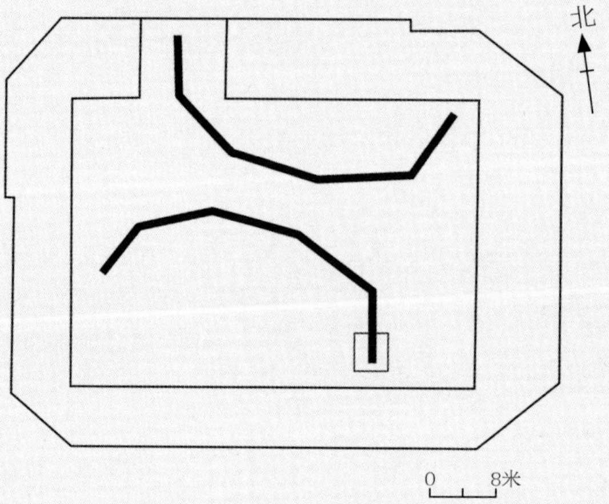

图74-1　南伏驮石（石墙）下分水裹头端围护位置图

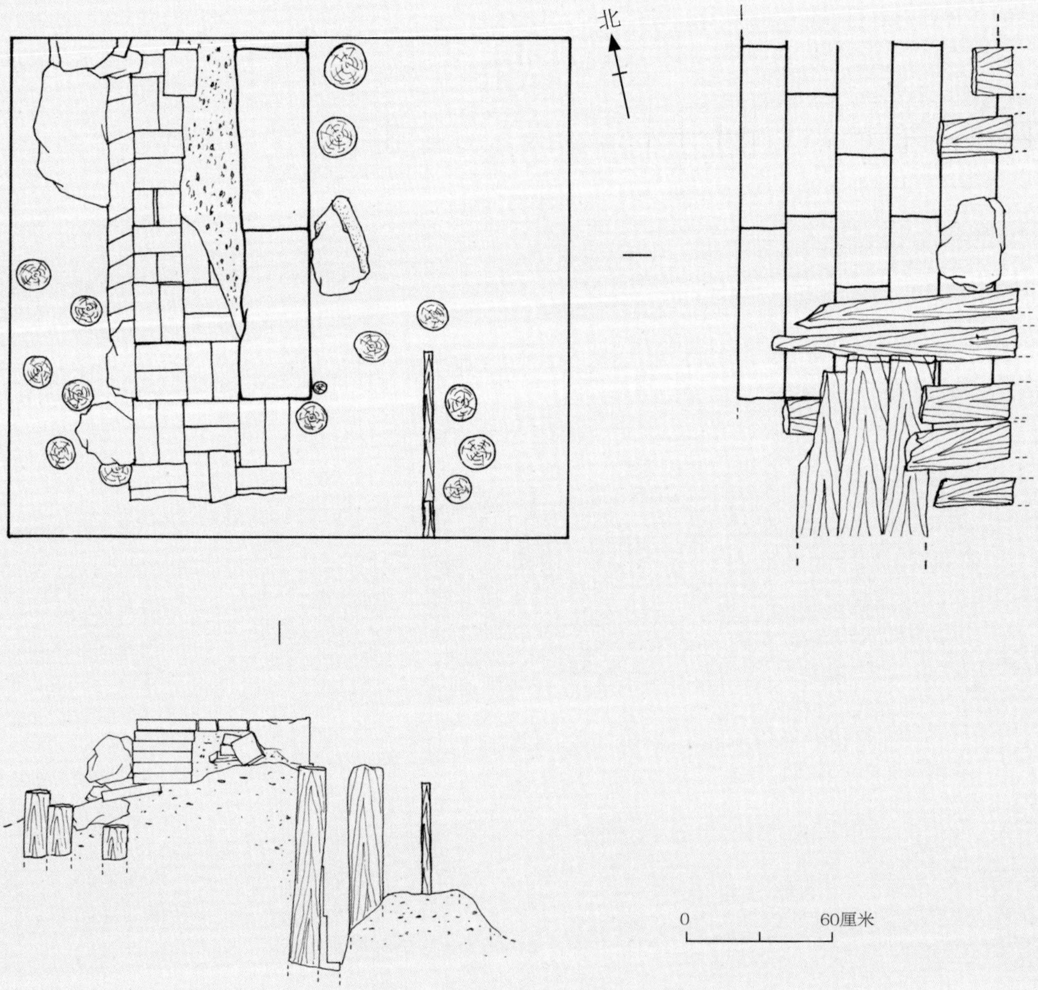

图74-2　南伏驮石（石墙）下分水裹头端围护平面、立面、剖面图

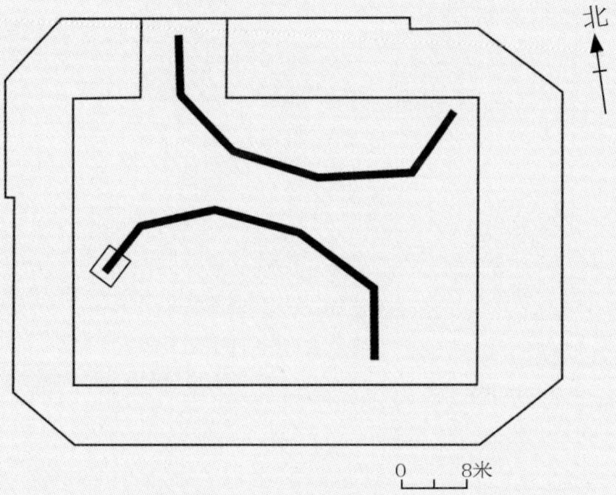

图75-1 南伏驮石（石墙）上迎水裹头端位置图

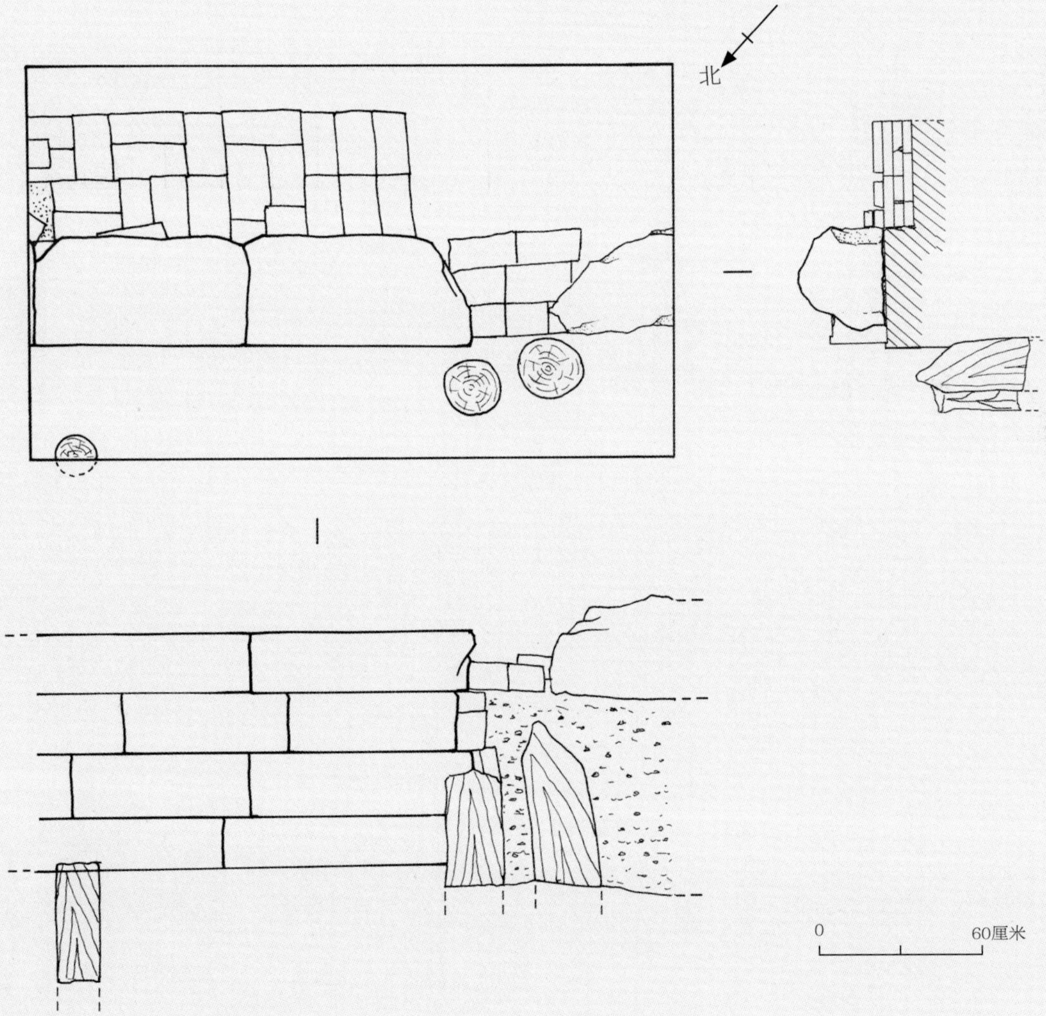

图75-2 南伏驮石（石墙）上迎水裹头端平面、立面、剖面图

图76　南伏驮石（石墙）上迎水裹头端（外侧）

图77　北伏驮石（石墙）上迎水裹头端（内侧）

图78　北伏驮石（石墙）上迎水裹头端（外侧）

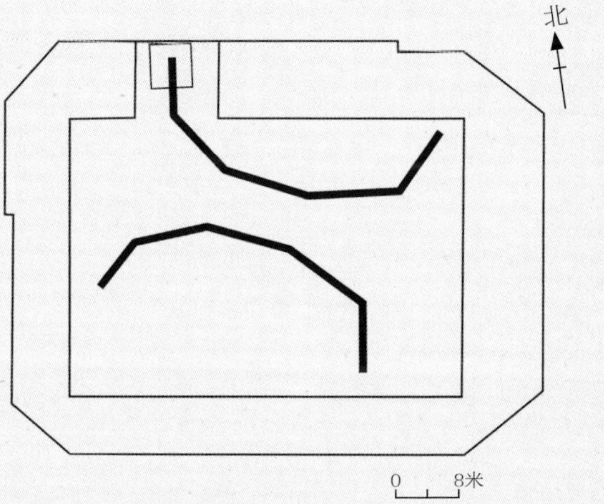

图79-1　北伏驮石（石墙）上迎水裹头端位置图

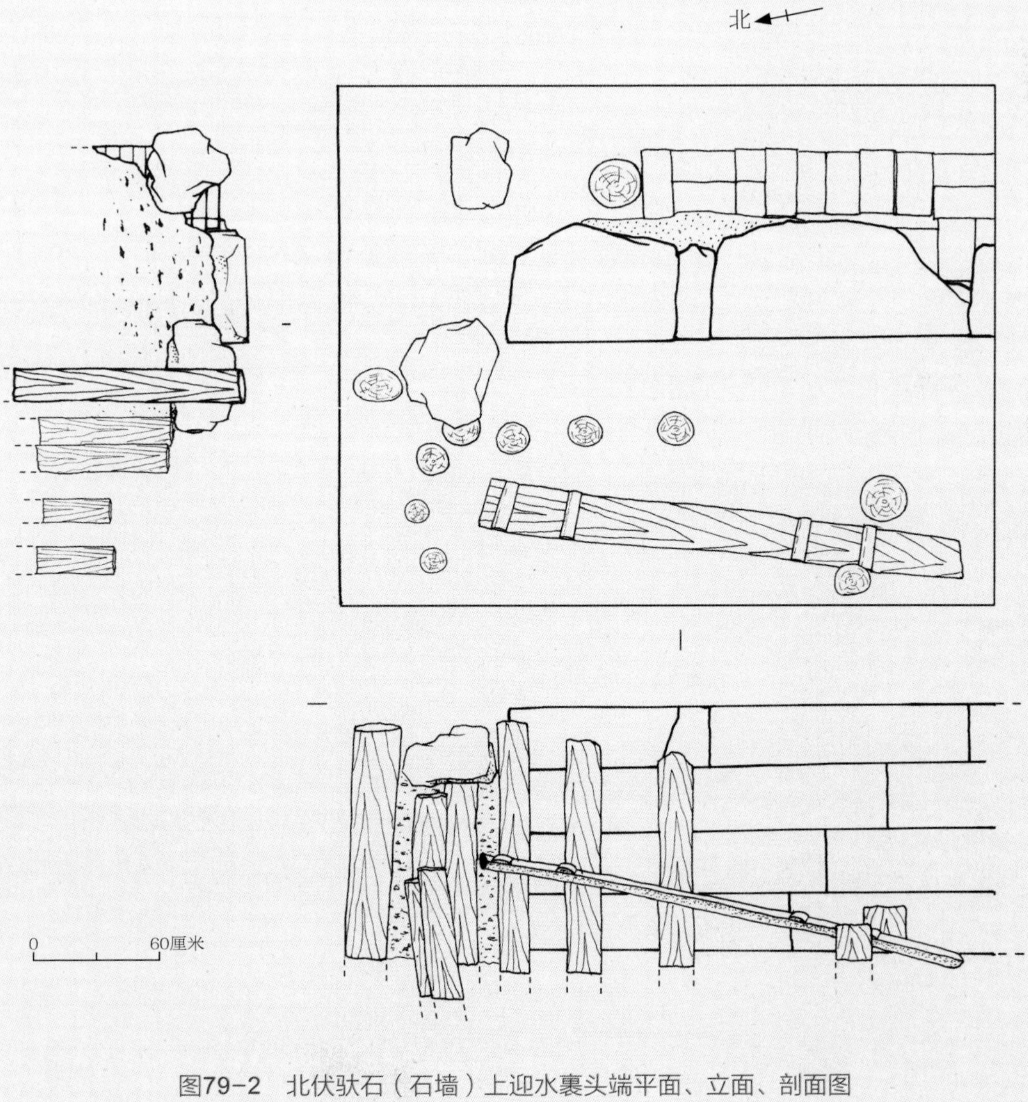

图79-2　北伏驮石（石墙）上迎水裹头端平面、立面、剖面图

北伏驮石（石墙）和秤石的下分水裹头端顶1块大石块，稍低于紧靠的伏驮石（石墙）第4层高度。石块长1.35、宽0.8、厚0.3米。临水一面横排栽打5根木桩，桩径25～30厘米。其中4根木桩顶部高出大石块30厘米左右，1根较矮，高度相当于伏驮石（石墙）第1层。沿秤砖一侧栽打3根木桩，桩径与高度同临水一面的木桩相当或略高（图80，图81，图82-1、2）。

图80　北伏驮石（石墙）下分水裹头端

图81　北伏驮石（石墙）下分水裹头端（外侧）

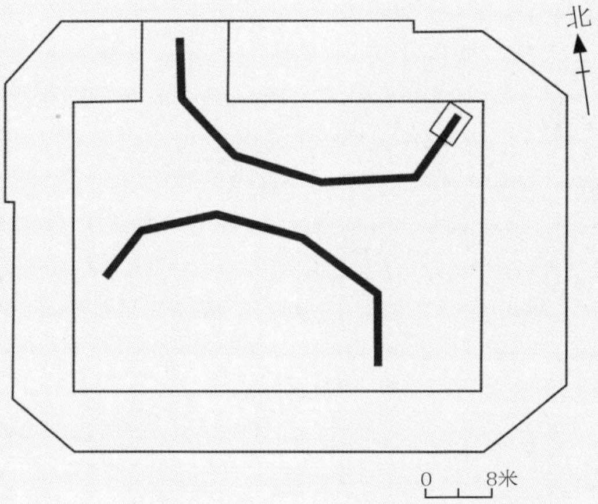

图82-1 北伏驮石（石墙）下分水裹头端位置图

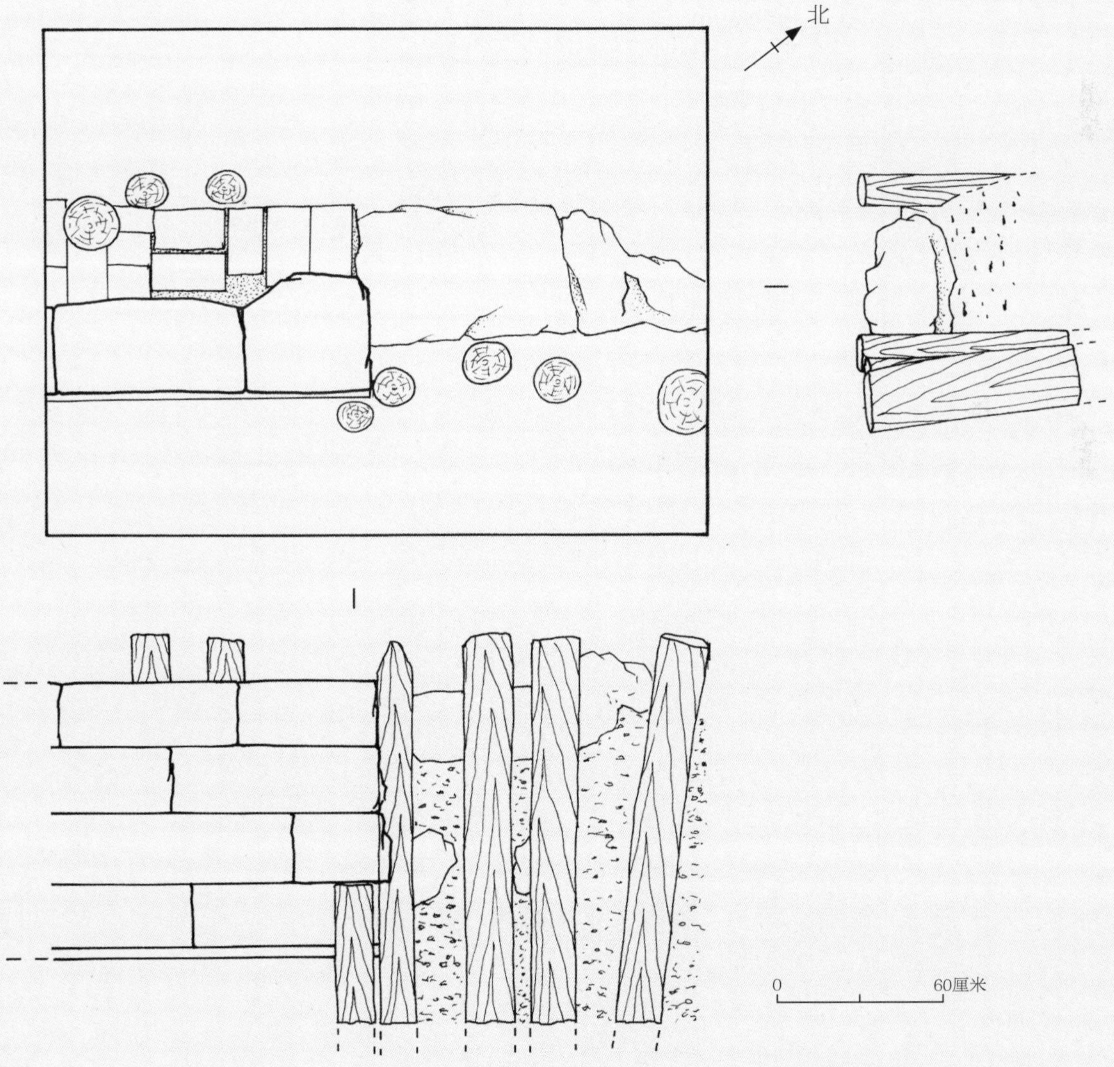

图82-2 北伏驮石（石墙）下分水裹头端平面、立面、剖面图

图83　秤砖（南闸墙下分水裹头段）

图84　秤砖（南闸墙正身段）

（二）　秤砖

伏驮石（石墙）背面顺势用砖砌筑，名为秤砖，秤砖外沿为秤石。秤砖的上部多已残损，高低不平，保存好者的高度同相挨的伏驮石（石墙）大致相当。秤砖宽度为0.5～1.2米不等，正身段秤砖最宽，两端略窄（图83、图84）。

北闸墙秤砖在门柱背后部分已被破坏殆尽，现存部分保存状况不一，高低宽窄略有不同（图85）。闸墙进水段的秤砖保存较好，最高1.7米，宽0.8～1.2米，略高于相挨的伏驮石（石墙）（图86-1～7）。闸墙出水段的秤砖在伏驮石（石墙）正身雁翅段相当于第2层石条以上部分残存无几，其以下部分保存基本完整，高约1米，宽0.6～0.8米。闸墙下分水裹头段的秤砖保存相对较好，最高位置同伏驮石（石墙）的第5层石条面相当（图87-1～6）。

图85 秤砖（北闸墙）

图86-1 秤砖（北闸墙正身段）

图86-2 秤砖（北闸墙上迎水雁翅段）

图86-3　秤砖（北闸墙上迎水雁翅段）

图86-4　秤砖（北闸墙上迎水雁翅段）

图86-5　秤砖（北闸墙上迎水雁翅和上迎水裹头段）

图86-6　秤砖（北闸墙上迎水裹头段）

图86-7　秤砖（北闸墙上迎水裹头段）

图87-1　秤砖［北闸墙正身段（东）］

图87-2　秤砖［北闸墙正身段（东）］

图87-3　秤砖［北闸墙正身段（东）］

图87-4　秤砖（北闸墙正身和下分水雁翅段）

图87-5　秤砖（北闸墙下分水雁翅和下分水裹头段）

图87-6　秤砖（北闸墙下分水雁翅和下分水裹头段）

图88　称砖（南闸墙下分水裹头段）

南闸墙的下分水裹头段最外端的秤砖保存比较完整，比伏驮石（石墙）最外端更加向外伸出，并折向伏驮石（石墙）顶端，与顶端的木桩相接（图88）。

北闸墙上迎水裹头段，秤砖靠近外端顶1根木桩（图89）。外侧秤砖内夹着1根直立的木桩，桩径30厘米，木桩顶部高于秤砖表面40多厘米（图90）。这种现象在秤砖中仅此一例，用途不明。

为了解秤砖的结构和砌筑方法，对北闸墙下分水雁翅段的秤砖进行了局部解剖（图91）。

此段秤砖随伏驮石（石墙）形势砌筑，上部毁损严重，下部10层砌砖保存基本完好（图92）。由下到上的具体砌法为：先平砌砖9层。第1层，从外到伏驮石（石墙）基础，共铺3道砖，靠外的第1道砖横铺，外立面平直整齐，里面的两道砖竖铺，竖铺的两道砖之间留有10余厘米空隙，用碎砖填入。由此可知秤砖是由外向内砌筑。

图89　秤砖和木桩（北闸墙上迎水裹头段）

图90　秤砖内的木桩（北闸墙上迎水裹头段）

图91　秤砖（北闸墙下分水雁翅秤砖解剖段）

图92　秤砖（北闸墙下分水雁翅秤砖解剖段外立面）

第2层至第6层砖，外面的第1道砖同第1层一样，横铺，上下层间互相交错。第7层至第9层的外立面砌砖，为一横两竖，上下层之间互相交错。

第2层至第9层里面的砖大体为两层横铺，三层竖铺，或根据里面空间大小，横竖相间，直接靠在伏驮石（石墙）背面。由于伏驮石（石墙）所砌石条暴露出的正面切割凿刻平整，而被覆盖的背面，未加修正，长短不齐，大小缺口也较多，砖的砌法也只能顺势而为，尽量将石条缺口补齐整。

第10层砖为丁砌，外道竖丁，内横竖相间。

第1到第10层砌砖，高1米，宽1.2米左右，外立面笔直，砖与砖之间，层与层之间，横平竖直，做工考究（图93）。第10层以上砌砖有不同程度残损，其中第11～15层砖，平铺，残损，高近50厘米，第16、17层及以上砌砖，绝大部分缺失，从保存在伏驮石（石墙）第5层石条背面的灰浆粘合痕迹看，原秤砖的高度同伏驮石（石墙）高度应该大体相当。现存残高约1.6米。

砖的规格比较统一，长38、宽19、厚8厘米（图94）。

砖的砌法有顺砌、丁砌，逐层相间铺砌，使上下相互牵连，砖缝间以灰浆粘合。另外在秤砖底与万年枋之间亦抹有厚薄不均的灰浆，以取平面。据《水利集》卷十，秤砖“用糯米粥纸筋石灰灌砌”，即此灰浆。

秤砖外是随势堆垒的秤石。

（三）　秤石

用大小不等的石块与青滋泥一起垒砌，大的石块长30、宽15厘米，小的长宽不足10厘米，其形制、尺寸没有一块是相同的，也没有一块是方正

图93　秤砖铺砌在万年枋上（北闸墙下分水雁翅秤砖解剖段）

图94　条砖

成材的。石块上多留有打凿、切割的痕迹，应该是打凿门柱、石条、石板等留下的边角料，废物利用。

下面以南闸墙秤石为例说明（图95）。

秤石顶部宽0.3～1.2米不等，门柱处最宽，为1.2米，至两端逐渐变窄，残高1.1～1.6米，现存高度稍低于伏驮石（石墙），同相挨秤砖高度相当。秤石底部宽1～1.5米，略宽于顶部，从下到上逐渐内收，以防坍塌。垒砌的石块经过挑选，外立面及顶部表面的石块相对较大，并将比较

图95　秤石立面（南闸墙）

图96　秤石（南闸墙正身与下分水雁翅段）

图97　秤石（南闸墙下分水雁翅段）

图98　秤石（南闸墙下分水雁翅与下分水裹头段）

平整的一面朝外，而内部的石块大小不一，或相对较小，土石混杂。石块之间以韧性较强的青滋泥粘合后混为一体（图96～图98）。

秤石底部，为一层厚薄不等的较硬灰浆层，其下就是平铺的万年枋。《水利集》卷十所谓“水调石灰”，或即为此层灰浆。

秤石主要铺砌在万年枋上，但在北闸墙（发掘区域）和南闸墙秤石外立面清理中发现，部分直接铺砌在木桩上，桩顶大致平齐，略矮的木桩顶端用碎砖垫平（图99）。

图99　秤石垒砌于万年枋上（南闸墙下分水雁翅段）

三、 闸底

闸底由底板石、万年枋、龙骨木、木桩、“断水板”等部分构成。

底板石。《水利集》卷十记载：“复铺底板石。”

万年枋。（宋）《营造法式》记载：“上铺衬石方三路。”《水利集》卷十记载：“万年枋，用板方，厚五寸五分，阔一尺二寸。拼缝了，于龙骨木上铺钉，丁用一尺二寸者，须要缝密，每条龙骨木参差着丁两个，然后油灰麻筋如造船法。”

龙骨木。《水利集》卷十记载：“龙骨木，如闸身内部打桩，齐密了，又用砖瓦屑及生炭铺五六寸厚，填筑牢实了。然后用龙骨木长二丈、径一尺者，每一条悬二尺，顺闸安置，须凿窾楯楦牢，却用丁斜钉，又用瓦屑挨筑十分牢固。”

木桩，即桩。《水利集》卷十记载：“下桩，用松桩，上等长者一丈八尺，径一尺，二千条……用上等者作顶石桩。”可知桩的树种为松树，即松桩。桩又根据它们的使用位置和功用，分为不同的类别，闸底和闸墙下的桩名为顶石桩。（宋）《营造法式》记载：“各用地钉（木橛也），打筑入地（留出纂卯）。”《水利集》不用“地钉”之名。本报告对能够根据《水利集》确定其名称的，即用之；不能确定名称的，一概用“木桩”。

底板石下满铺一层万年枋，并延伸铺设在闸墙［伏驮石（石墙）、秤砖、秤石］之下，直至秤石外，铺设面积在700平方米左右。万年枋铺设于横置的龙骨木上。龙骨木再搁架于顶石桩上。

（一） 底板石

底板石铺砌在伏驮石（石墙）内的正身、雁翅段内，西北—东南总长约30米，其中进水端长13.6、宽15.8 米，出水端长15.5、宽14.2米。总面积约400平方米（图100）。

底板石表面平整，由长方形青石板平铺而成，石板之间相互交错。每块石板长1～1.35米，宽0.6～0.8米不等。从发掘之前的施工钻孔看到，石板厚0.25米。闸门并槛石两侧的石板较窄，宽0.4米。进水端底板石共铺砌石板19路，出水端底板石共铺砌石板21路。每路石板基本顺水闸方向横铺，唯有靠出水口木板沿口的最后一路石板竖铺，并呈由西北向东南的斜面，高差2厘米左右，以利出水流畅（图101-1、2）。

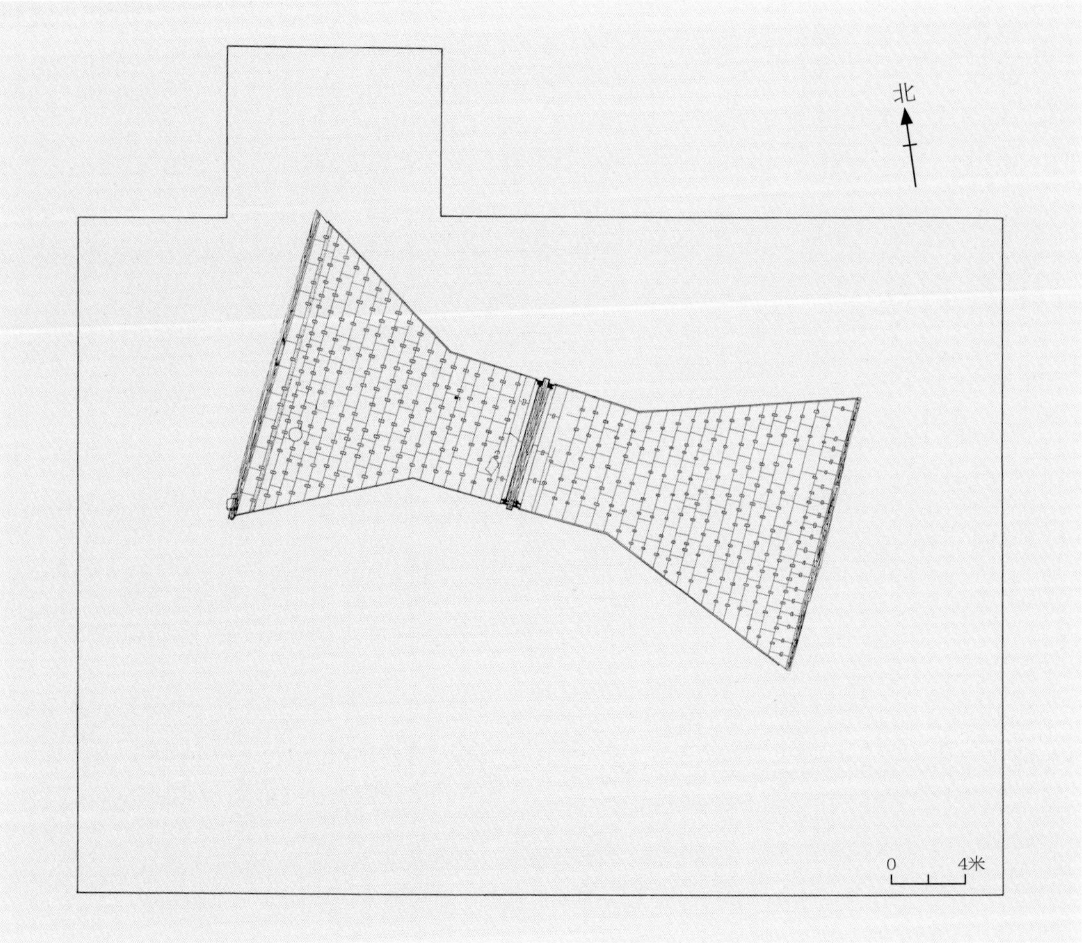

图100　底板石平面图

图101-1　出水端底板石

图101-2　出水端底板石

底板石的各块石板之间拼接非常稳固，石板表面以铁锭榫固定。铁锭榫顺水闸方向安置。首先在铺好的石板上凿出凹槽，凹槽两头宽中间窄，形同水闸八字形。凹槽长25、腰宽7.5、深5厘米左右（图102）。每块石板上凿凹槽2、3、4个不等，多为3个，短石板2个，长石板4个。凹槽凿好后，将已铸造好的铁锭榫摆放于凹槽内，然后在铁锭榫表面和凹槽空隙间填满灰浆（图103）。据《水利集》卷十，万年枋所用钉上的灰浆为“油灰麻筋”，此当为金属材料上所用，亦用之于铁锭榫上。石板接缝处亦填满灰浆，防止渗水和石板错缝移位。灰浆色质与秤砖所用相同，《水利集》卷十记载秤砖“用糯米粥纸筋石灰灌砌”。根据考古发掘之前建设施工切割下的石板残件，可知石板之间的侧面以企口相拼接，两块相接石板的上下企口各宽5厘米。这些建造方法可以有效避免石板的水平、垂直移位，确保了底板石的稳固性。《清官式石闸及石涵洞做法》记载：“面石务期线缝密致，至用销蔑签试不入，始为牢固，稍不如式，难免水浸冲刷之患。……。安扣锭锔，灌浆，舱缝，同属石工吃紧要害之务。浆汁宜浓，灌注宜满。修舱石缝，尤宜密致，毋使稍有缝隙，致滋走漏之弊。两石接缝之处，必须凿槽，按扣铁锭、铁锔，各宜照估定位置数目扣钉，以防石块有错缝倾斜之患。”

图102 嵌铁锭榫凹槽

图103 底板石嵌铁锭榫

底板石上共嵌铁锭榫338只。

铁锭榫，浇铸成形，造型规整，形状同元代银元宝相近。长22、腰宽6.4、厚4厘米（图104）。

底板石的进、出水口各铺设一道木板沿口，其两端同伏驮石（石墙）雁翅与裹头折角处的伏驮石（石墙）基础边沿相接。经对进、出水口木板沿口的局部解剖，了解了木板沿口下的结构。

进水口的木板沿口通长16米。木板沿口为上下两层，外侧呈阶状。上层由三条长木板企口拼合而成，宽0.22、高0.2米；下层高0.22～0.25米，外缘较上层凸出0.14～0.22米，呈二阶状。木板沿口的上下两层用铁钉固定，铁钉为一列横排，间距0.3米，钉帽圆形，表面涂满油灰麻筋，防止生锈和渗水。木板沿口下为多块木板拼合的木板墙，已见两块，其外侧凸出木板沿口下层0.07米，各高约0.32米（图105-1～8）。进水口木板墙未发掘至底，其结构当与发掘至底的出水口木板墙相同。

图104　铁锭榫

图105-1　进水口木板沿口与木桩

图105-2　进水口木板沿口与木桩

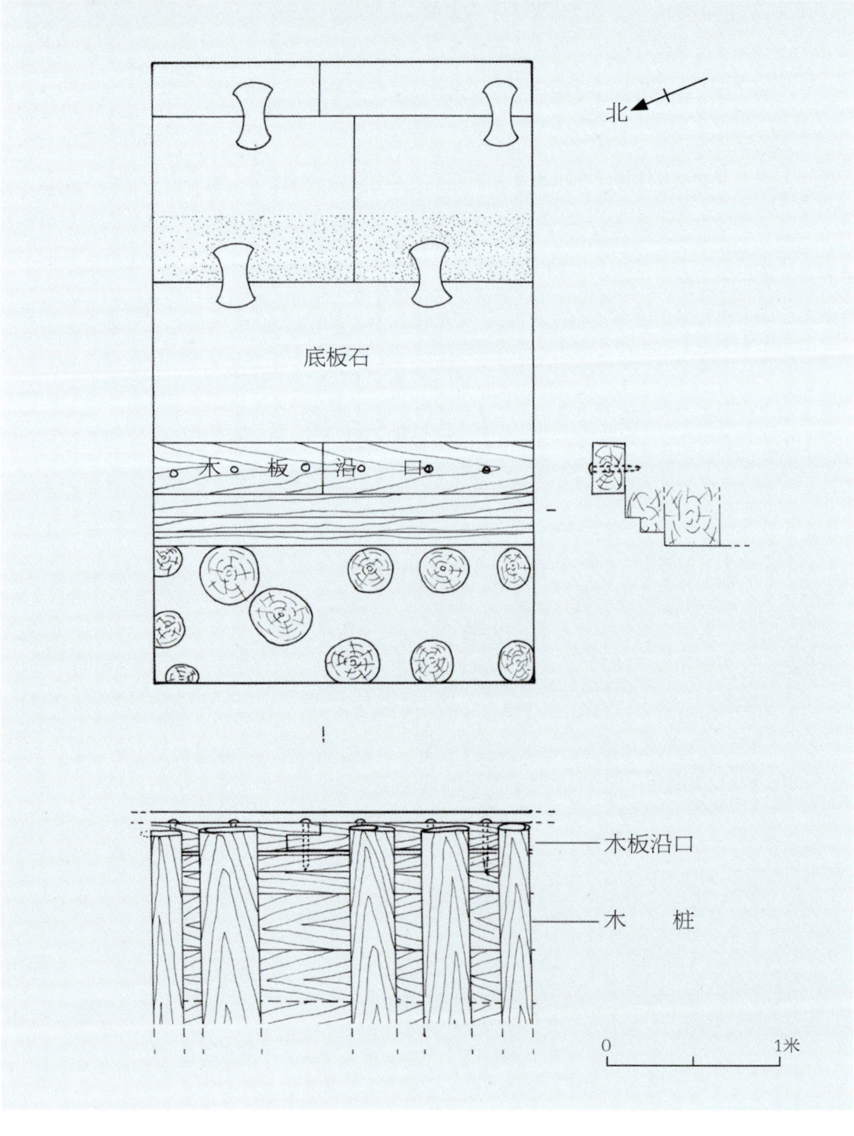

图105-3　进水口木板沿口

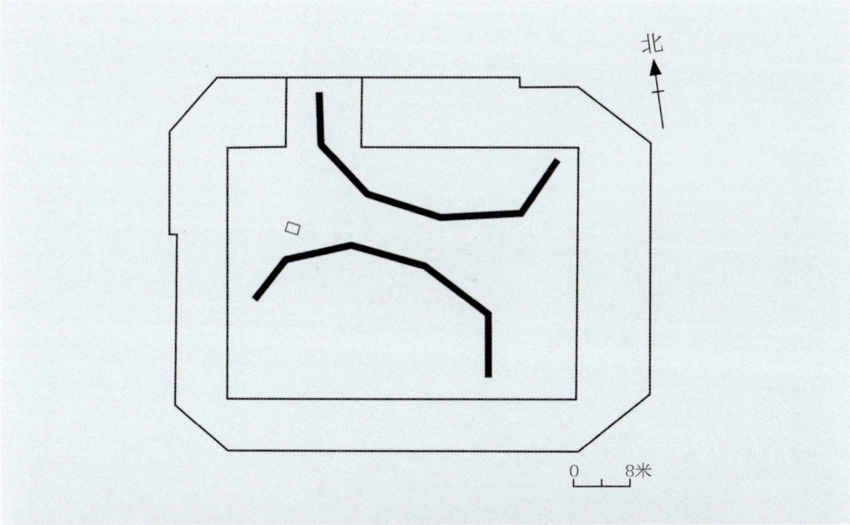

图105-4　进水口位置图

图105-5　进水口木板沿口

图105-6　进水口木板沿口

图105-7　进水口表层两条木板企口搭合处（北面）

图105-8　进水口木板沿口上层企口拼合

出水口的木板沿口亦有上下两层。上层由三条木板拼合组成，中间一条长约6.2、宽0.26米，靠南一条长3.6、宽0.22米，靠北一条长4.35、宽0.22米（图106、图107）；下层拼合情况不详。木板沿口外侧上下层平齐，与进水口不同。木板沿口在不同部位的高度为0.4～0.5米，上下两层之间，有的部位拼合比较紧密，有的部位有宽窄不等的空隙。从木板沿口北端的解剖看，上下层之间有较宽空隙，上层木板的朝上一面为平面，朝下一面外为斜面，内为平面；下层木板的朝上一面呈窄阶状。两层木板的固定方式与进水口相同，以铁钉从上层木板表面垂直打入，铁钉为圆形钉帽、方锥形钉身。北闸墙下分水雁翅与裹头转角处，木板沿口上层的内角被伏驮石（石墙）下的基础石条卡住（图108-1～3)。从整体结构看，木板沿口的上下两层就是底板石和万年枋在闸身两端的封口。

图106　出水口木板沿口与木桩

图107　出水口木板沿口与木桩

图108-1　木板沿口与伏驮石（石墙）及基础石

图108-2　木板沿口与伏驮石（石墙）及基础石

图108-3　木板沿口与伏驮石（石墙）及基础石

出水口木板沿口之下是木板墙，由上下相叠的五块横立木板组成，通高约1.6米。木板墙的外立面同木板沿口外侧面平齐（图109-1、2，图110-1、2，图111-1、2）。进水口和出水口外侧均栽打密集木桩，木桩长4～5米，直径0.3米左右。

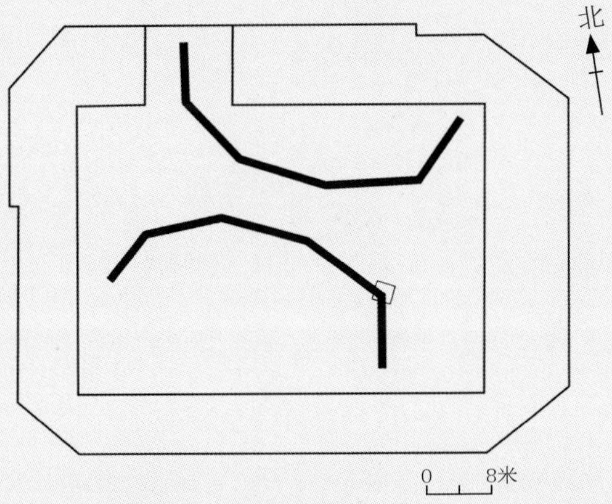

图109-1　出水口南端位置图

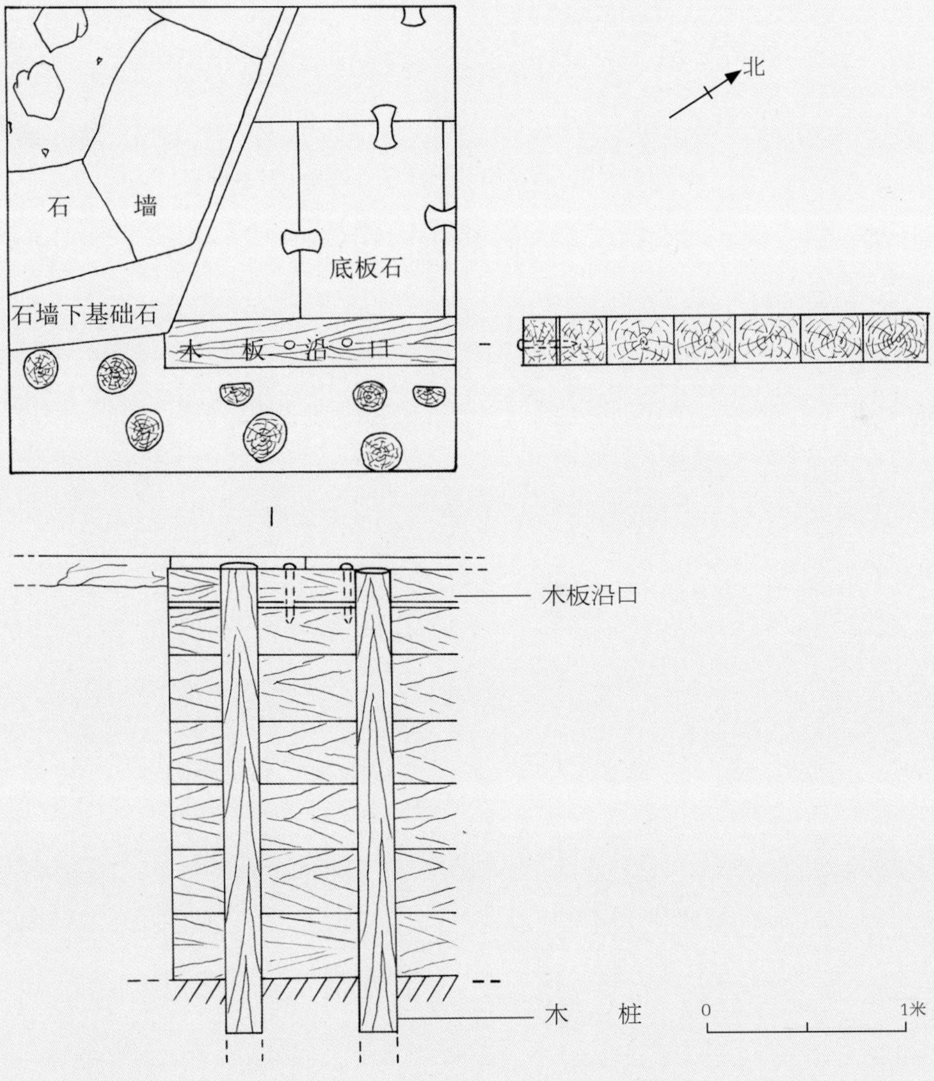

图109-2　出水口南端木板沿口和木板墙平面、剖面与立面图

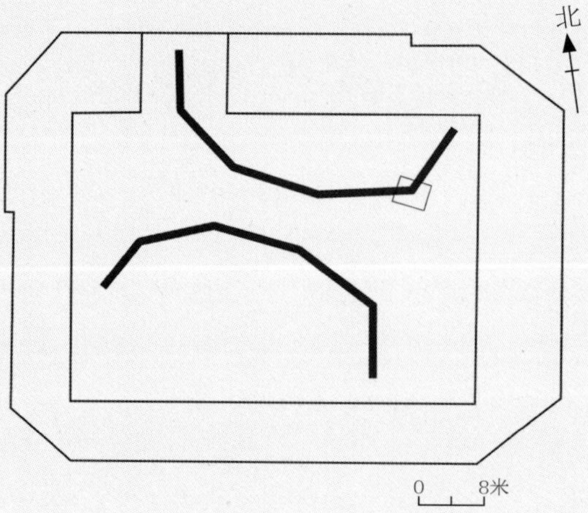

图110-1　出水口北端位置图

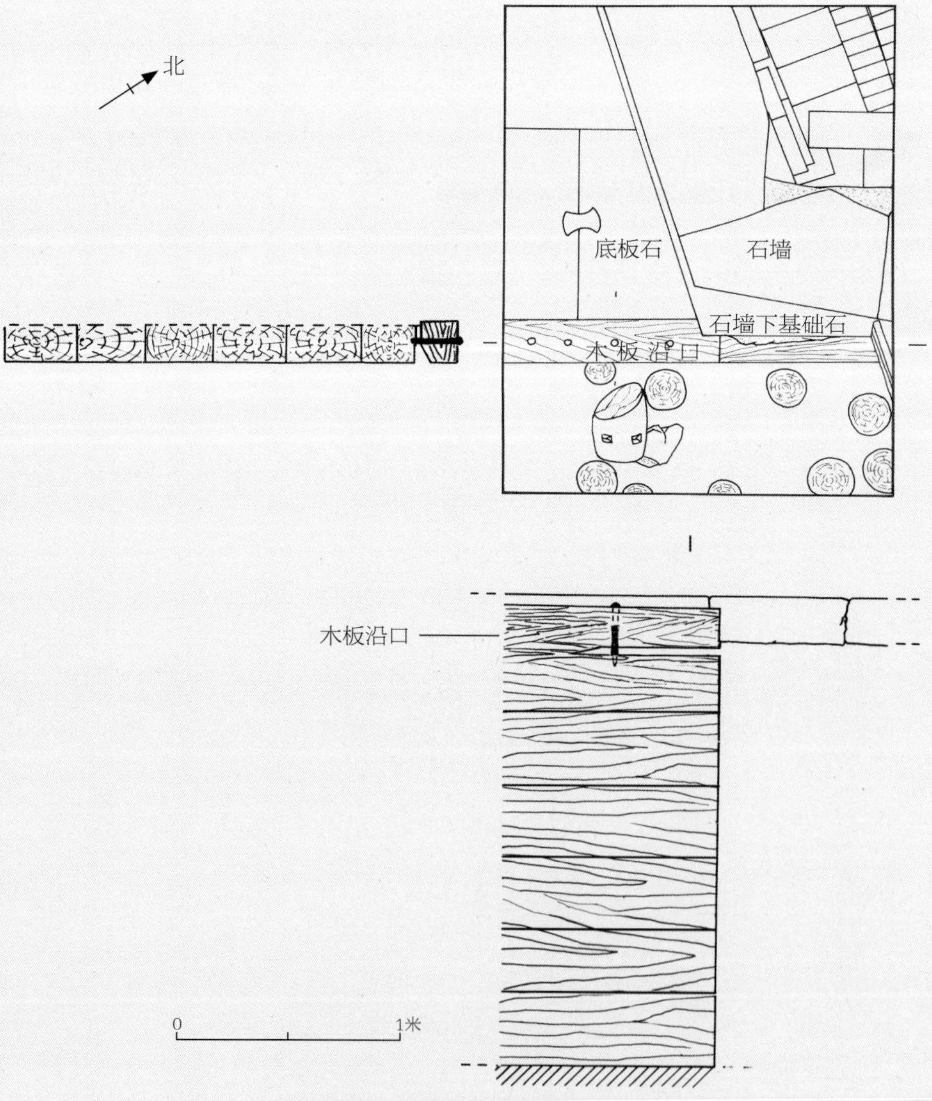

图110-2　出水口北端木板沿口和木板墙平面、剖面与立面图

图111-2　出水口木板墙（断水板）

图111-1　出水口木板墙（断水板）

（二） 万年枋、龙骨木和顶石桩

因底板石以下未作发掘，万年枋、龙骨木等结构主要通过闸墙不同部位秤砖、秤石下的局部发掘得以了解。另外通过考古发掘之前建设施工的钻孔，可以直接观察底板石之下万年枋、龙骨木等的形状与结构。

底板石和万年枋之间发现有一层厚薄不均的灰浆层，其作用为取平万年枋表面以铺平底板石。

南闸墙的下分水雁翅与裹头折角处，发现从东至西平铺的十四条万年枋，其朝南一侧伸出秤石外30～60厘米（图112-1、2，图113-1、2）。万年枋铺到雁翅与裹头折角处，裹头段不铺设万年枋。

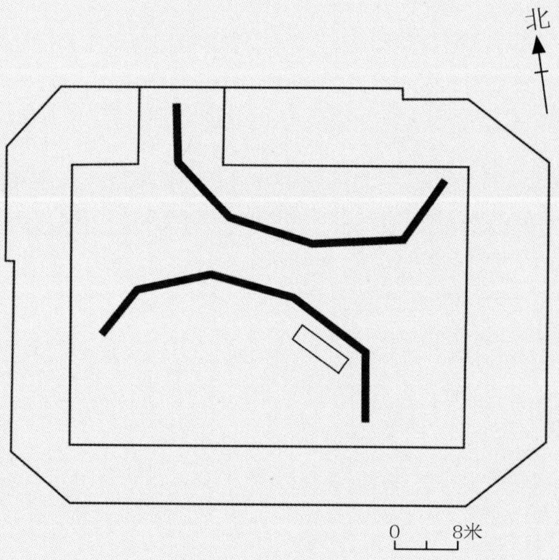

图112-1 南闸墙下分水雁翅与下分水裹头折角位置图

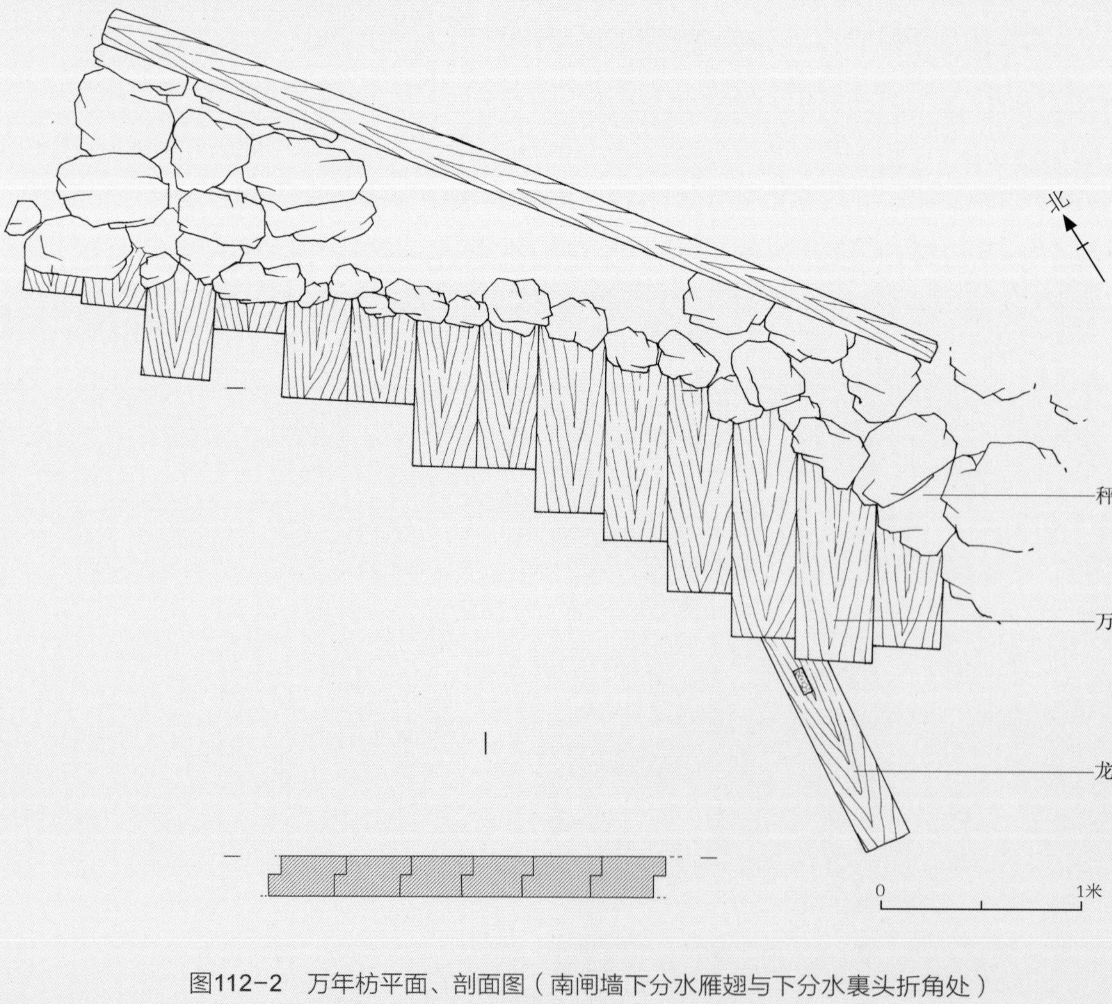

图112-2 万年枋平面、剖面图（南闸墙下分水雁翅与下分水裹头折角处）

图113-1　万年枋（南闸墙下分水雁翅与下分水裹头折角处）

图113-2　万年枋（南闸墙下分水雁翅与下分水裹头折角处）

北闸墙下分水雁翅处，万年枋共露出十二条，伸至秤砖之外，东侧伸出最长，达2.6米，向西依次递减，西侧最短的1条伸出秤砖1.75米（图114-1～4，图115）。

万年枋为长条状的木板拼接平铺而成，每条木板的宽度与厚度不等，发掘出的木板宽24～31厘米，厚20～22厘米。因为未发掘出完整的木板，所以其长度不详。万年枋的铺设方向28度。各条木板两侧面分别锯出上、下接面，即企口。木板之间以企口拼接，上下接面相互搭合（图116、图117）。

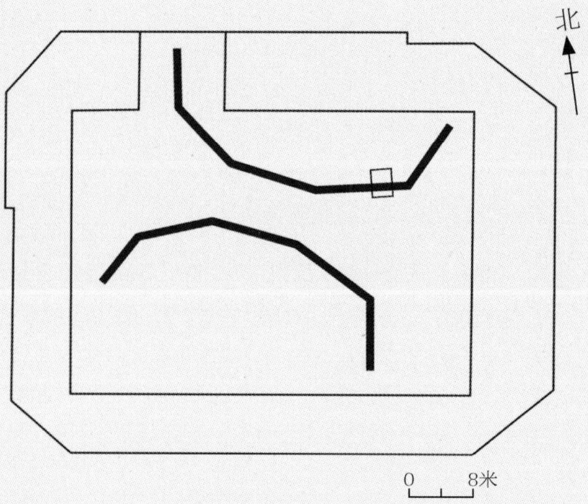

图114-1　北闸墙下分水雁翅解剖段位置图

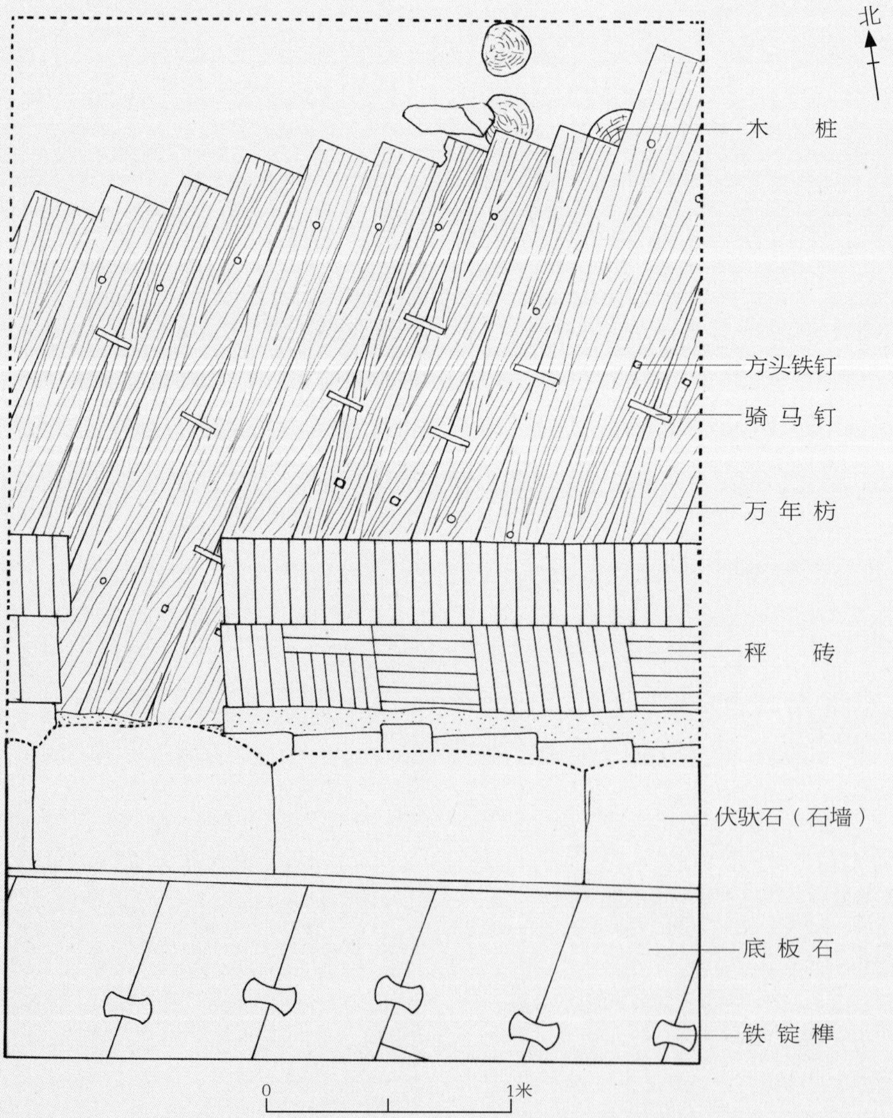

图114-2　万年枋、秤砖、伏驮石（石墙）与底板石平面图（北闸墙下分水雁翅段）

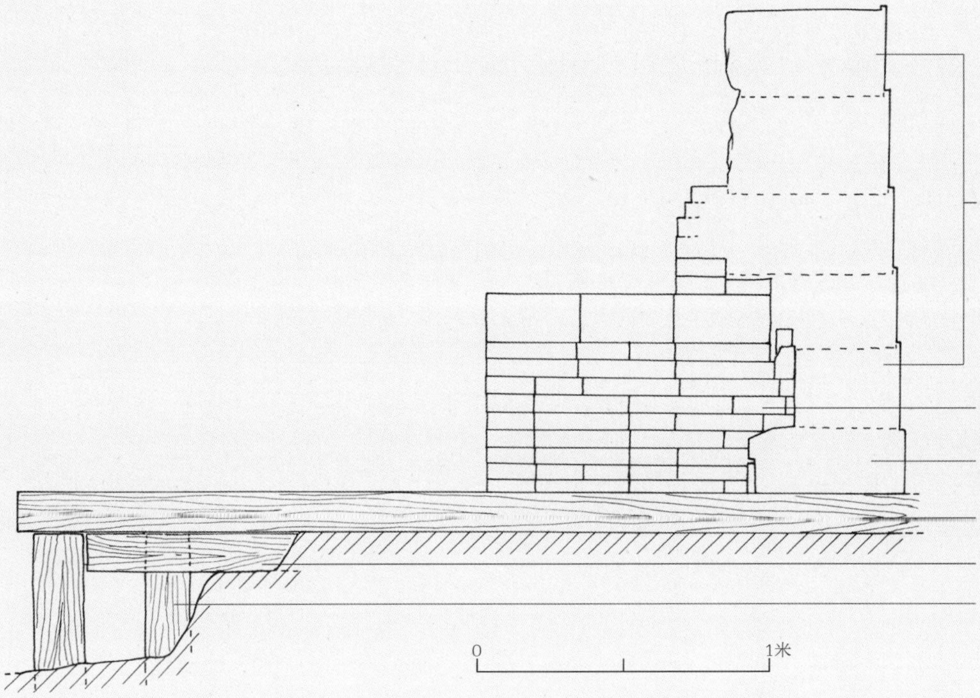

图114-3　万年枋、秤砖、伏驮石（石墙）等剖面图（北闸墙下分水雁翅段）

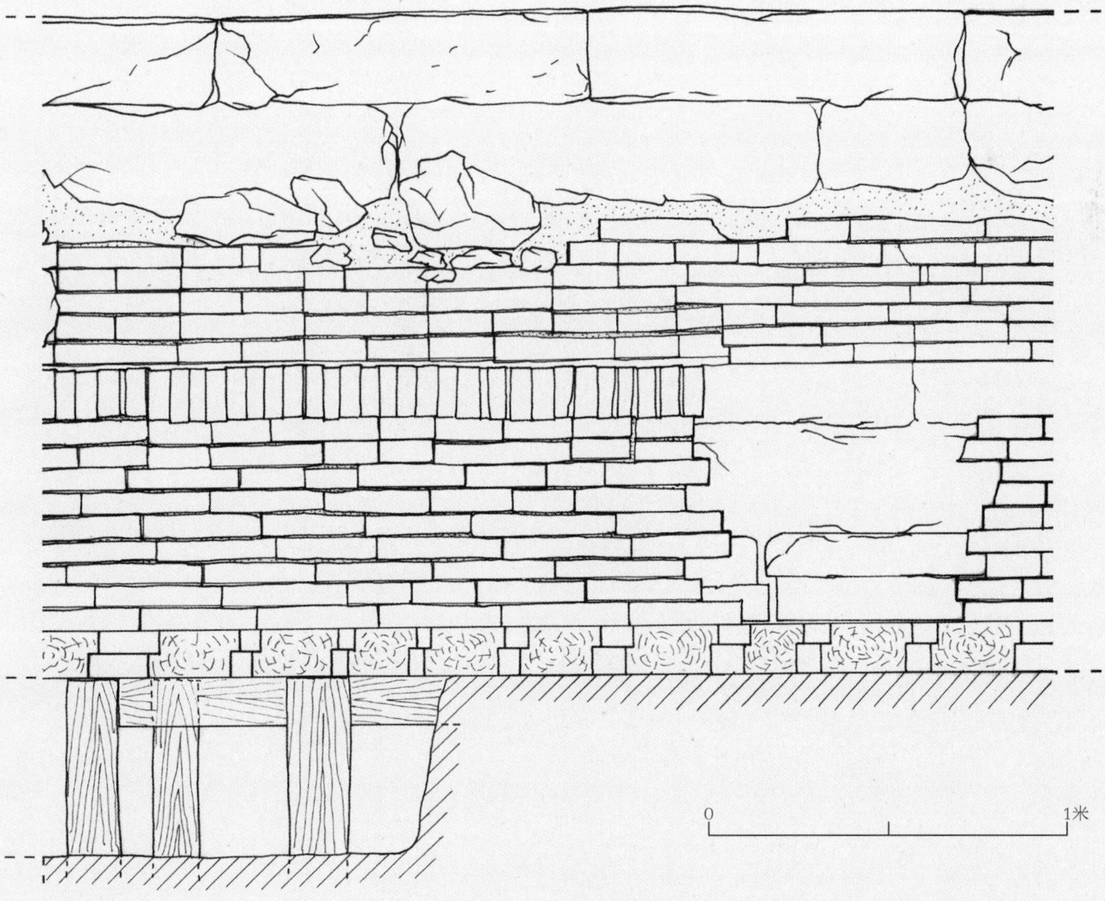

图114-4　万年枋、秤砖、伏驮石（石墙）等剖面图（北闸墙下分水雁翅段）

图115　万年枋（北闸墙下分水雁翅段）

图116　万年枋铺设于顶石桩上

图117　万年枋的拼接并铺设于龙骨木、顶石桩上

各条木板拼合后再于拼接缝侧钉铁骑马钉以加固，骑马钉间距40～45厘米，排列有序。骑马钉的形制、尺寸基本相同，长20、宽2厘米（图118-1、2）。各条木板的居中线上还钉方头铁钉，间距为25～30厘米，穿过木板枋钉在其下的龙骨木上（图118-3）。方头铁钉是万年枋铺设在龙骨木上的固定方式。骑马钉和方头钉的顶端均涂满灰浆，应当就是《水利集》所称之“油灰麻筋”，这是与造船相同的方法，以避渗漏之虞。

图118-1　万年枋与骑马铁钉

图118-2　万年枋与骑马钉

图118-3　万年枋与方头铁钉

方头铁钉的排列方向即为龙骨木的走向，同水闸走向大致相同。在发掘之前的建设施工钻孔处，龙骨木方向约为117度（图119，图120-1、2）。北门柱背面的龙骨木方向，同施工钻孔处大致相同（图121-1、2）。各行方头铁钉行距约60厘米，即各龙骨木相隔距离。《水利集》记载龙骨木“每一条悬二尺，顺闸安置”，因此水闸龙骨木的施工同《水利集》记载完全一致。

图119　建设施工钻孔

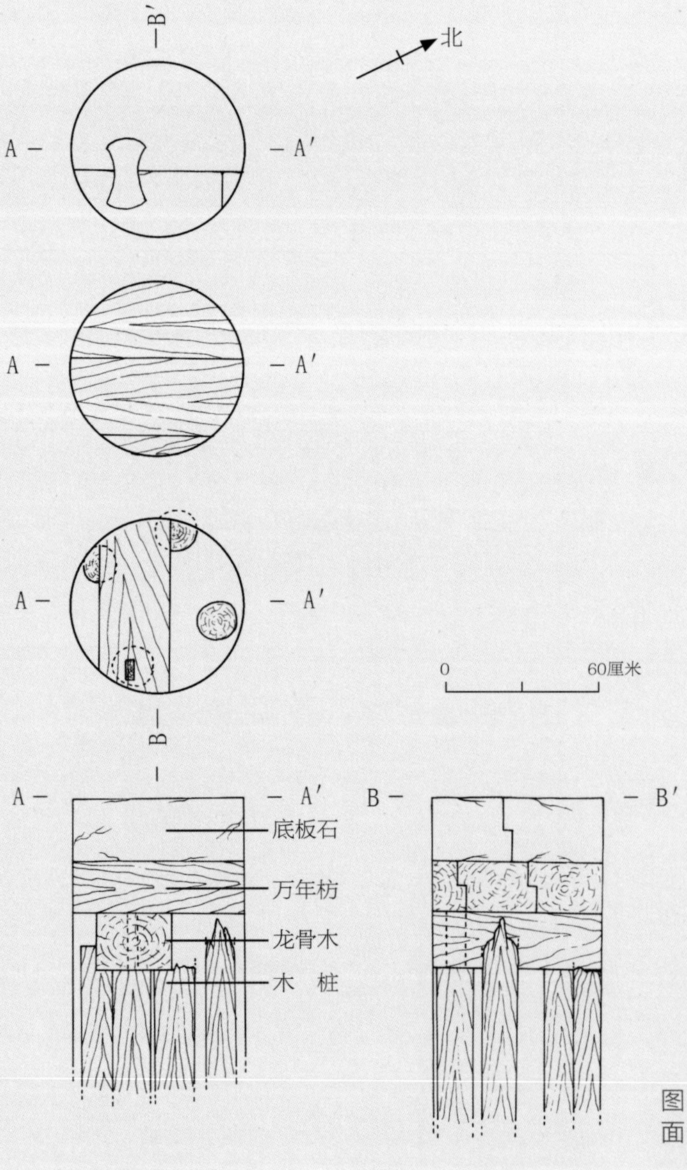

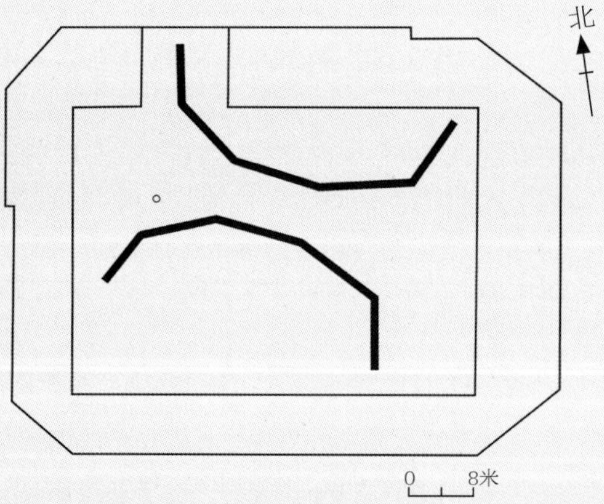

图120-1　建设施工钻孔位置图

图120-2　底板石、万年枋、龙骨木、顶石桩平面、剖面图（建设施工钻孔处）

图121-1　万年枋与龙骨木（北门柱背面）

图121-2　万年枋与龙骨木（北门柱背面）

图122　顶石桩榫头插龙骨木卯口

通过发掘之前的施工钻孔和在北门柱背面锯掉一段万年枋观察到龙骨木和顶石桩的形制和结构。龙骨木以圆木加工而成，上下平整，两侧仍呈凸弧状，直径25厘米。龙骨木搁架于顶石桩上，二者之间有两种不同的连接方式。第一种是在龙骨木上凿有长方形卯孔，同顶石桩上端榫头相连接固定（图122）。第二种是两根顶石桩相对，相对面的顶端去掉一半，制作成直角状并形成平面，龙骨木搭架于上（图123）。顶石桩与龙骨木的两种连接方式一起使用，构成水闸闸身的基础框架，支撑万年枋、底板石和闸墙。顶石桩直径 25～30 厘米，长度不详。还有一部分顶石桩上端没有榫头，就在其上端平面上直接铺设万年枋（图124-1、2）。顶石桩与万年枋之间如有空隙则填入砖块垫平。北门柱背面的万年枋的底面有一薄层灰浆，其下填泥黑色，似含碳（图125）。

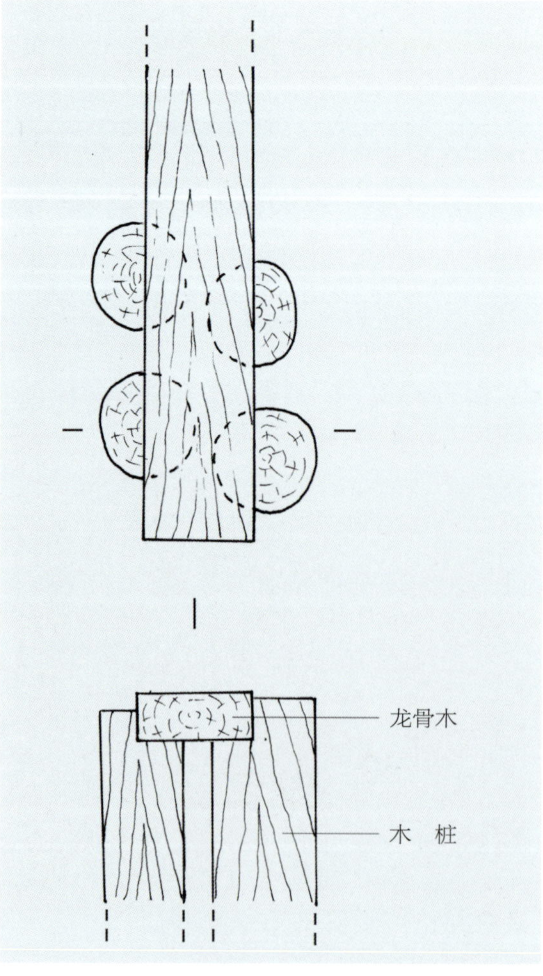

图123　搭于两根顶石桩上的龙骨木示意图

图124-1　万年枋与顶石桩

图124-2　万年枋与顶石桩

图125　万年枋下的纸筋石灰

据《水利集》卷十之龙骨木条，下桩后“又用砖瓦屑及生炭铺五六寸厚”，再搁架龙骨木，龙骨木与桩相接还要“用丁斜钉”，空隙之间“又用瓦屑挨筑，十分牢固”。万年枋条记载“浓铺水调石灰三寸厚”。这些记载表明，万年枋下的施工还有多道工序。北门柱背面万年枋下所见灰浆当为“水调石灰”，填泥当为“砖瓦屑及生炭”。因解剖范围所限，没有发现如何“用丁斜钉”。

水闸正中夹在万年枋之间，是一道长达30米、上下相叠的木板，与闸身相交，穿过闸墙及其两侧的木桩三合土层，直至水闸基坑边沿。现已发现两块木板相叠，宽15厘米，总高40厘米。木板伸出至闸墙秤石外的部分，自上往下第二块木板下有木桩承托。这道木板是水闸的横轴中线，以此为基准线，向两端铺设万年枋（图126-1～3，图127-1、2，图128）。木板两侧的木桩一根挨一根，直径25～30厘米，从两侧将木板夹住，防止左右倾斜。

《水利集》卷十记载：“断水板，板长三丈二尺，厚一尺二寸，高二尺。如此板五片拼缝或名走马。粘四缝，拼高一丈，用枣核钉五寸长者拼缝。又两头接板，长二丈，高厚同，各五片拼置如前，于闸正中禁口横栏下安钉。先于断水板下打九尺桩一行，密下了，然后安沓断水板在上，板两畔却用一丈八尺桩靠板帮打牢密，用水平取定高低，即用二尺丁每一边连桩间针箇在板上相协出力。板缝并用油灰麻筋怅抹不令透水。两头接板同前。”水闸横轴中线这道木板的位置同“闸正中”相合，或即为“禁口横栏”，如是，则闸身部分的两层木板下可能还有木板，即为“断水板”，因未作发掘，实际情况不得而知。

图126-1　北门柱背面的长木板（横轴基准线）

另外前述闸底的底板石两端有木板沿口，出水口的木板沿口下为五块横立木板，进水端的木板沿口下看到两块横立木板，并继续向下延伸，未发掘至底，应该与出水口相同，上下相接五块木板。横立木板的数量和拼接方法同《水利集》记载的“断水板”相同，但安置位置又非“闸正中”。记载中两次提及“两头接板”，似“断水板”在两个部位，“两头接板”正是闸身两端木板沿口的形式，由三条长木板拼接。因此，闸身两端与“闸正中”应该都有“断水板”，施工方式相同。

图126-2　北门柱背面的长木板（横轴基准线）

图126-3　北门柱背面的长木板（横轴基准线）及龙骨木、顶石桩

图127-1　长木板（横轴基准线）北端

图127-2　长木板（横轴基准线）北端头

图128　南门柱秤石以南的长木板（横轴基准线）

第二节　闸身外围

一、　闸墙外侧

两侧闸墙衬石之外，由木桩和三合土构成，作用是围护和固定闸体。南边木桩保存较好，北边残缺（图129）。

木桩以位置与功用分为不同的类别。《水利集 》卷十记载：“如掘河深至二丈，便于河两边打擗土桩二行，然后展深则土不坍。”据此，在水闸建筑施工范围最外侧用以挡土的木桩为擗土桩。又记载：“下桩，用松桩，……中等者一丈四尺，径九寸，四千条；下等者九尺，径七寸、八寸者，三千条。……中等者作撒星桩，下等者作挨桩。”擗土桩和衬石之间的木桩无规整排列，密集杂乱，当为撒星桩和挨桩。

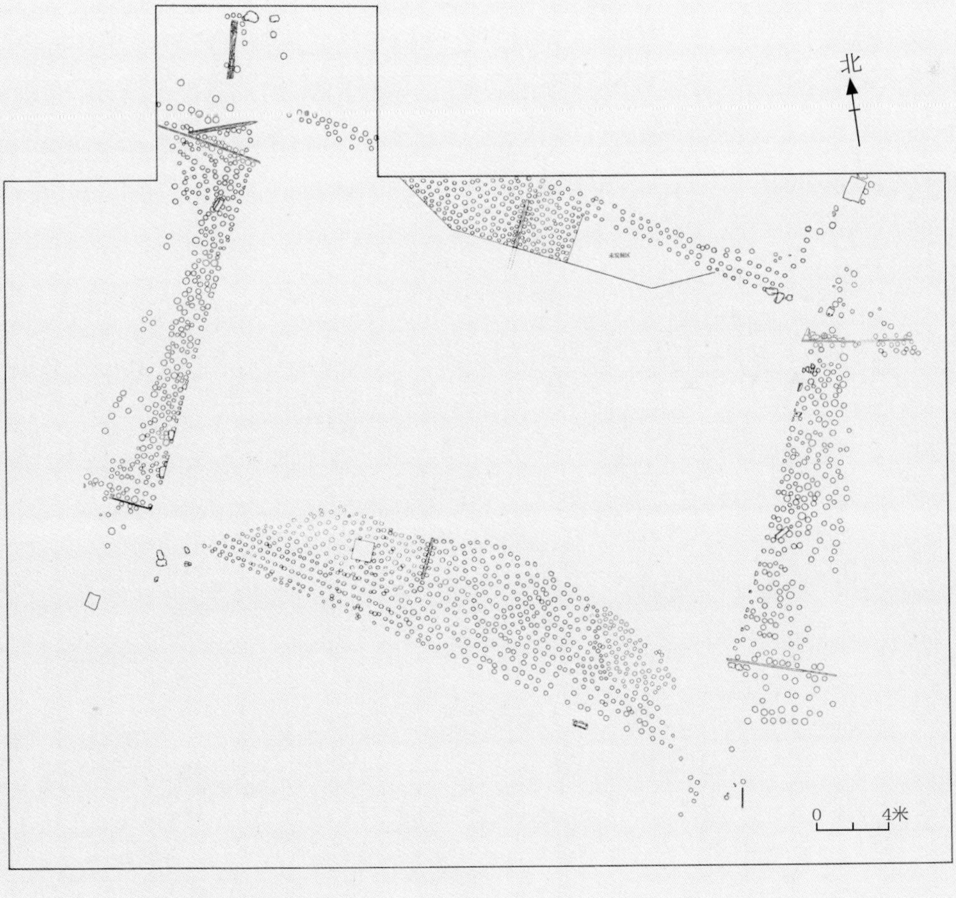

图129　水闸外围平面图

三合土填埋堆筑于木桩之间的空隙和其上。《水利集》记载：“于桩侧用瓦屑青滋泥和填，从一尺起渐渐筑打积高，须要十分筑实为上。”

（一） 掰土桩、撒星桩和挨桩

掰土桩的作用是防止水闸基础往下挖深时土体坍塌。掰土桩共有三行，与《水利集》记载略有不合。南侧最靠外第一行的中间桩距南门柱9米。掰土桩都比较粗大，直径30～35厘米。第二行与第一行相距50厘米。这两行掰土桩的桩间距约50厘米，排列比较整齐。第三行掰土桩距第二行40～50厘米，排列不如外侧两行整齐。第一行掰土桩最高，其顶部高度与保存最高的伏驮石（石墙）高度大致在同一水平线上，第二行低于第一行50厘米，第三行低于第二行20～30厘米，降幅较小。掰土桩内侧的撒星桩稍细，直径20～25厘米，长4米左右，分布密集，排列无规律，犹如“撒星”（图130）。撒星桩的高度从外向内亦逐渐降低但降幅较小，桩间的降幅大约为5～10厘米。撒星桩内侧至秤石外沿宽近1米范围内为挨桩，分布亦密集无规律，大体在同一平面。挨桩直径18～20厘米，又较撒星桩略细（图131）。

图130 掰土桩与撒星桩

图131　撒星桩与挨桩

图132　擗土桩、撒星桩高差

图133　南外围的擗土桩和撒星桩

挨桩和顶石桩在秤石下连为一体，高度相当。从第一行擗土桩到秤石处，木桩的高低落差2米余（图132、图133）。

擗土桩、撒星桩和挨桩均为圆木，通体削去树皮，顶端平齐，底端斜削成尖头状。桩下部近0.5～1米直接打进淤泥内。第一行擗土桩附近发现1件木夯（图134-1、2），表明了栽打木桩的方法。木桩栽打入淤泥内后，在桩与桩之间，以泥土和碎砖瓦相间填充夯实，非常硬实。木桩之上堆筑三合土层（图135）。

图134-1　南外围出土木夯

图134-2　南外围出土木夯

图135　木桩与三合土层

（二） 三合土层

三合土层表范围大于木桩范围，高于第一行擗土桩50～60厘米，边缘在第一行擗土桩以外2米处，往下斜内收至擗土桩（图136）。《水利集》卷十“造石牐”节的“开掘河身”，就是建造水闸开挖基坑，擗土桩和其上的三合土范围就是“河身”（水闸基坑）的范围。三合土层最宽处正对闸门，达11米，两端随闸墙外扩逐渐趋窄，终于闸墙顶端（图137，图138-1、2，图139）。

三合土层表应该为当时的河岸表层，即地面，可知元代地面在现地表以下4～5米（吴淞高程-0.8米）左右（图140）。

三合土层为碎砖瓦层和青滋泥层相互交错逐层夯筑而成，将木桩、秤石等全部覆盖。碎砖瓦层内包含大量残砖碎瓦、碎石块，夹杂少量碎瓷片等。砖有4～5种规格，大小不一。瓦有板瓦、筒瓦，有的有花纹。瓷片有青瓷、青白瓷、釉陶等，器形有大口缸、碗、盘、洗、韩瓶等。最多的是大口缸和韩瓶碎片。还出土鸱吻等建筑残件。

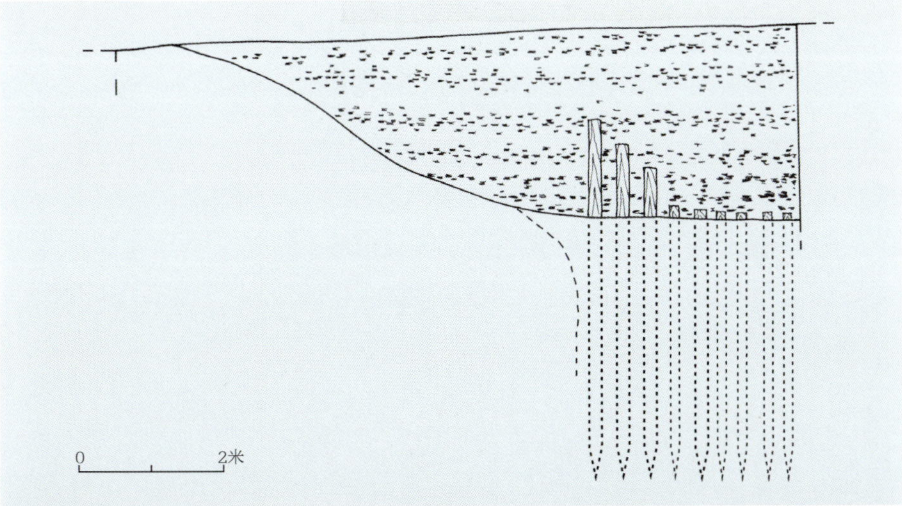

图136　南外围三合土层与木桩图

图137　老河道与水闸基坑

图138 老河道与水闸基坑中的三合土层剖面

图139 T1南壁及成排木桩

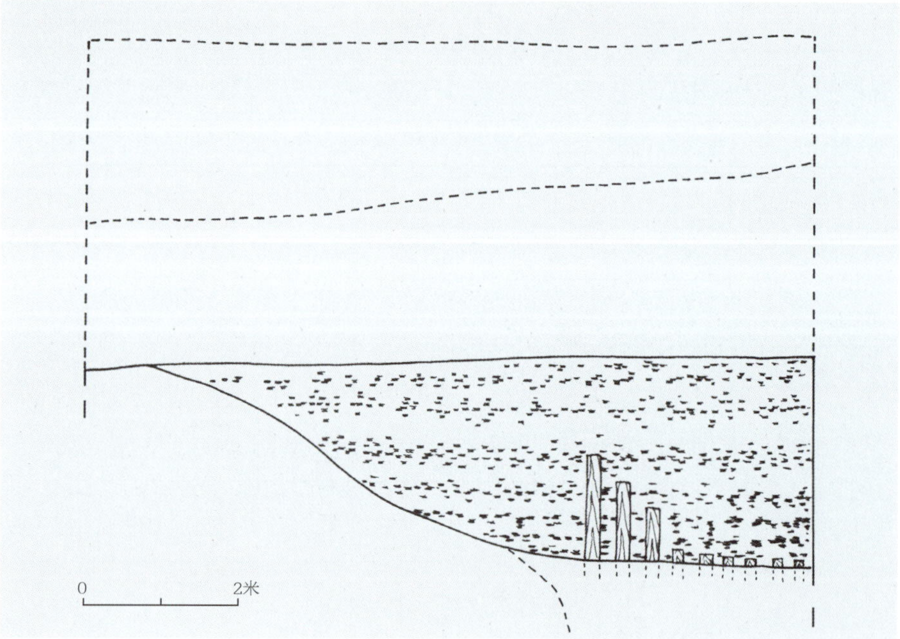

图140 河岸地面示意图

二、 闸身底板石两端

紧靠闸身底板石的进水和出水两端栽打木桩，以此固定闸身，阻止其移位。木桩分布密集，从底板石木板沿口向外宽2米左右。木桩较粗大，直径20～35厘米，长4～5米。木桩上端与底板石齐平或略高出底板石，其中进水口外木桩保存较好，计280根（图141）。出水口木桩，由于地下围护施工而不够完整，现存196根。木桩的分布、数量当与进水口大致相当。

图141　进水口外木桩

三、 闸墙裹头段内侧

闸墙4个裹头内侧皆栽立密集高大的木桩，其上端与闸墙高度相当，甚至高出保留至今的闸墙的高度。其中顺闸墙雁翅走势的一排木桩，内侧横叠木板，以铁钉将木板固定于木桩。木板残高1.5～1.8米。河道内配置木桩和木板，用以阻挡水流，改变水流的方向，减小水流的冲击力，从而达到保护闸墙的目的。

南闸墙下分水裹头内侧有木桩30多根，从伏驮石（石墙）的雁翅、裹头折角向南50厘米处，东西向立一横排共10根木桩，其中东侧的4根高出底板石2.1～2.2米，比折角处的伏驮石（石墙）高度略高一些。西侧的2根高出底板石0.8米，另外几根木桩的高度比出水口外的木桩稍高一些。木桩的背面，上下横叠三块木板，通高1.2米，长5.7米，厚6～11厘米。其中上面的一块残长4、宽0.47米；中间一块长5.7、宽0.37米；下面一块残长2.3、宽0.35米。三块木板面水一面平整，背面弧面，中间厚两头薄，表面残留树皮，为圆木的表皮部分。横叠木板背面与伏驮石（石墙）衔接的三角空间内，堆有土和石块堆积，堆积呈斜坡状，顶部同第三块木板高度，底部外围被木桩围挡。木桩距离伏驮石（石墙）60厘米左右，桩与桩间距20～30厘米。木桩较高大，直径30～35厘米，长4米以上（图142-1～3，图143-1～3）。

图142-1　南闸墙下分水裹头围护（内侧）

图142-2　南闸墙下分水裹头围护（外侧）

图142-3　南闸墙下分水裹头围护

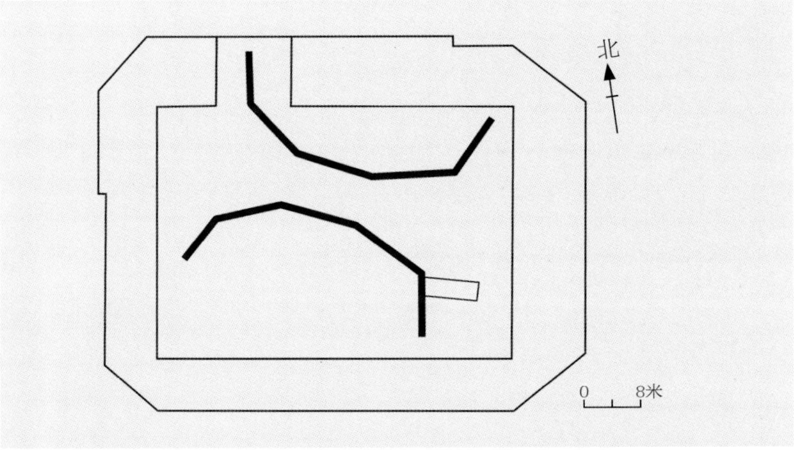

图143-1　南闸墙下分水裹头围护位置图

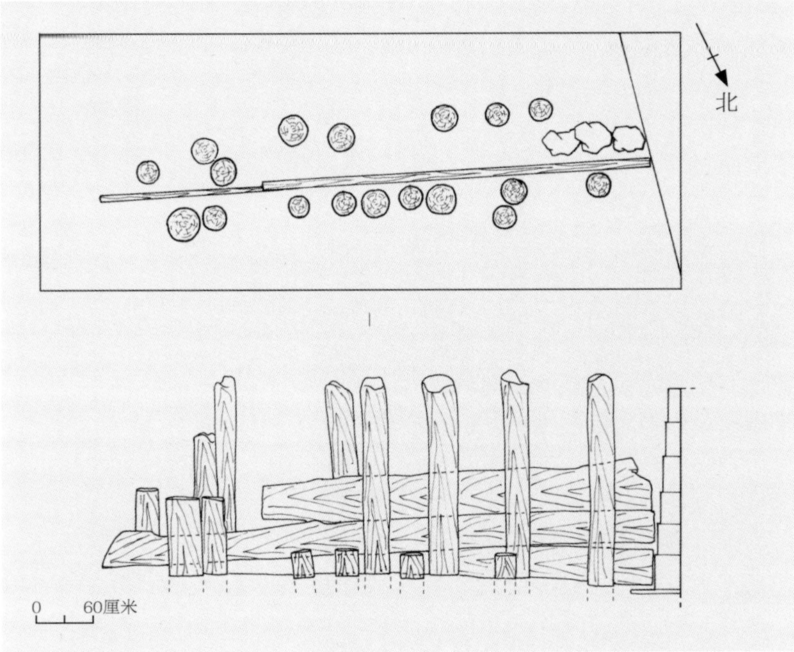

图143-2　南闸墙下分水裹头围护平面、内侧立面图

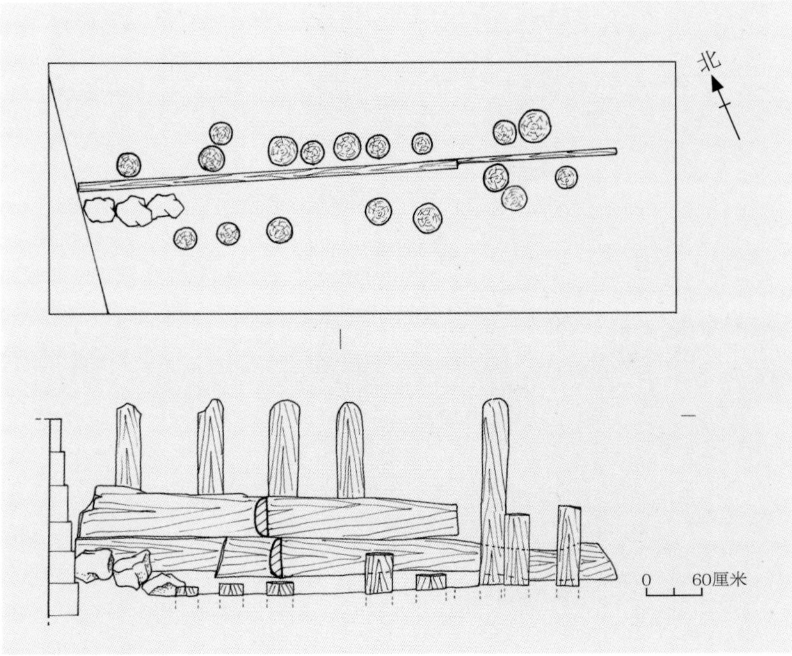

图143-3　南闸墙下分水裹头围护平面、外侧立面图

北闸墙下分水裹头内侧的围护同南侧的基本相同，亦有木桩30多根，在伏驮石（石墙）下分水雁翅、裹头折角向北50余厘米处，东西向立一横排高大的木桩，桩顶端高出临近的底板石约1.9米，木桩背后上下横叠六块木板，通高1.7米，长6米余，厚0.06～0.11米。木板临水一面平整，背面弧面（图144）。在横叠六块木板背后的三角地内，堆积宽近2米的土和石块堆积，尤以横叠木板和伏驮石（石墙）夹角处堆积最高，几乎同伏驮石（石墙）第5层表面相当。堆积边缘有木桩围挡，木桩顶端同伏驮石（石墙）第3层层面相当（图145-1～3，图146）。土石堆积中清理出石夯3件，其中2件基本完整，1件断为两半（图147-1、2，图148-1、2）。

上迎水裹头转角处亦有高大的木桩和木板围护，保存情况较出水口略差一些，形制也有所区别。

图144　北闸墙下分水裹头围护（内侧）

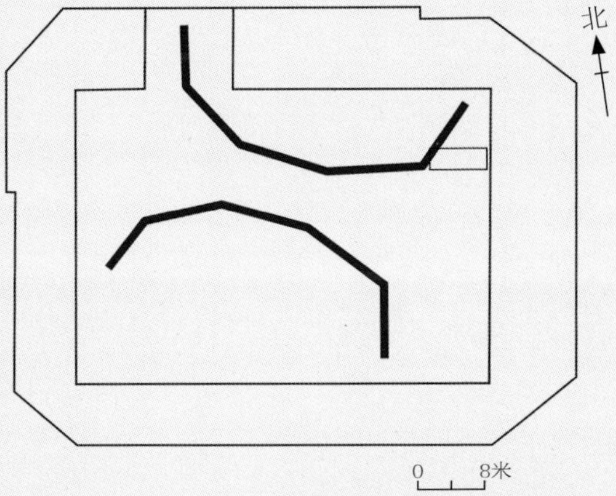

图145-1　北闸墙下分水裹头围护位置图

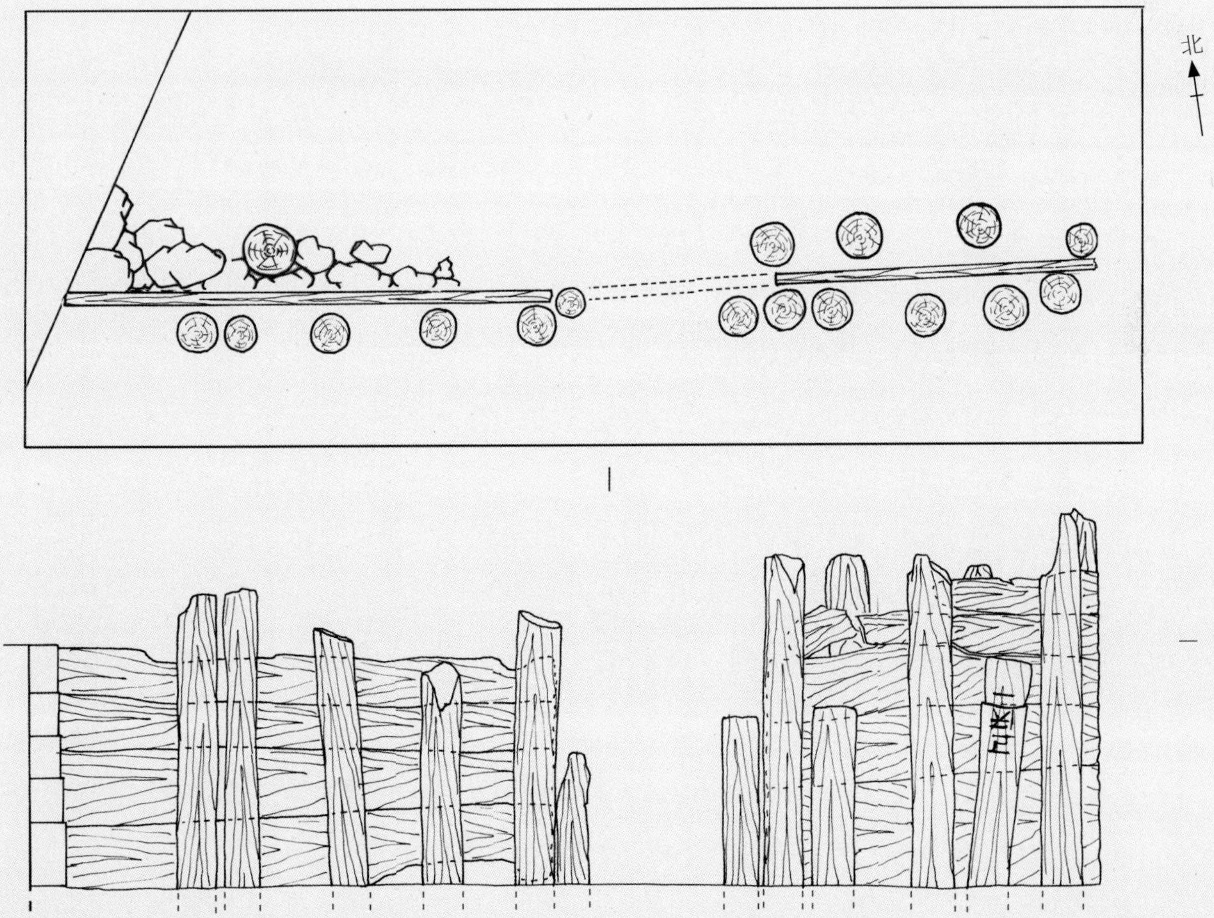

图145-2　北闸墙下分水裹头围护平面、内侧立面图

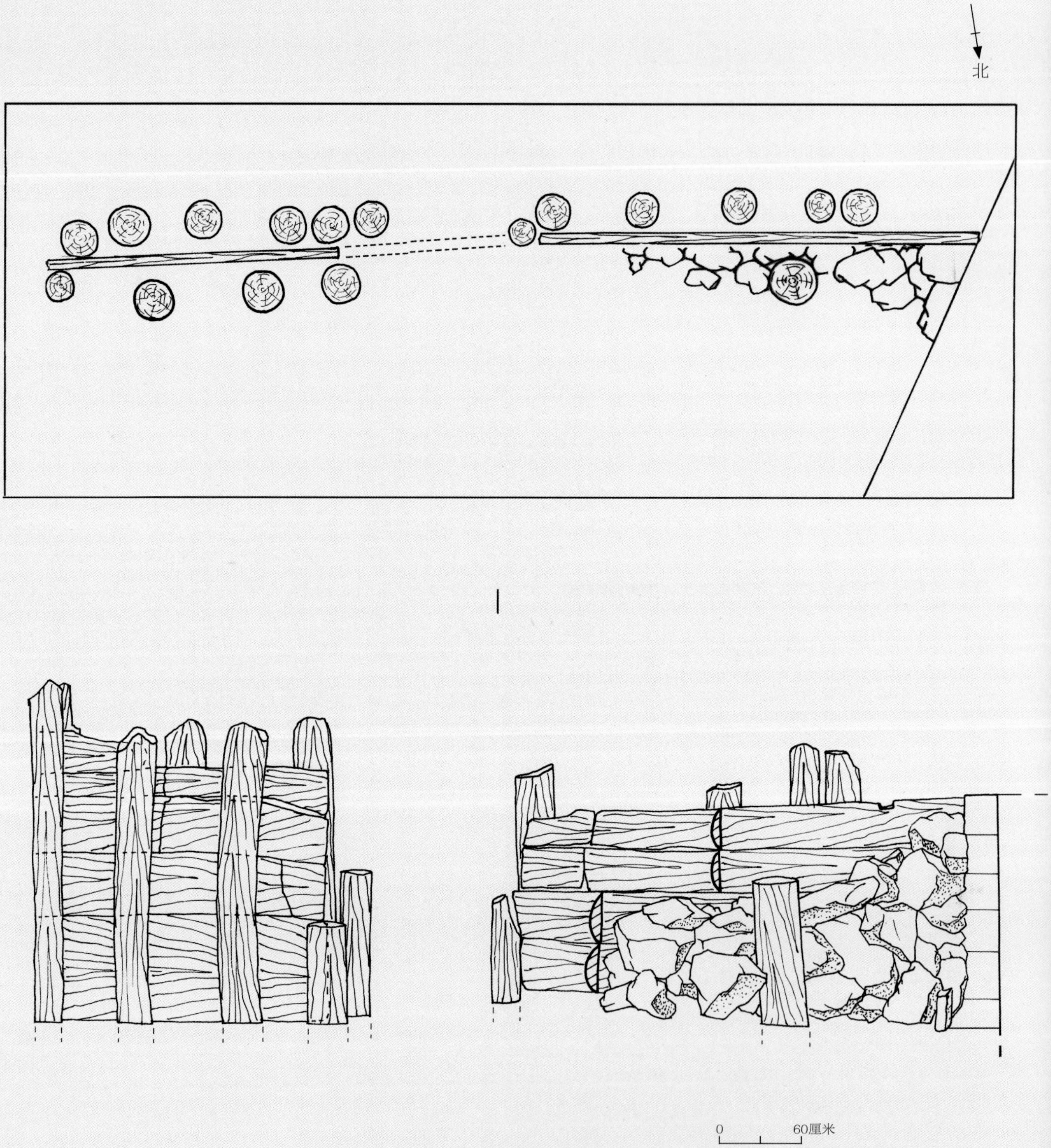

图145-3　北闸墙下分水裹头围护平面、外侧立面图

图146　北闸墙下分水裹头围护（内侧）

图147-1　北闸墙下分水裹头围护（外侧）

图147-2　北闸墙下分水裹头围护（外侧）

图148-1　石夯出土现场

图148-2　石夯出土现场

北闸墙上迎水裹头围护，从上迎水雁翅和裹头折角向西1米余，从裹头伏驮石（石墙）向西北，一横排5根木桩背面，靠立一块挡水横木板，板长 3.25、宽0.45、厚0.06～0.11米。挡水板下部在河床面上，背面用铁钉同木桩固定。5根排桩中的2根较高，暴露部分高出底板石面2米多，其他桩的高度是这两根桩的二分之一左右。挡水木板后还打有多根木桩。在木桩间靠近伏驮石（石墙）处，发现1条木板，同伏驮石（石墙）平行，东低西高，应该为踏板（图149，图150，图151-1～3）。

南闸墙上迎水裹头转角处的木桩保存稍差，前排木桩背后局部残存挡水木板，挡水木板后打有多根木桩。木桩多高于底板石1.3～1.5米，最高者约1.8米（图152-1～3）。

图149　北闸墙上迎水裹头围护（内侧）

图150　木踏板出土现场

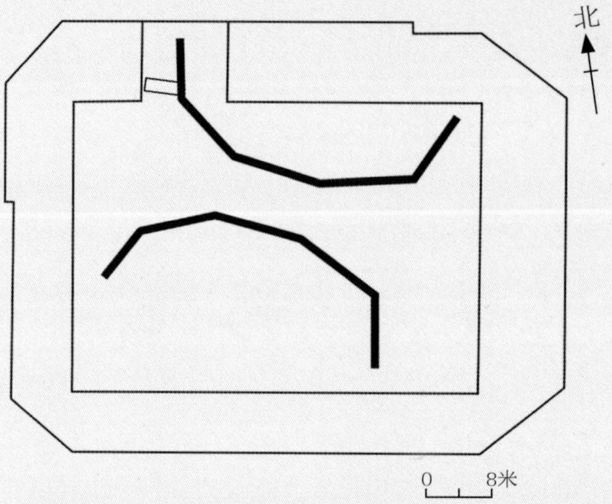

图151-1　北闸墙上迎水裹头围护位置图

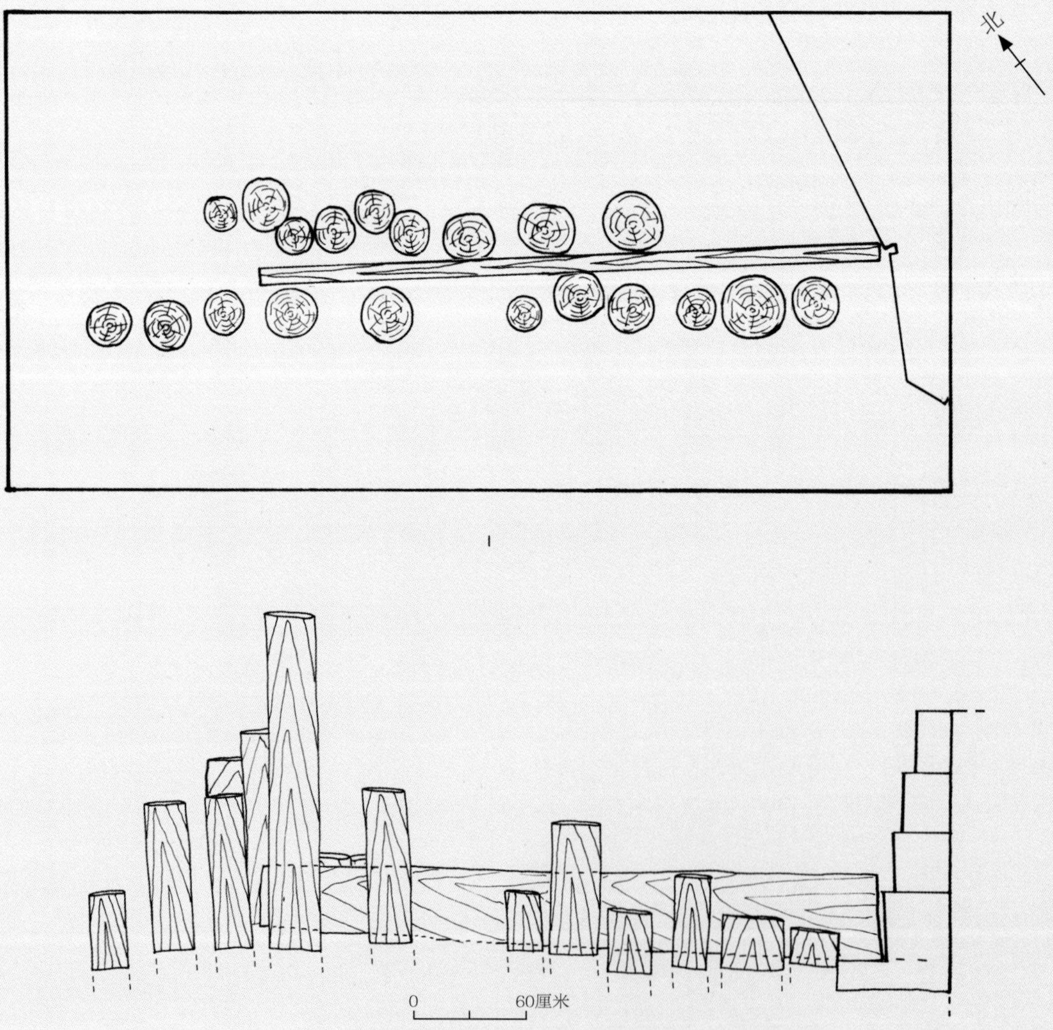

图151-2　北闸墙上迎水裹头围护平面、内侧立面图

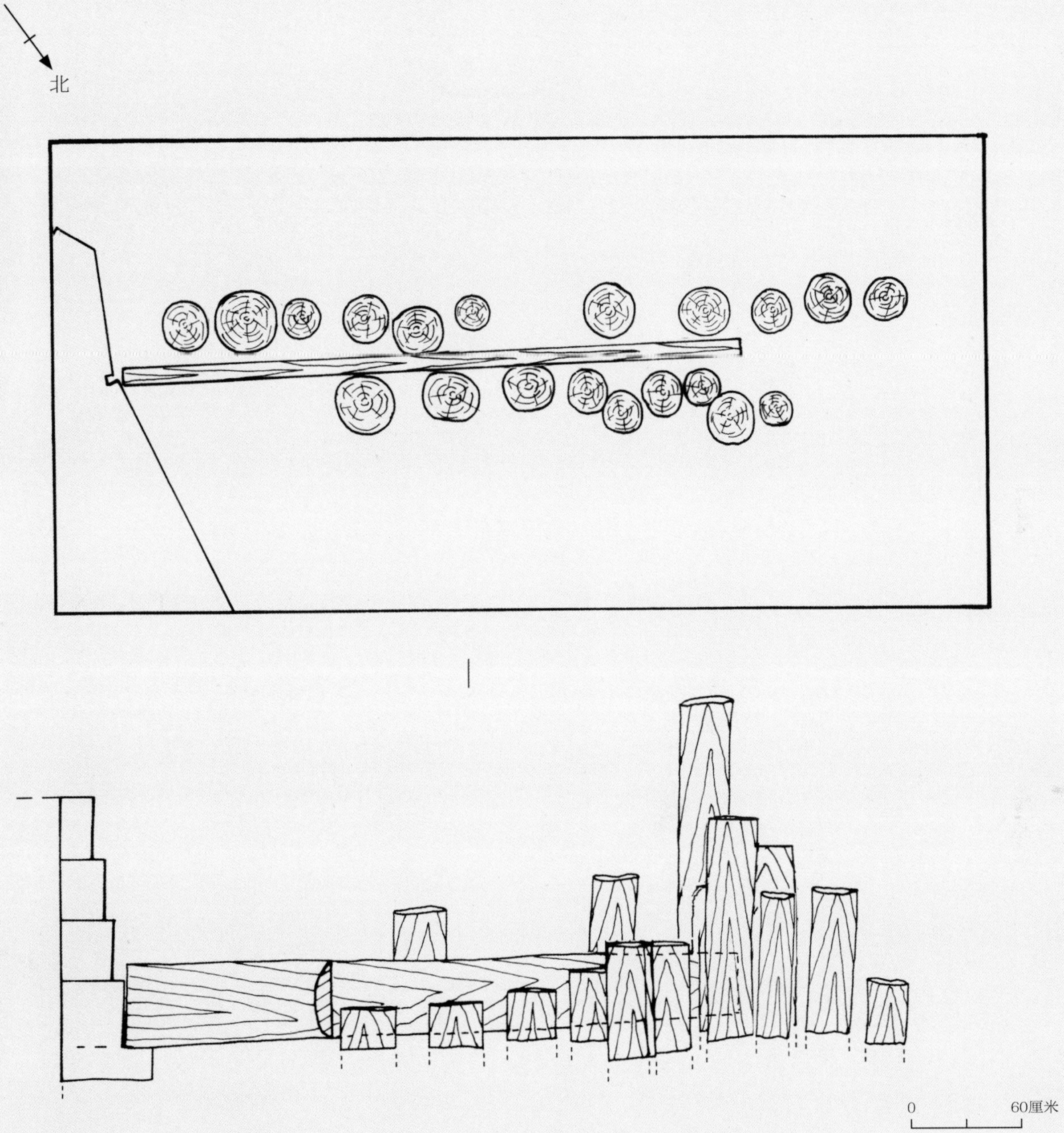

图151-3　北闸墙上迎水裹头围护平面、外侧立面图

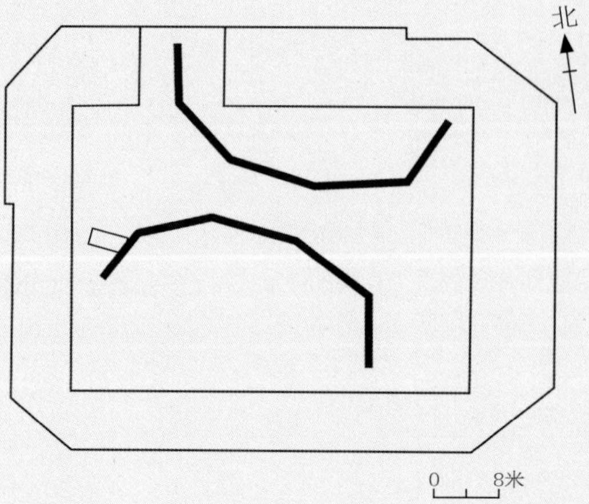

图152-1　南闸墙上迎水裹头围护位置图

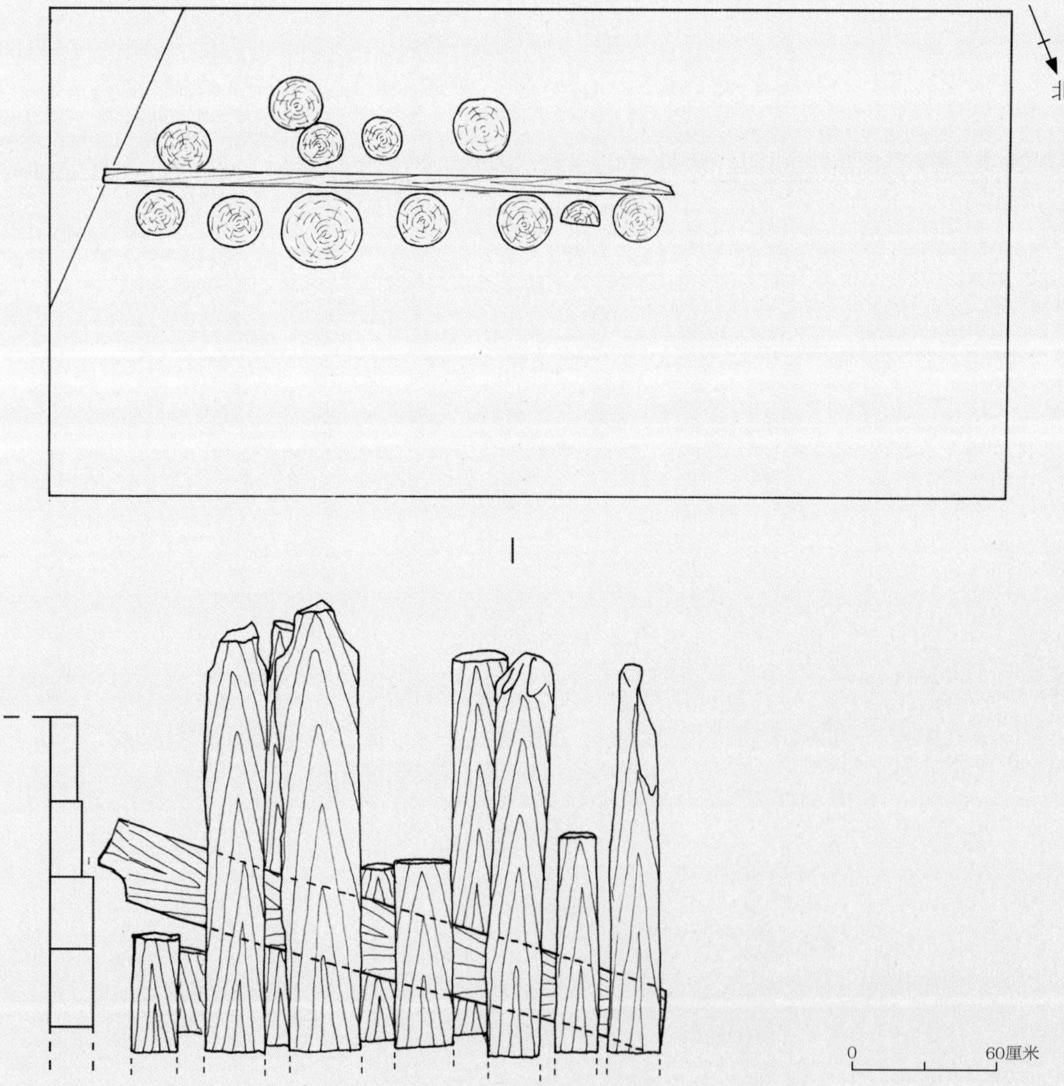

图152-2　南闸墙上迎水裹头围护平面、内侧立面图

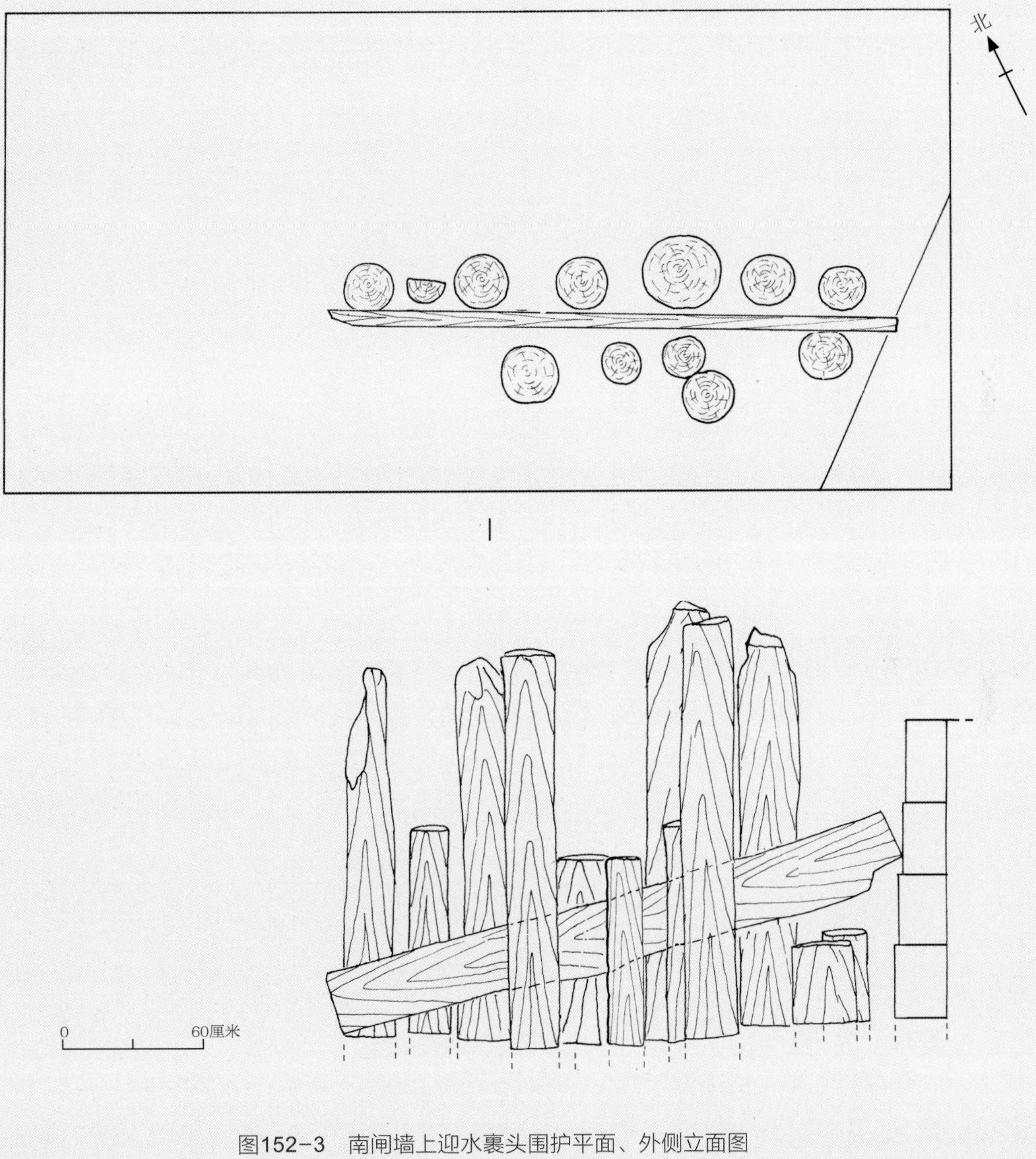

图152-3　南闸墙上迎水裹头围护平面、外侧立面图

第三节　水闸建筑材料上的文字

水闸建筑材料以石材和木材为主，在一部分石材和木材上有文字，另有少数不能辨识者可认识为符号，一并公布。文字有汉字和八思巴文两种，以前者为主。文字写法有镌刻、墨书和戳印三类。

一、　石材上的文字

石材上的文字都在伏驮石（石墙）上，发现镌刻与墨书文字。其中镌刻文字两处，墨书文字三处。

（一）　墨书文字

墨书石1，在南伏驮石（石墙）上迎水裹头第1、2层石条，也就是刻写“王大口”石条的正下方，各墨书汉字二行，已模糊不清。细辨可认出第2层石条右边“天壹佰……”3字，左边似“赵……”字（图153）。第1层石条上的文字无法辨识。文字内容参照木桩上的墨书文字，应该同石条的数量有关（图154）。石条上的文字是按石条的长度从上到下竖写，石条被横砌在石墙内，说明文字是在石条上先写好再砌在墙内的。

图153　墨书石1［南伏驮石（石墙）迎水裹头第二层的石条］

墨书石2，在北伏驮石（石墙）闸门柱旁清理出的一块石条表面有墨

图154　墨书石1［南伏驮石（石墙）迎水裹头第二层的石条］

图155　墨书石2

书文字，惜已模糊不清，细辨出“壹佰三十一”几字（图155）。

墨书石3，在北闸墙的秤石部位清理出的一块石块表面，墨书一“王”字（图156）。

（二） 镌刻文字

镌刻石1，位于南伏驮石（石墙）正身，紧靠闸门柱进水侧第一层石条右上角，在长73、宽16厘米的石面上刻写有文字，经长年泥水冲刷已漫漶不清，从笔划细辨似为八思巴文字。

图156　墨书石3

镌刻石2，位于南伏驮石（石墙）上迎水裹头的第3层石条上，似刻写“王大口”三字，字已模糊不清（图157）。

二、 木材上的文字

木材上的文字都在木桩上（图158），有墨书文字与刻文字或符号。因木桩埋在地下湿泥中700年左右，绝大部分文字已漫漶不清，能够辨识的文字如下。

（一） 墨书文字

发掘出的整根木桩上，大多数有墨书文字。根据文字所在木桩不同部位，分桩身和桩尖两类，前者一般都在桩身的上半段（图159）。个别桩身文字的旁边还有椭圆形戳记。

图157 镌刻石2［南伏驮石（石墙）迎水裹头第三层石条］

图158 木桩

图159　桩身墨书文字

1. 桩身的墨书文字

墨书桩身1，木桩上半段墨书“義二千五百五（？）六”，“義”字右边一个椭圆形戳记，楷、篆兼书八思巴文字3个，竖写。经请教相关文字专家，解释似为人名（图160-1～3）。

墨书桩身2，木桩上半段墨书“地五佰柒拾号”，“地”字上有一墨书符号（图161-1、2）。

墨书桩身3，木桩上半段墨书“义（？）五千二百八十六”，“五千”右侧一个椭圆形戳记，戳记形同墨书桩身1戳记（图162）。

图160-1　墨书桩身1

图160-2　墨书桩身1

图160-3　墨书桩身1的八思巴文戳记

图161-1　墨书桩身2

图161-2　墨书桩身2

墨书桩身4，木桩上半段墨书“義五千二佰九十三”，在“二佰”右侧有一黑色戳记，戳记形同墨书桩身1戳记（图163）。

墨书桩身5，木桩上半段墨书“義五千七百二七”，楷书，字体较工整有力（图164）。

图162　墨书桩身3

图163　墨书桩身4

墨书桩身6，木桩上半段墨书“礼一千”等字，楷书，文字工整（图165）。

墨书桩身7，木桩上半段墨书“黄二百九十五号”（图166）。

墨书桩身8，木桩上半段墨书“黄三佰四十号”。

墨书桩身9，木桩上半段墨书“上二千五百二十二”。

墨书桩身10，木桩上半段墨书“義二千四（？）百三”，“四”字模糊不清（图167）。

图164　墨书桩身5

图165　墨书桩身6

图166　墨书桩身7

图167　墨书桩身10

墨书桩身11，木桩上半段墨书字已模糊不清，细辨看出“二十二号”几字（图168）。

墨书桩身12，木桩上半段墨书文字从下往上写，为“仁二千三百七十”（图169）。

墨书桩身13，木桩上半段墨书文字似为“日（同）人（尺）二百七十五”（图170）。

墨书桩身14，木桩上半段墨书“仁二千五百二十二”等字（图171）。

图168　墨书桩身11

图169　墨书桩身12

图170　墨书桩身13

图171　墨书桩身14

墨书桩身15，木桩上半段墨书左右两行文字，已漫漶不清，可看出左边文字笔画较细，从残迹看主要为数字。右边字的笔画较粗，形体结构似为八思巴文字。两行字分别由两人所书。桩身有两行文字的极为少见（图172）。

以上有文字的木桩都是仅清理出上半段30～60厘米长度，故桩尖上是否有文字不得而知。

2. 桩尖的墨书文字

墨书桩尖1，桩尖上墨书“昆山三十保周隶雲（霊）”，楷书，字体清秀（图173-1、2）。

墨书桩尖2，桩尖墨书“长洲县三都袁大用”，字两竖行，工整秀丽（图174）。

墨书桩尖3，桩尖墨书“长洲县三都袁大用”，字两竖行，同墨书桩尖2内容、书写相同（图175）。

图172　墨书桩身15

图173-1　墨书桩尖1

图173-2　墨书桩尖1

图174　墨书桩尖2

图175　墨书桩尖3

图176　墨书桩尖4、5、6

墨书桩尖4、5、6，三根。在木桩尖部都墨书“十四都九”及一个黑色戳印。“都”字左下一个九字，右下一个黑色戳印（图176）；三根桩上的文字笔画有粗细，但字体相同，为同一个人书写（图177、图178、图179）。

墨书桩尖7，桩尖墨书“吴江州□□□”，后面三字潦草不清（图180）。

墨书桩尖8，桩尖墨书“吴江州□”，“州”后一字不清，似为记号（图181）。

墨书桩尖9，桩尖墨书“吴江州□□□”，“州”后面的字不清（图182）。

图177　墨书桩尖4

图178　墨书桩尖5

图179　墨书桩尖6

图180　墨书桩尖7

图181　墨书桩尖8

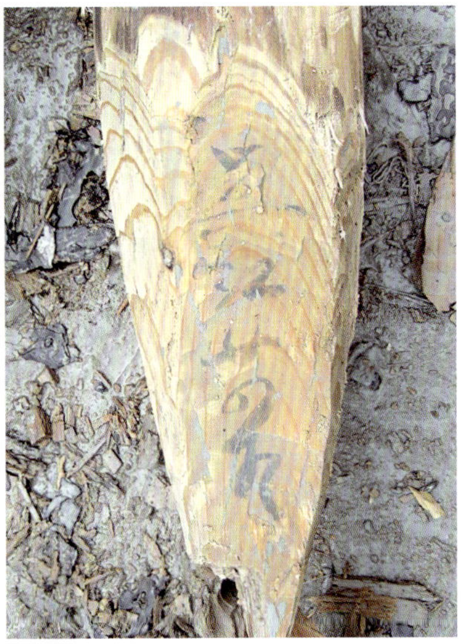

图182　墨书桩尖9

图183　墨书桩尖10

图184　墨书桩尖11

图185　墨书桩尖12

墨书桩尖10，桩尖墨书“吴江州□□”，“州”后面的字不清（图183）。

墨书桩尖11，桩尖墨书“吴江三都施国□”，最后一字不清（图184）。

墨书桩尖12，桩尖墨书漫漶不清，似为“长州七都”（图185）。

墨书桩尖13，桩尖墨书“长州……”，“州”字后的字不清（图186）。

墨书桩尖14，桩尖墨书“昆山”，“山”字以后字不清（图187）。

墨书桩尖15，桩尖墨书似为“吴江州北任都阶千户”等字（图188）。

墨书桩尖16，桩尖墨书似“用”字，已漫漶不清（图189）。

墨书桩尖17，桩尖墨书文字已不清，可看出在木桩斜面削出一块，里面写字（图190）。

图186　墨书桩尖13

图187　墨书桩尖14

图188　墨书桩尖15

图189　墨书桩尖16

图190　墨书桩尖17

图191　木桩桩身墨书文字

桩尖有字的木桩，在其上部也多有墨书文字，惜已漫漶不清，难以辨识，可辨出个别字的有：

一根木桩上部墨书“地九千……”等字（图191）。

一根木桩上部一竖排墨书文字，仅辨出第一个字“地壹”，壹后面的一个字模糊不清，从残缺的笔画看，似为“万”字（图192）。

图192　木桩桩身墨书文字

（二） 刻文字

少数木桩上有刻文字或符号，亦分桩身和桩尖两类。

1. 桩身的刻文字

桩身上所刻有汉字和八思巴文字或符号（图193-1～3）。

刻文桩身1，桩身上部刻2个字，似为八思巴文字，上下两个字大体相近，笔画较细（图194）。

刻文桩身2，桩身上部刻2个八思巴文字，上下排列（图195-1、2）。

图193-1 木桩刻字

图193-2 木桩刻字

图193-3 木桩刻字

图194 刻文桩身1

图195-1　刻文桩身2

图195-2　刻文桩身2

刻文桩身3，桩身上部刻1个八思巴文字。笔画深邃有力（图196）。

刻文桩身4，桩身近顶部刻1个字，似为汉字“天”。笔画深邃有力（图197）。

刻文桩身5，桩身近顶部刻划1个八思巴文字（图198）。

刻文桩身6，桩身中下部刻划似“人　士　人”三字（图199）。

刻文桩身7，桩身上部刻四道横线，似为“二　二”（图200）。

图196　刻文桩身3

图197　刻文桩身4

图198　刻文桩身5

图199　刻文桩身6

图200　刻文桩身7

图201　刻文桩身8

刻文桩身8，桩身浅刻2个字，已模糊不清，笔画有缺损，似为“周（用）记”。刻写工整（图201）。

刻文桩身9，桩身上部刻似“下”，为八思巴文字，刻写笔画深凹有力（图202）。

刻文桩身10，桩身上部刻2个字，上字似“下”，下一个字似“人”（图203）。

刻文桩身11，桩身上部刻3个字，已残损不清，从笔画结构看似为八思巴文字。

2. 桩尖的刻文字

刻文桩尖1，在桩尖部刻似“一千”二字，字倒写（图204）。

刻文桩尖2，在桩尖刻似“牙”，为八思巴文字（图205）。

图202　刻文桩身9

图203　刻文桩身10

图204　刻文桩尖1

图205　刻文桩尖2

三、 认识

以上石材和木材上的文字有汉文和八思巴文，写法有墨书、镌刻和戳印三类，其中八思巴文字主要为镌刻和戳记。

现发现的石材文字均在伏驮石（石墙）的石条上，数量较少，文字内容为数字和姓名，如“王”“天壹佰……赵……”“壹佰三十一……”。已发现的木材文字都在木桩上，数量较多，桩身上基本为数字，前面冠以地、黄、義、礼、上、仁等字，旁边多有戳记，如“義二千五百五（？）六”“義五千二佰九十三”“義五千七百二□七”“黄二百九十五号”“上二千五百二十二”“礼一千”“地九千……”“地壹万（？）”等。木桩上的戳记，仅有一根木桩上可辨识为八思巴文外，其余的皆漫漶不清，但保留的戳记椭圆形形制、尺寸基本一样。桩尖上为地名和人名， 如“昆山三十保周隶雲（霊）”“吴江州□”“吴江三都施国□”“长洲县三都袁大用”“长洲七都”等。

将桩身和桩尖的文字上下对照后可知，桩身上墨书的是木桩的数量，从“五千七百二□七”“地九千”“地壹万（？）”等较大的数字看，木桩的数量至少上万根，而且每一根木桩上应该都有编号，且编号的首字可能是按《千字文》“天地玄黄……”的顺序标号。由于千字文的广泛影响，宋元至明清时期不少官府档案等皆以千字文为序登录、编排整理。水闸所用木桩的计数应该也是采用了以千字文编列字头的编排法。桩尖的墨书内容是这批木桩的来源地和人名，后者可能是供货人。昆山、长洲、吴江，以及水闸当时的所在地嘉定，在元代时都属于平江路（苏州）辖区，这些木桩分别来自昆山、长洲、吴江等县。八思巴文的椭圆形戳记可能为验收的印章款识。八思巴文是忽必烈命国师八思巴为蒙古汗国所创制的国字，并于元至元六年（1269年）颁诏推行全国。遗憾的是，当时元朝各民族的语言是完全不同的，在推行的过程中遭遇到各种尴尬，使被尊为“元国字”的八思巴文始终没能在民间推广。但作为官方文字，当时仍广泛应用于官方文件，以及印章、钱币、碑刻等。木桩上相同的戳形，说明有专人负责木桩的点交验收，以盖戳为证。以此类推，石条、金属等用材也应该有专人负责管理，反映出这处水闸是一个施工、管理都非常严密的工程。

第三章

遗物

根据遗物的层位关系和出土位置，按照水闸建造、使用和废弃以后三个阶段介绍。建造时期的遗物最多，主要分布在闸墙南、北两侧三合土夯层和水闸东部的河道中，三合土夯层中的遗物起到加固闸墙和木桩的功用，东部河道中出土了建造水闸时使用的石夯等工具；水闸使用期间的遗物多分布在闸门旁与河堤淤泥中；水闸废弃后的遗物主要出土于闸门废弃后的堆积。

第一节　水闸建造时期的遗物

主要介绍建造水闸使用的工具和闸墙南、北两侧三合土夯层中出土的遗物。

一、　建造水闸使用的工具

发现有夯击木桩的木夯1件，夯筑三合土层的石夯3件等。

木夯

标本2006SPZ：30，局部残损。由圆木直接锯成，树皮仍保留其上。圆柱形，夯身靠近两端处各凿出4个方形牛鼻，孔边长4、深4厘米。孔内插有条形木板，以备系绳。木板已残损，长10.4、宽4、厚4厘米。木夯长70厘米，直径24厘米（图206-1～4）。

图206-1　木夯（2006SPZ：30）

石夯

标本2006SPZ：27，保存完好。鼓形，中间粗，两头略细，两端为平

图206-2　木夯

图206-3　木夯插件

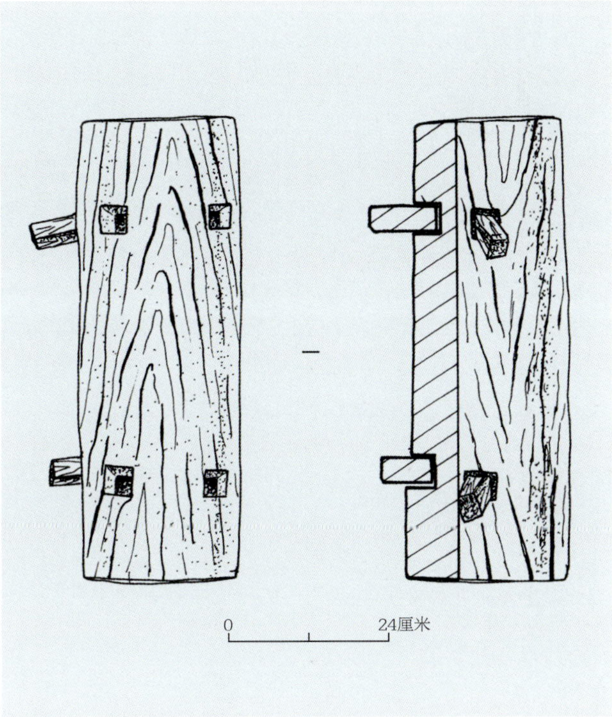

图206-4　木夯平面、剖面图

整的夯击面。夯身凿有对称的四牛鼻孔。孔方形，边长5厘米，深5厘米。孔内原嵌有条形木榫，以备系绳。木榫已残毁。夯身刻一“顾”字，刻写工整。长46厘米，中间直径34厘米，两端直径26厘米（图207-1～4）。

标本2006SPZ：28，残，形同2006SPZ：27。夯身上现存两个牛鼻孔。做工较粗。残长25厘米，直径25厘米（图208）。

图207-1　石夯（2006SPZ：27）

图207-2　石夯上刻写的“顾”字

图207-3　“顾”字临摹

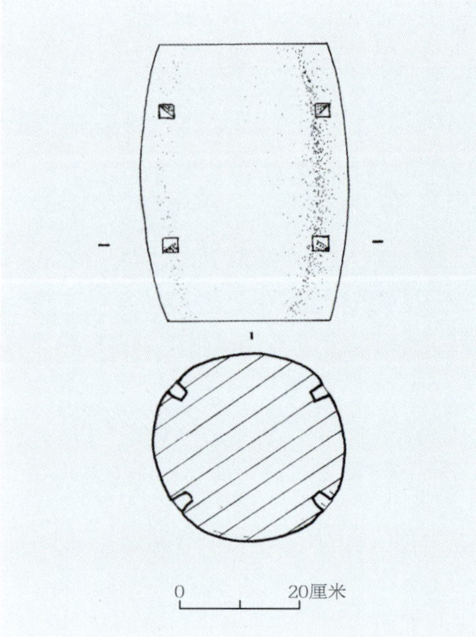

图207-4　石夯平面、剖面图

图208　石夯（2006SPZ：28）

标本2006SPZ：29，保存基本完好。体形硕大，略呈梯形，两顶角圆弧，顶部凿出一圆孔，孔径10厘米。夯击面长方形，表面平整。高70厘米，宽35厘米，厚25厘米（图209-1、2）。

标本2006SPZ：31，木踏板，长条形，一头宽一头略窄，木板表面用短木板条钉有4个防滑支撑，木板条宽10～12、厚2厘米。长260厘米，大头宽40厘米，小头宽30厘米，厚10厘米（图210）。

图209-1　石夯（2006SPZ：29）

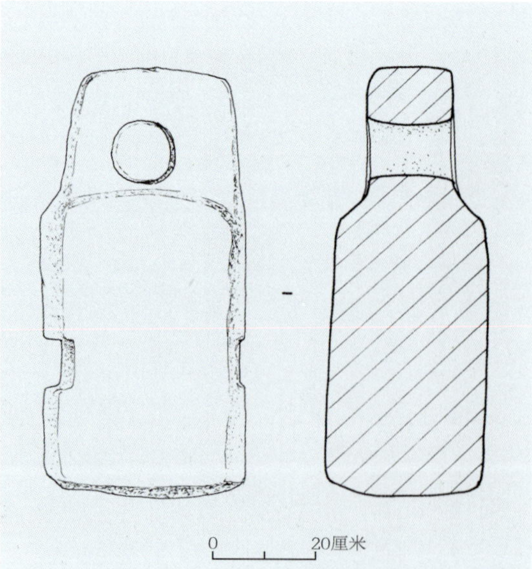

图209-2　石夯平面、剖面图

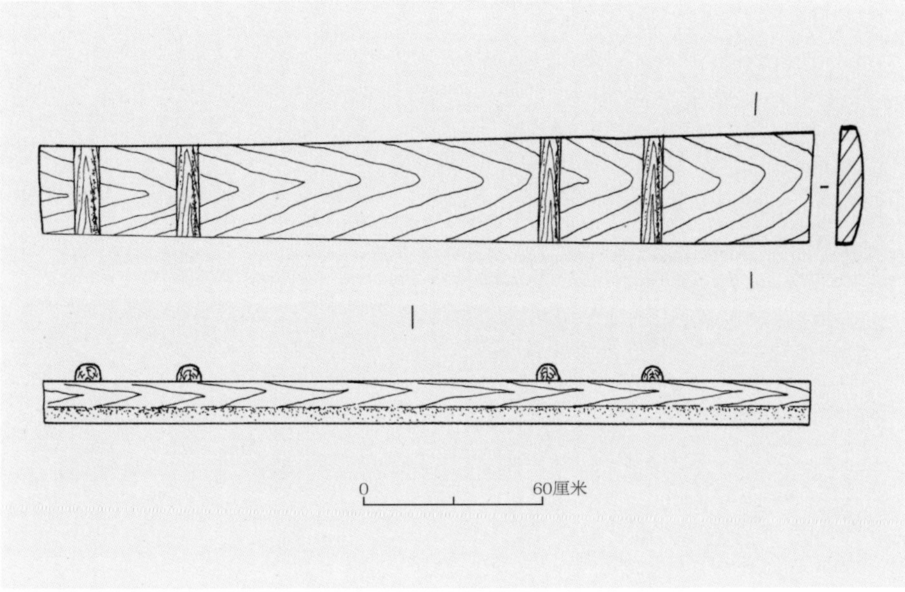

图210　木踏板平面、剖面图

二、 三合土夯层中遗物

水闸外三合土夯层内包含有大量的砖、瓦及瓷器、陶器碎片等。砖有4～5种规格，大小不一；瓦有板瓦、筒瓦、滴水，还有建筑构件鸱吻等，有的有花纹；陶瓷片有青瓷、青白瓷、釉陶等。器型主要有碗、盘、洗、大口缸、釉陶瓶（韩瓶）等，以大口缸和韩瓶碎片最多。出土物经过夯击碾压，基本为碎片。这批出土物，从时间上分析，有早于水闸建造时间的唐、宋时期遗物，也有与水闸建造时间相同的元代遗物，按时代介绍如下。

（一） 唐代

唐代遗物发现较少，主要为越窑青釉瓷器，个别为褐釉器。器型有碗、盘、钵、罐、盏等，以碗底为多。

碗

根据底及口、腹形态，分为三型。

A型，斜直腹，平底，复原完整1件，余为残件。

标本2006SPZ：11，复原完整。敞口略外撇，大平底微内凹。内、外底与腹壁交接处有松子状支钉痕。青黄釉，底无釉。灰白胎。高6.2厘米，口径20.8厘米，底径12.6厘米（图211-1、2）。

标本2012SPZ：41，残件。大平底微内凹。内、外底与腹壁交接处有不规则点状支钉痕。施青黄釉不及底。底径10厘米，残高5厘米（图212-1、2）。

图211-1　唐青釉A型碗（2006SPZ：11）

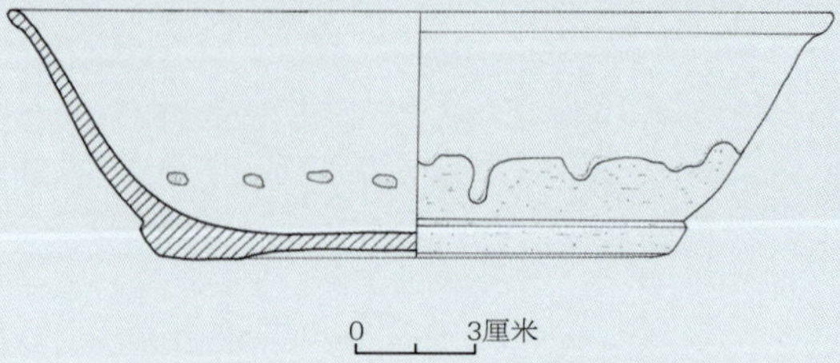

图211-2　唐青釉A型碗（2006SPZ：11）

图212-1　唐青釉A型碗（2012SPZ：41）

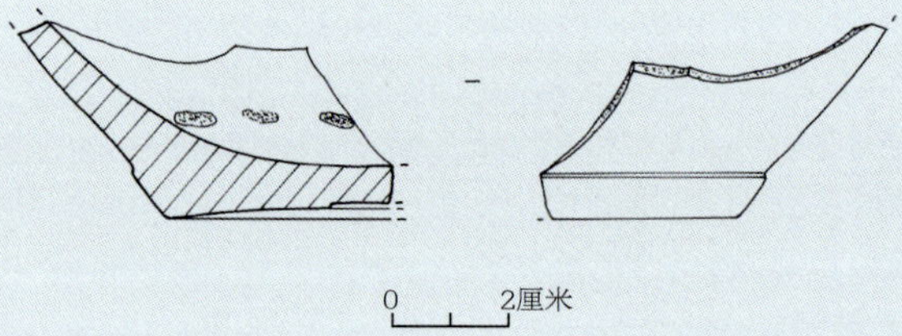

图212-2　唐青釉A型碗（2012SPZ：41）

B型，全部为残件，以腹部和圈足分为两亚型。

Ba型，斜直腹，矮圈足。

标本2012SPZ：46，残件。矮圈足。足沿与内底边缘有不规则点状支钉痕。青釉均匀显光泽，满釉。灰胎，胎土细腻，质坚硬。底径8厘米，残高3.5厘米（图213-1～3）。

标本2012SPZ：45，足沿与内底边缘有不规则圆点状支钉痕。青釉泛黄，圈足无釉。灰胎。底径11厘米，残高3厘米（图214）。

图213-1　唐青釉Ba型碗（2012SPZ：46）

图213-2　唐青釉Ba型碗（2012SPZ：46）

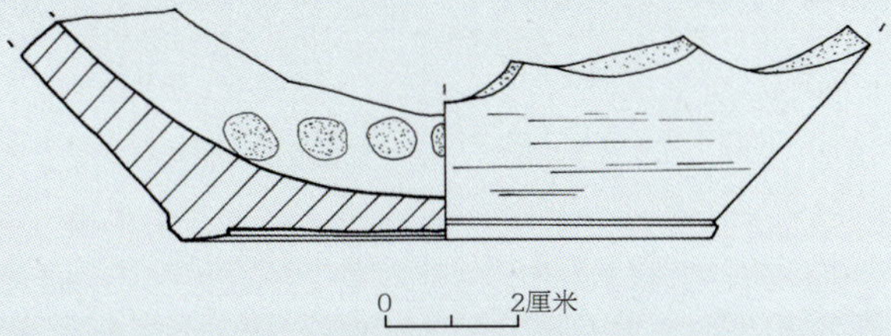

图213-3　唐青釉Ba型碗（2012SPZ：46）

图214　唐青釉Ba型碗（2012SPZ：45）

Bb型，弧腹，圈足稍高。

标本2012SPZ：293，残件。圈足足沿平整，圈足内、外底有不规则点状支钉痕。青釉，灰夹黄胎。底径7.8厘米，残高3.4厘米（图215-1、2）。

标本2012SPZ：294，残件。内、外底有不规则点状支钉痕。底径8.2厘米，残高2.4厘米（图216-1～3）。

标本2012SPZ：42，残件。内腹、底交接处有一圈弦纹，内底有不规则点状支钉痕。青釉，灰夹黄胎，圈足不施釉。底径6.5厘米，残高2.1厘米（图217-1～3）。

C型，少见。玉璧底。可复原完整1件，余为残件。

标本2012SPZ：52，可复原完整。褐釉。敞口外撇，口沿内凸出一棱，斜腹，玉璧底，内底有涩圈。高4.9厘米，口径16.8厘米，底径7.4厘米（图218-1、2）。

图215-1　唐青釉Bb型碗（2012SPZ：293）

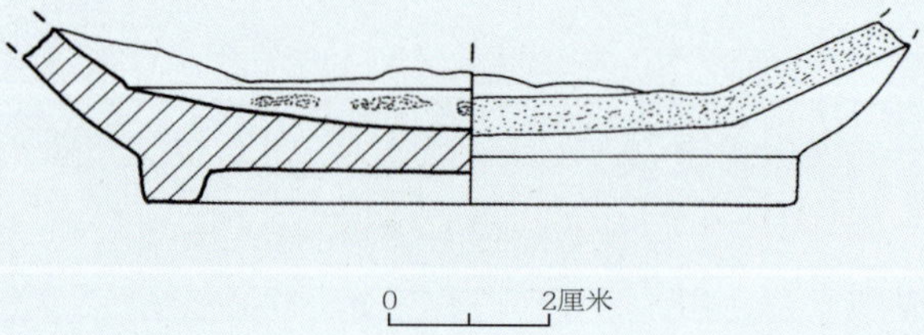

图215-2　唐青釉Bb型碗（2012SPZ：293）

图216-1　唐青釉Bb型碗（2012SPZ：294）

图216-2　唐青釉Bb型碗（2012SPZ：294）

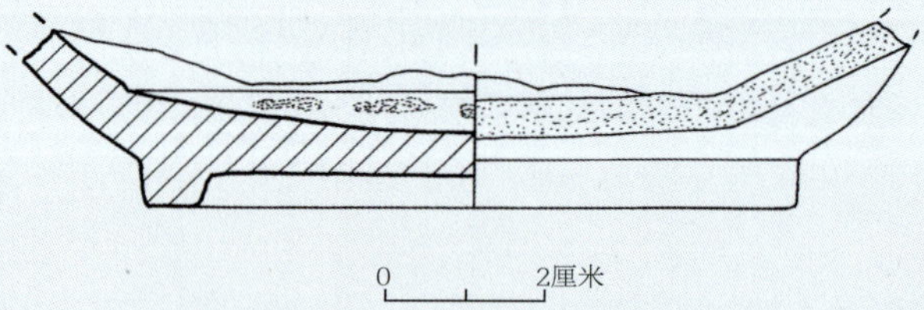

图216-3　唐青釉Bb型碗（2012SPZ：294）

图217-1　唐青釉Bb型碗（2012SPZ：42）

图217-2　唐青釉Bb型碗（2012SPZ：42）

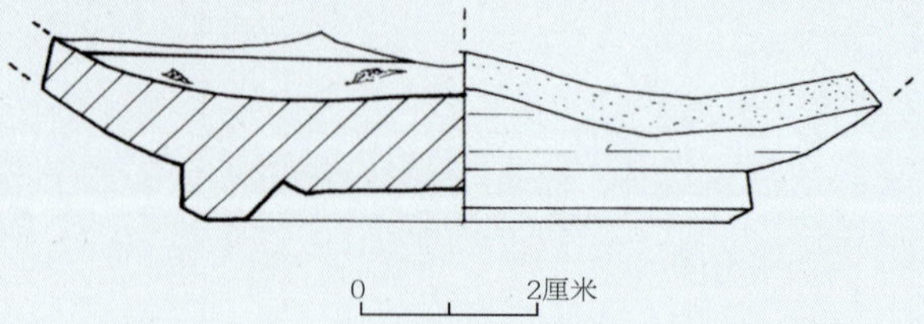

图217-3　唐青釉Bb型碗（2012SPZ：42）

图218-1　唐褐釉C型碗（2012SPZ：52）

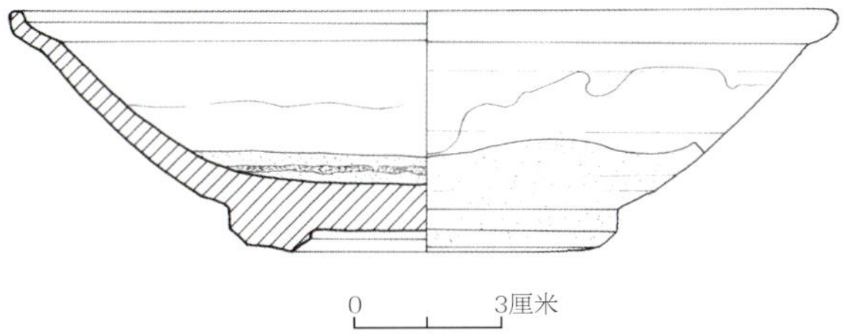

图218-2　唐褐釉C型碗（2012SPZ：52）

标本2012SPZ：43，残件。玉璧底，足底经刮削，制作规整。内底有不规则点状支钉痕。外底有墨书，已模糊不清。青釉偏黄。底径6.6厘米，残高2厘米（图219-1、2）。

标本2012SPZ：49，残件。玉璧底，盘心内有支钉痕，内腹壁压印菊瓣纹。底径7.6厘米，残高2.6厘米（图220-1～3）。

图219-1　唐青釉C型碗（2012SPZ：43）

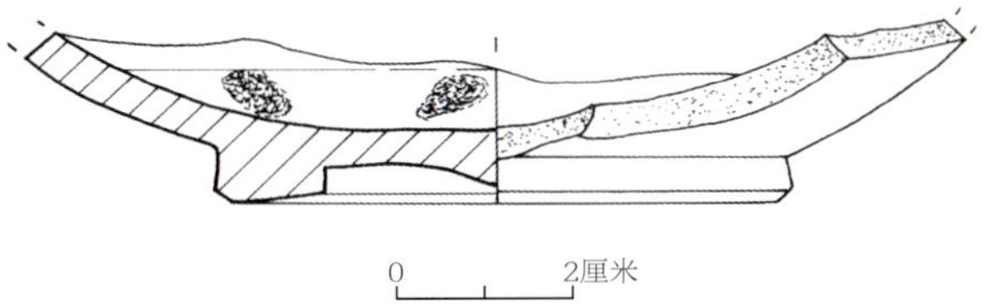

图219-2　唐青釉C型碗（2012SPZ：43）

图220-1　唐青釉C型碗（2012SPZ：49）

图220-2　唐青釉C型碗（2012SPZ：49）

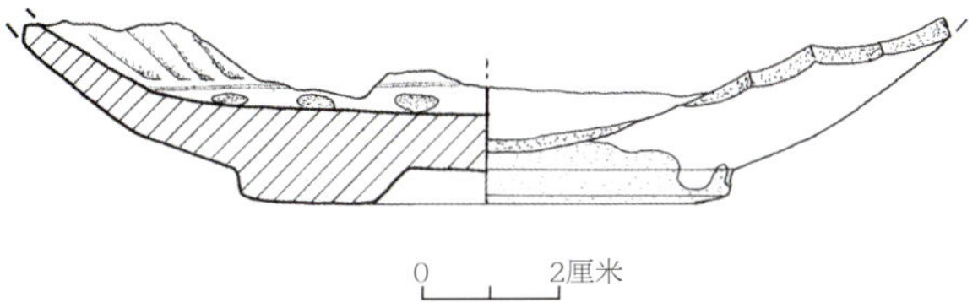

图220-3　唐青釉C型碗（2012SPZ：49）

盘

器形大致相同，盘口，斜腹，圈足。绝大多数素面，少数有花纹。青灰釉或青釉，灰夹黄胎。可复原完整2件，余为残件。

标本2012SPZ：51，可复原完整。口沿内凹，浅斜腹，玉璧底，碗心内有支钉痕。青釉泛黄，外底无釉。高3.4厘米，口径17.6厘米，底径8.5厘米（图221-1、2）。

标本2012SPZ：50，可复原完整。玉璧底，盘心有5个支烧痕。外底无釉，灰胎。高3.4厘米，口径15.7厘米，底径6.9厘米（图222-1、2）。

标本2006SPZ：10，可复原完整。玉璧底，盘心内有支钉痕。高3.6厘米，口径15.8厘米，底径7.8厘米（图223-1、2）。

图221-1　唐青釉盘（2012SPZ：51）

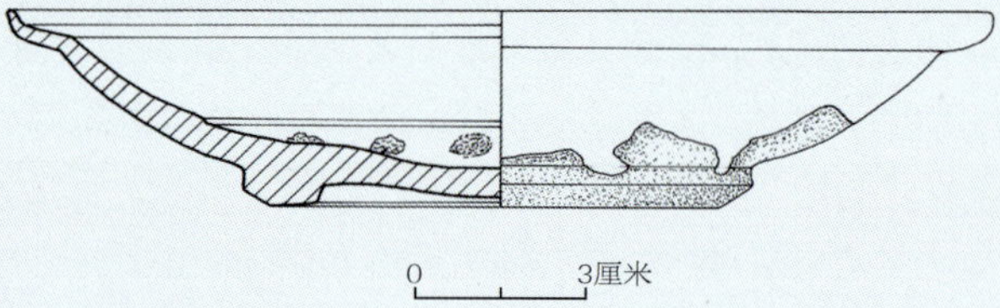

图221-2　唐青釉盘（2012SPZ：51）

图222-1　唐青釉盘（2012SPZ：50）

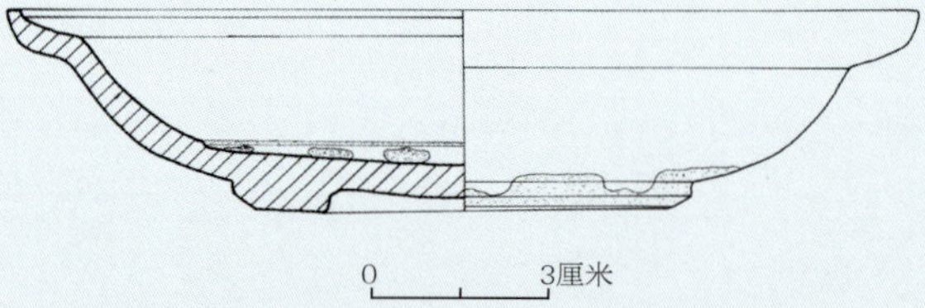

图222-2　唐青釉盘（2012SPZ：50）

图223-1　唐青釉盘（2006SPZ：10）

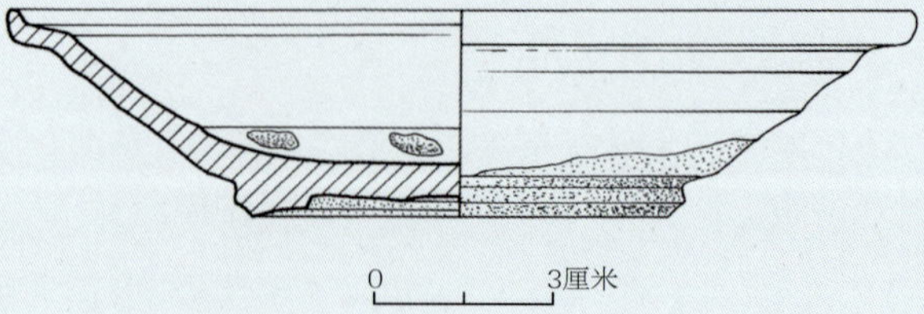

图223-2　唐青釉盘（2006SPZ：10）

图224-1 唐青釉A型钵（2012SPZ：56）

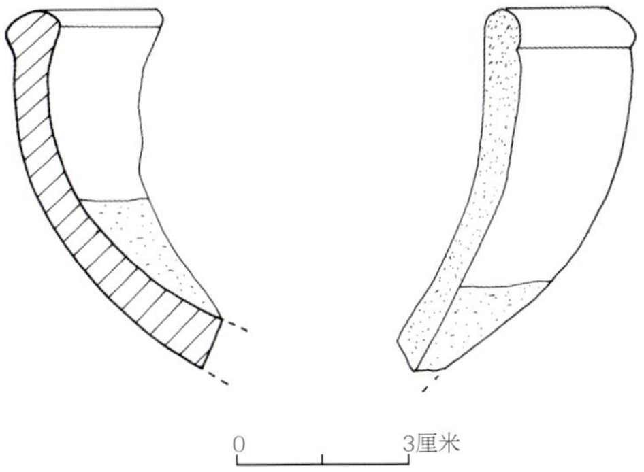

图224-2 唐青釉A型钵（2012SPZ：56）

图225-1 唐青釉B型钵（2012SPZ：54）

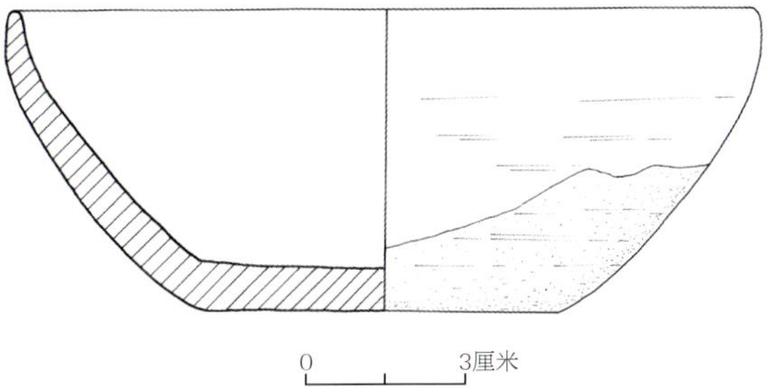

图225-2 唐青釉B型钵（2012SPZ：54）

钵

根据口、腹形态，分为两型。

A型，厚圆唇。

标本2012SPZ：56。残片。口沿外卷，弧腹。青黄釉，下腹不施釉。灰胎。残高6.5厘米（图224-1、2）。

B型，直口微内收，斜弧腹。可复原完整3件。

标本2012SPZ：54，可复原完整。口沿下一圈弦纹，弧腹斜收，平底。青釉泛灰，釉层较薄，釉不及底，有剥落现象。灰胎。高5.7厘米，口径14厘米，底径7厘米（图225-1、2）。

标本2012SPZ：53，可复原完整。弧腹，凸平底。青釉泛黄显光泽，釉不及底。高4.8厘米，口径17厘米，底径8.2厘米（图226-1、2）。

标本2012SPZ：32，复原完整。青釉泛黄，有光泽，釉不及底。高4.1厘米，口径11.8厘米，底径5.1厘米（图227-1、2）。

罐

仅存罐底。

标本2012SPZ：48，平底内凹，青釉偏黄，外底无釉，灰胎。内底有松子状支钉痕，底有垫烧痕迹。底径7.8厘米，残高3厘米（图228-1、2）。

图226-1　唐青釉B型钵（2012SPZ：53）

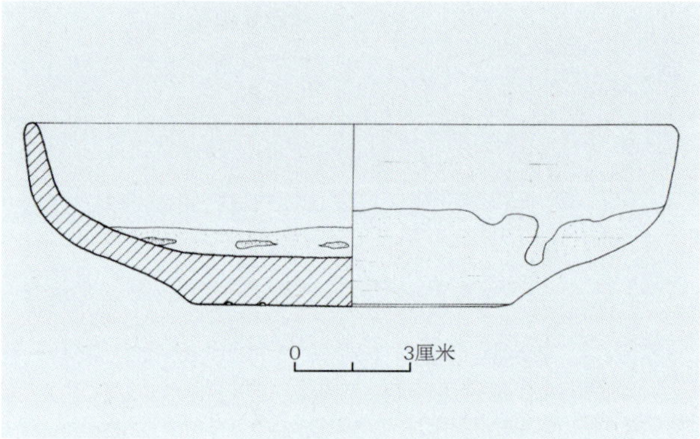

图226-2　唐青釉B型钵（2012SPZ：53）

图227-1　唐青釉B型钵（2012SPZ：32）

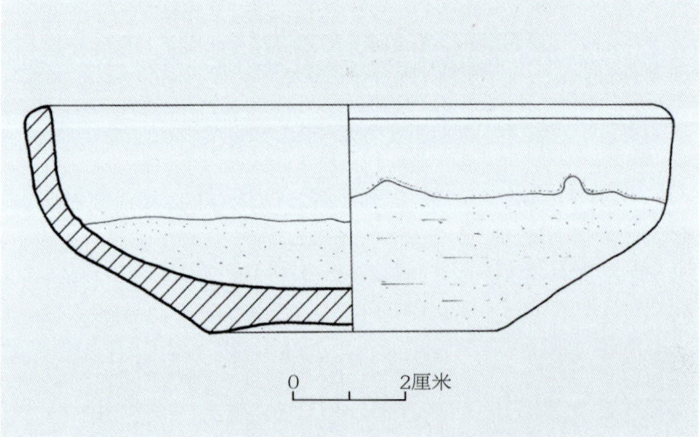

图227-2　唐青釉B型钵（2012SPZ：32）

图228-1　唐青釉罐（2012SPZ：48）

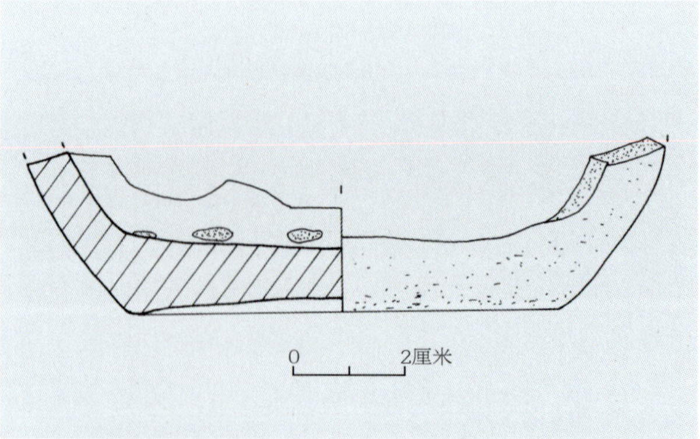

图228-2　唐青釉罐（2012SPZ：48）

（二） 宋代

出土的宋代遗物，主要是瓷器，有青釉、青白釉、黑釉、酱釉和白地黑花等种类，器形有碗、盘、钵、盏、盅、罐、瓶等。以青釉器最多，目前能辨认出来的窑口有福建地区窑口、龙泉窑系和越窑系等。下面按釉色和窑口介绍如下。

1. 青釉

（1）福建地区窑口

出土较多，基本为碗，且以碗底最多。以碗底分为圈足和假圈足两大类。

碗

圈足，绝大部分是碗底，可修复完整8件。以腹部和圈足分为四型。

A型，敞口，斜腹，直圈足。依据内底、足沿及施釉情况分为两亚型。

Aa型，斜腹，碗心窄小，多有一圈弦纹，直圈足。青釉或青釉偏灰，外底无釉、外下腹壁无釉或施釉不均。复原完整1件。

标本2006SPZ：4，复原完整。敞口，斜腹，直圈足，腹壁刻划竖条莲瓣纹。青釉，下腹及底无釉。灰胎。高6.8厘米，口径16.6厘米，底径5.6厘米（图229-1、2）。

标本2012SPZ：76，残件。内底无釉，刻划一圈弦纹。青釉泛黄。土黄胎。底径6.9厘米，残高3.8厘米（图230-1、2）。

图229-1 宋福建窑口青釉Aa型碗（2006SPZ：4）

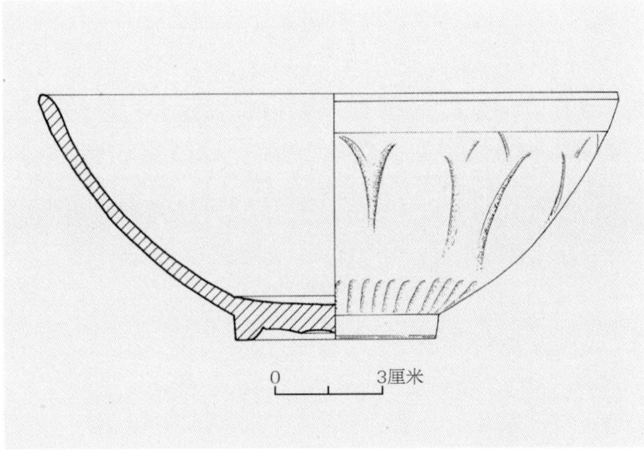

图229-2 宋福建窑口青釉Aa型碗（2006SPZ：4）

标本2012SPZ：80，残件。足底墨书“口记”二字。青釉泛灰，圈足无釉。灰胎。底径5.8厘米，残高5厘米（图231-1、2）。

标本2012SPZ：72，残件。内底刻划一圈弦纹。足底墨书，已漫漶不清。内底、外下腹及圈足无釉。灰胎，器表密布砂眼。底径6.9厘米，残高3.8厘米（图232-1、2）。

图230-1　宋福建窑口青釉Aa型碗（2012SPZ：76）

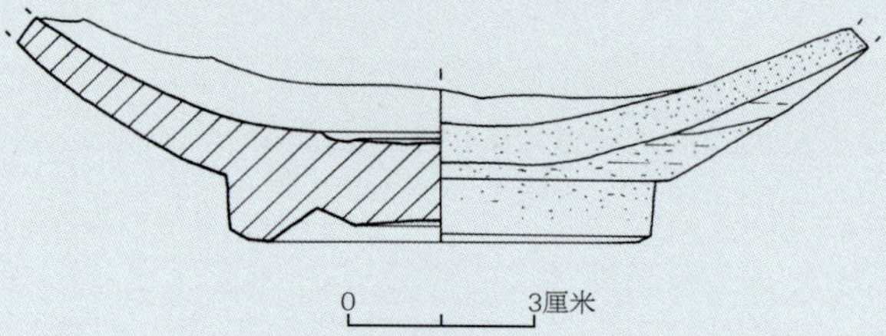

图230-2　宋福建窑口青釉Aa型碗（2012SPZ：76）

图231-1　宋福建窑口青釉Aa型碗（2012SPZ：80）

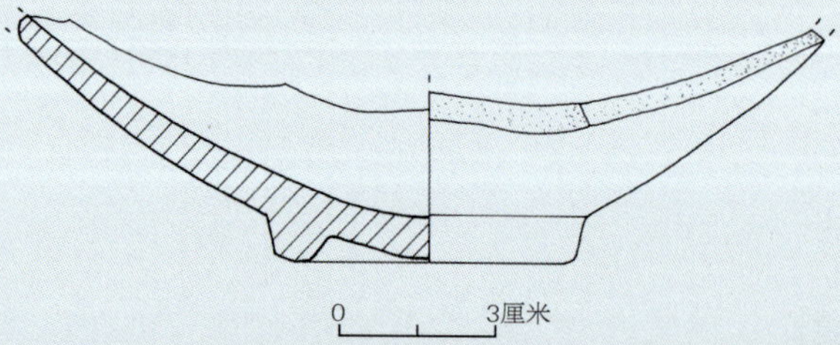

图231-2　宋福建窑口青釉Aa型碗（2012SPZ：80）

图232-1　宋福建窑口青釉Aa型碗（2012SPZ：72）

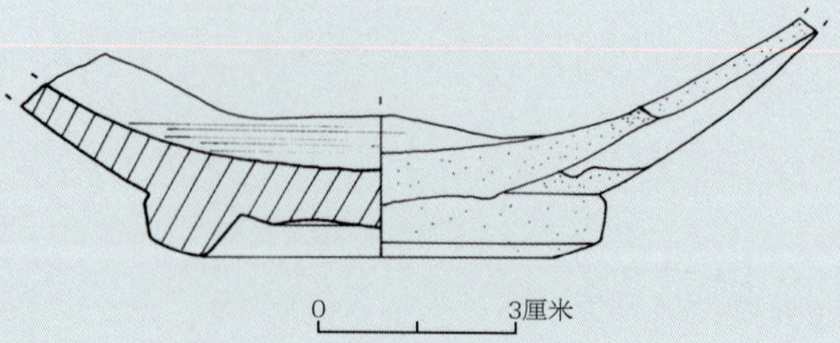

图232-2　宋福建窑口青釉Aa型碗（2012SPZ：72）

标本2012SPZ：75，残件。内底一圈弦纹。青灰釉偏黄，外底无釉。土黄胎。底径6.4厘米，残高3.5厘米（图233-1～3）。

标本2012SPZ：60，残件。直圈足，足沿平整，内底刻划一圈弦纹。足底有墨书。底径7.5厘米，残高2.5厘米（图234）。

标本2012SPZ：62，残件。足底墨书一“王”字。底径7厘米，残高2.9厘米（图235-1、2）。

图233-1 宋福建窑口青釉Aa型碗（2012SPZ：75）

图233-2 宋福建窑口青釉Aa型碗（2012SPZ：75）

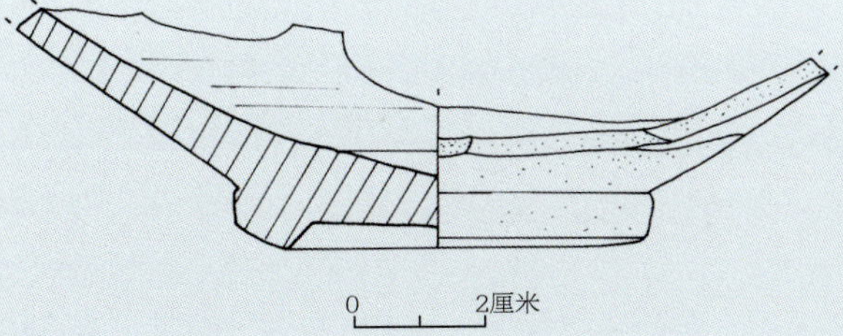

图233-3 宋福建窑口青釉Aa型碗（2012SPZ：75）

图234 宋福建窑口青釉Aa型碗（2012SPZ：60）

图235-1 宋福建窑口青釉Aa型碗（2012SPZ：62）

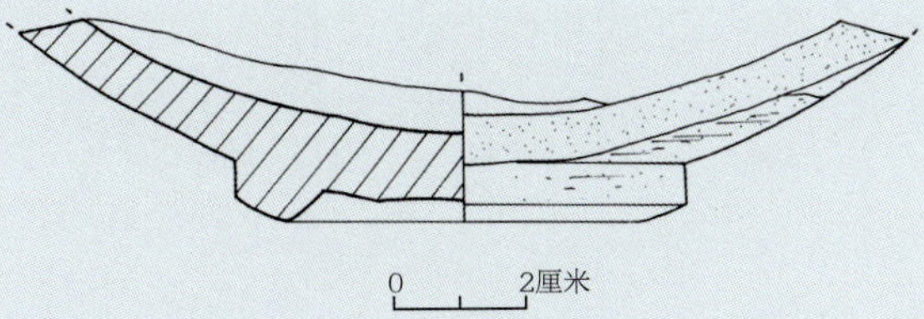

图235-2 宋福建窑口青釉Aa型碗（2012SPZ：62）

Ab型，敞口外撇，斜腹，内底宽平，直圈足，部分外腹壁刻划宽篦纹。内底、圈足无釉，内、外壁施半釉或施釉不均。青釉或青釉泛黄，灰胎或灰夹黄胎。可复原完整6件。

标本2012SPZ：63，可复原完整。敞口外撇，外壁半釉，内底无釉。青黄釉。高6.1厘米，口径19.3厘米，底径7.9厘米（图236-1、2）。

标本2012SPZ：65，可复原完整。内底无釉，外壁半釉。内腹壁一圈旋纹。青釉泛黄，釉有光泽。白胎泛灰。高6.2厘米，口径19.6厘米，底径8厘米（图237-1、2）。

标本2012SPZ：66，可复原完整。内底无釉，外壁半釉，内底有一圈弦纹。高5.2厘米，口径17.8厘米，底径6.6厘米（图238-1、2）。

图236-1　宋福建窑口青釉Ab型碗（2012SPZ：63）

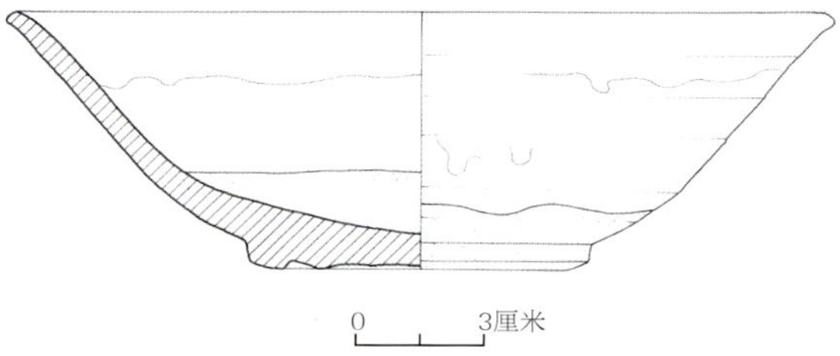

图236-2　宋福建窑口青釉Ab型碗（2012SPZ：63）

图237-1　宋福建窑口青釉Ab型碗（2012SPZ：65）

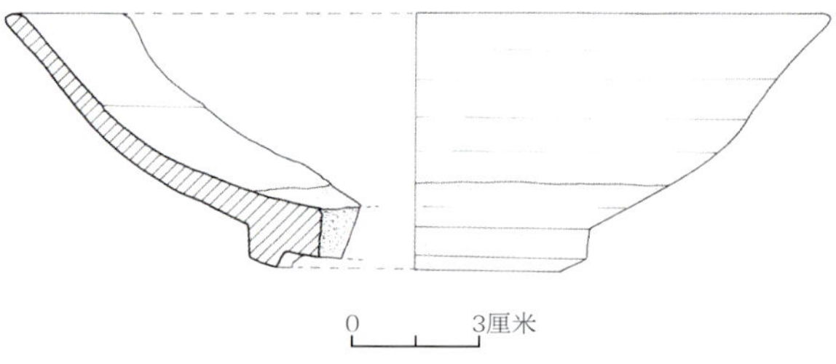

图237-2　宋福建窑口青釉Ab型碗（2012SPZ：65）

图238-1　宋福建窑口青釉Ab型碗（2012SPZ：66）

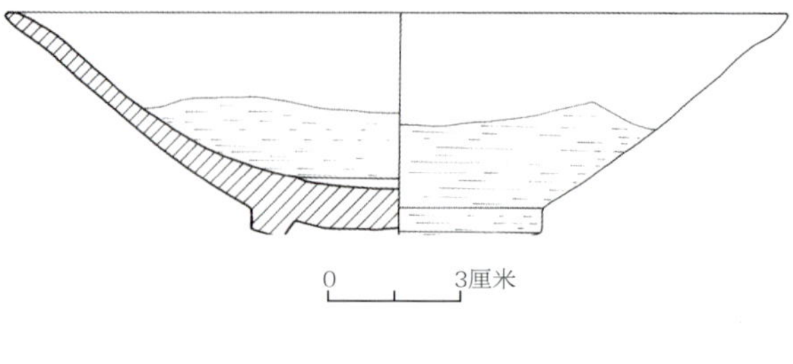

图238-2　宋福建窑口青釉Ab型碗（2012SPZ：66）

标本2012SPZ：64，可复原完整。碗心无釉，外壁半釉。碗心一圈弦纹。高9.6厘米，口径18厘米，底径9厘米（图239）。

标本2012SPZ：68，可复原完整。敞口撇沿，尖唇，圈足，碗心有涩圈。外下腹及圈足无釉。青黄釉，釉层均匀。高4.6厘米，口径18厘米，底径9厘米（图240-1、2）。

标本2012SPZ：58，残件。圈足经过修整，足壁外直内斜削。内腹、底交接处有一圈弦纹，外下腹壁两圈细弦纹。外下腹壁墨书“西房”二字，书写工整。青釉泛黄，灰胎内含细砂。底径5.3厘米，残高2.7厘米（图241-1、2）。

图239　宋福建窑口青釉Ab型碗（2012SPZ：64）

图240-1　宋福建窑口青釉Ab型碗（2012SPZ：68）

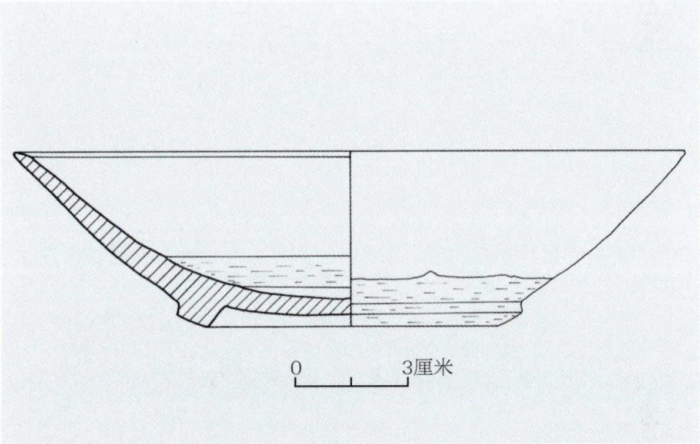

图240-2　宋福建窑口青釉Ab型碗（2012SPZ：68）

图241-1　宋福建窑口青釉Ab型碗（2012SPZ：58）

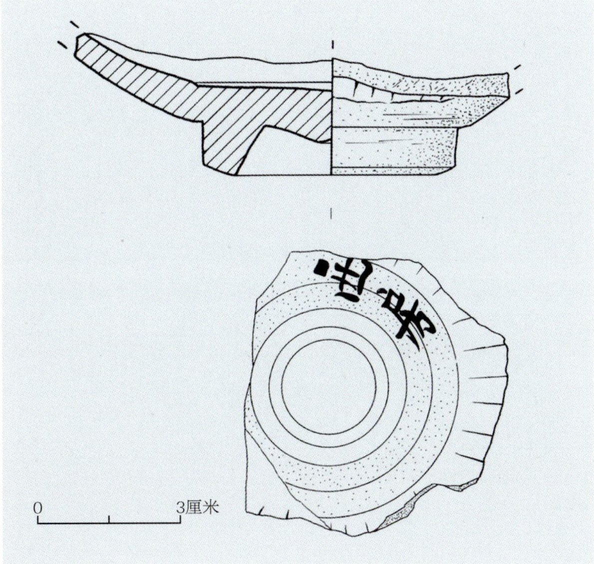

图241-2　宋福建窑口青釉Ab型碗（2012SPZ：58）

标本2012SPZ：61，残件。直圈足，足沿平整，内底一圈弦纹，足底墨书，字已漫漶不清，似“五”字。青灰釉，黄胎。底径6厘米，残高2厘米（图242）。

B型，圈足较大，足沿外侧斜削，内底有涩圈或无釉，圈足无釉，外下腹壁无釉或施釉不均，分为两亚型。

Ba型，弧腹，圈足大而矮，足径在7厘米以上。足沿内、外侧斜削。内底有涩圈，足底无釉，外下腹壁无釉或施釉不均。

标本2012SPZ：291，残件。青釉，灰白胎，内底有涩圈，外下腹壁及圈足无釉。底径7.2厘米，残高4.3厘米（图243-1～3）。

标本2012SPZ：292，残件。青釉泛灰，灰胎，内底有涩圈，外下腹壁及圈足无釉。底径7.5厘米，残高3厘米（图244-1、2）。

标本2012SPZ：69，残件。圈足大而矮，足沿斜削。青釉泛黄，内底有涩圈，外下腹壁及圈足无釉。砖红胎。底径8厘米，残高3厘米（图245-1～3）。

图242　宋福建窑口青釉Ab型碗（2012SPZ：61）

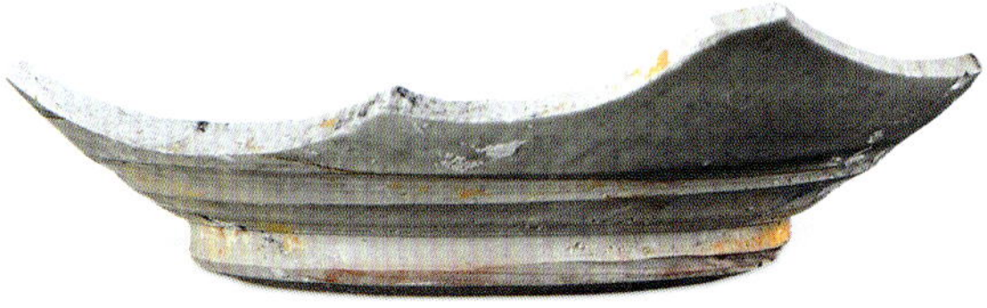

图243-1　宋福建窑口青釉Ba型碗（2012SPZ：291）

图243-2　宋福建窑口青釉Ba型碗（2012SPZ：291）

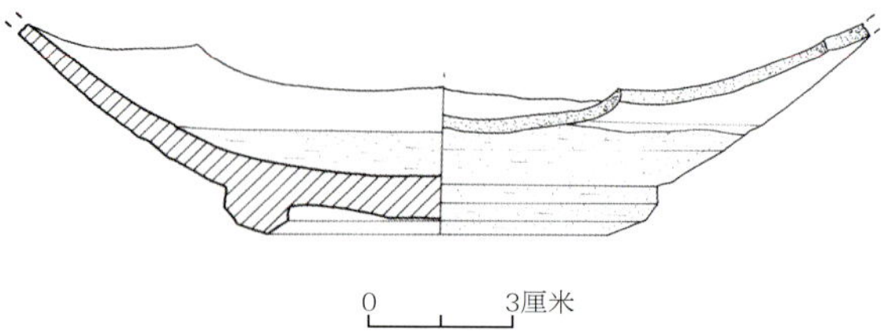

图243-3　宋福建窑口青釉Ba型碗（2012SPZ：291）

图244-1　宋福建窑口青釉Ba型碗（2012SPZ：292）

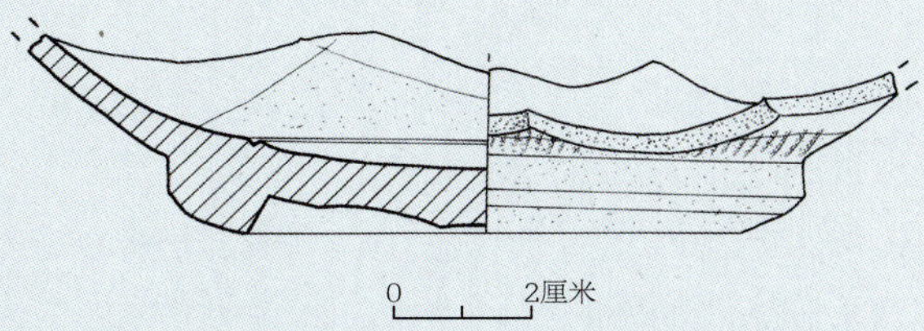

图244-2　宋福建窑口青釉Ba型碗（2012SPZ：292）

图245-1　宋福建窑口青釉Ba型碗（2012SPZ：69）

图245-2　宋福建窑口青釉Ba型碗（2012SPZ：69）

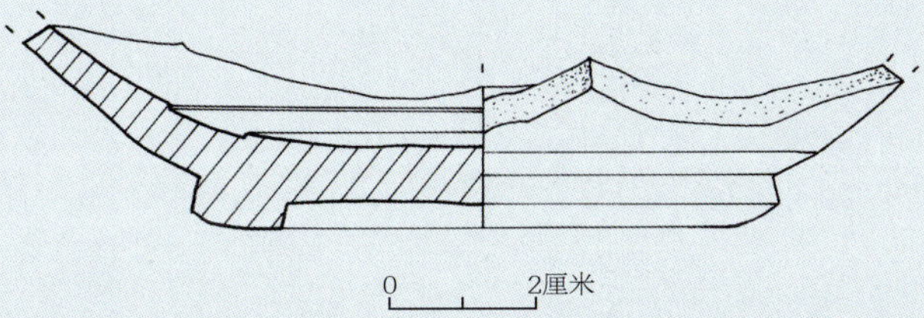

图245-3　宋福建窑口青釉Ba型碗（2012SPZ：69）

图246-1　宋福建窑口青釉Bb型碗（2012SPZ：73）

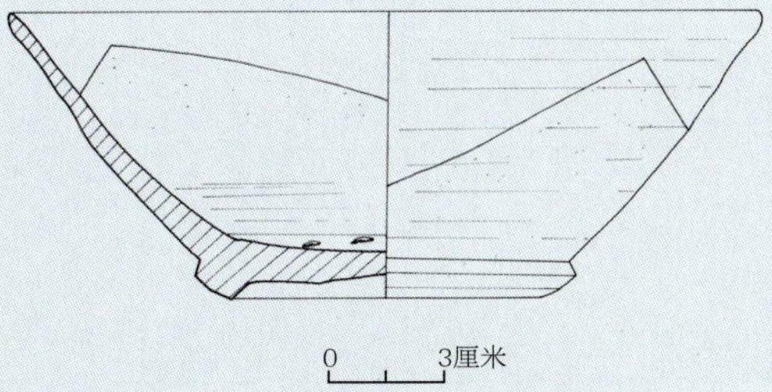

图246-2　宋福建窑口青釉Bb型碗（2012SPZ：73）

Bb型，斜腹，圈足壁内弧外斜削，内底和圈足无釉，外下腹壁无釉或施釉不均。青釉或青釉偏灰。灰胎。可复原完整3件。

标本2012SPZ：73，可复原完整。青釉泛灰，无釉处呈朱红色。高7.4厘米，口径19.3厘米，底径8厘米（图246-1、2）。

标本2012SPZ：74，可复原完整。青釉泛灰，无釉处呈朱红色。高6.1厘米，口径17.8厘米，底径7.4厘米（图247-1、2）。

标本2012SPZ：81，可复原完整。斜腹，圈足，内底、外下腹壁无釉。高5.5厘米，口径18.3厘米，底径7厘米（图248-1、2）。

C型，基本为碗底。圈足较高，圈足无釉，外下腹壁无釉或施釉不均。青釉，灰白胎。

标本2012SPZ：70，残件。圈足较高，足壁较薄。内底刻划篦纹。青釉泛白，白灰胎。底径6厘米，残高2厘米（图249-1、2）。

图247-1　宋福建窑口青釉Bb型碗（2012SPZ：74）

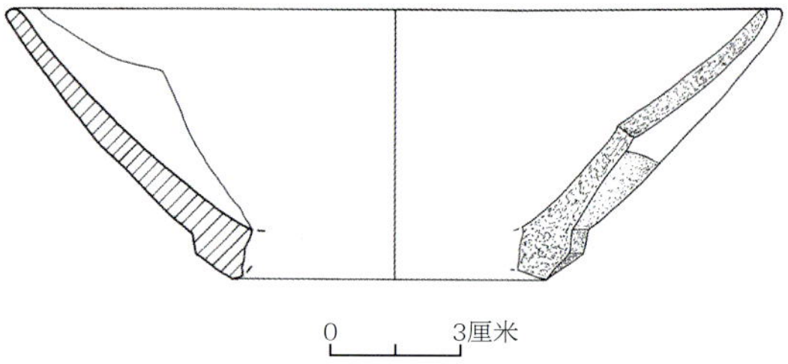

图247-2　宋福建窑口青釉Bb型碗（2012SPZ：74）

图248-1　宋福建窑口青釉Bb型碗（2012SPZ：81）

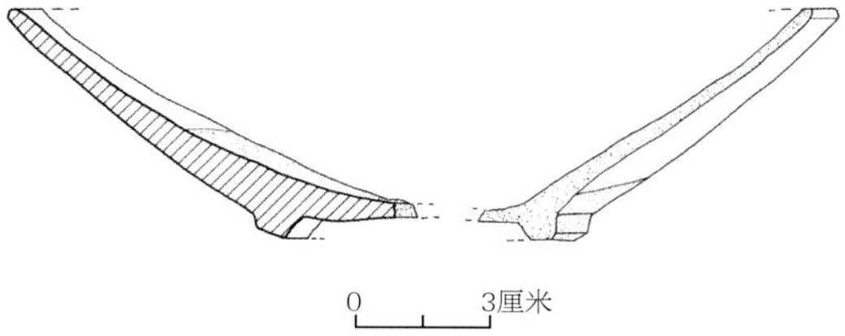

图248-2　宋福建窑口青釉Bb型碗（2012SPZ：81）

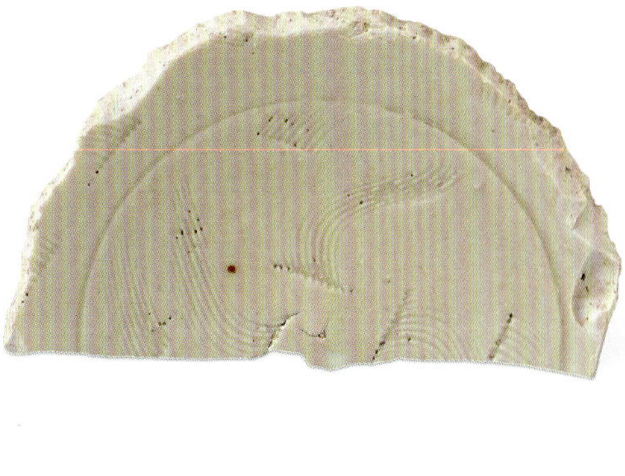

图249-1　宋福建窑口青釉C型碗（2012SPZ：70）

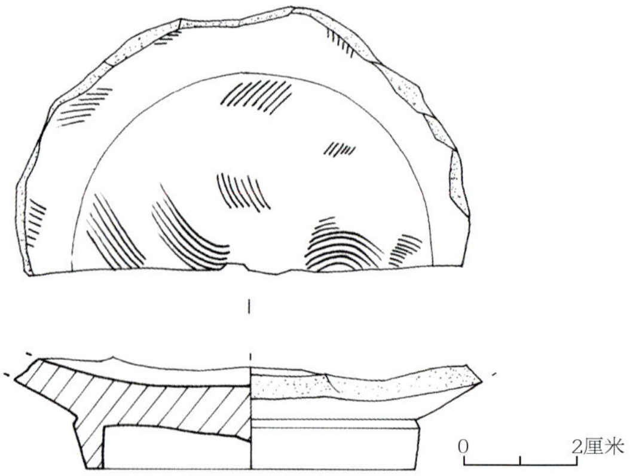

图249-2　宋福建窑口青釉C型碗（2012SPZ：70）

图250-1　宋福建窑口青釉C型碗（2012SPZ：71）

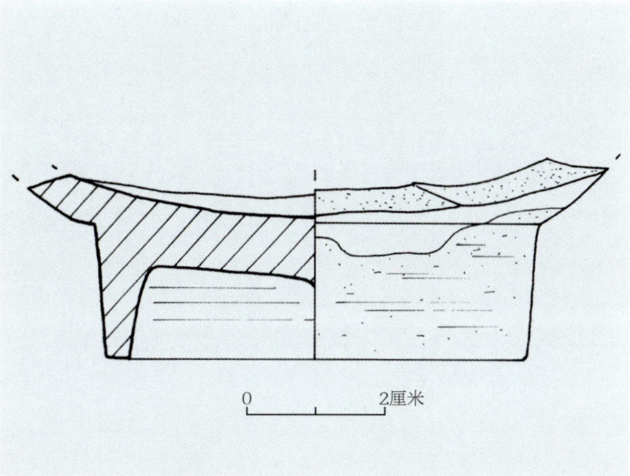

图250-2　宋福建窑口青釉C型碗（2012SPZ：71）

图251-1　宋福建窑口青釉D型碗（2012SPZ：78）

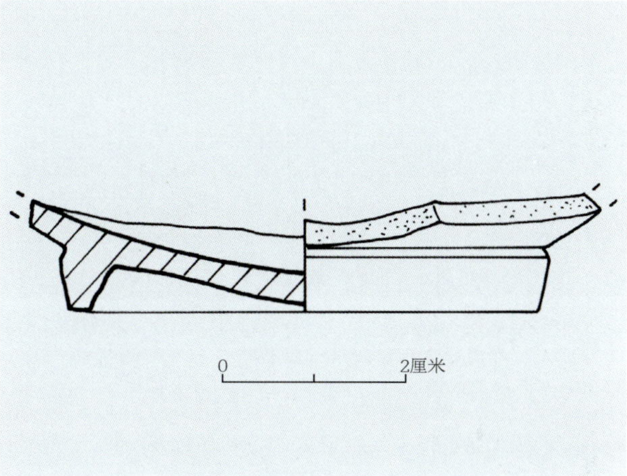

图251-2　宋福建窑口青釉D型碗（2012SPZ：78）

标本2012SPZ：71，残件。圈足高直。足不施釉。青釉泛白，灰白胎。足底墨书“中”字。底径6.2厘米，残高3厘米（图250-1、2）。

D型，仅存碗底。圈足低矮，足壁较薄，修足工整。青釉泛黄，灰胎。足底多有墨书。

标本2012SPZ：78，残件。修足工整，圈足内壁及足心无釉。青釉泛黄。足底墨书，已模糊不清。底径5.2厘米，残高1.3厘米（图251-1、2）。

标本2012SPZ：79，残件。青釉泛黄。足底墨书一“保”字，书写工整。底径6厘米，残高1.3厘米（图252）。

图252　宋福建窑口青釉D型碗（2012SPZ：79）

假圈足碗，凸平底微内凹，形似圈足。青釉偏黄，黄胎。可复原完整3件。

标本2012SPZ：59，可复原完整。敞口，斜腹。碗心窄小，有一圈弦纹。内沿一圈弦纹。高5.9厘米，口径16.8厘米，底径5.3厘米（图253-1、2）。

标本2012SPZ：231，可复原完整。敞口微内敛，弧腹斜收。青釉，足沿及足心无釉。高5厘米，口径17厘米，底径5厘米（图254-1、2）。

标本2012SPZ：230，可复原完整。敞口，弧腹斜收。青釉，外下腹壁及底无釉，灰胎。高5厘米，口径18.5厘米，底径5.5厘米（图255-1、2）。

图253-1　宋福建窑口青釉假圈足碗（2012SPZ：59）

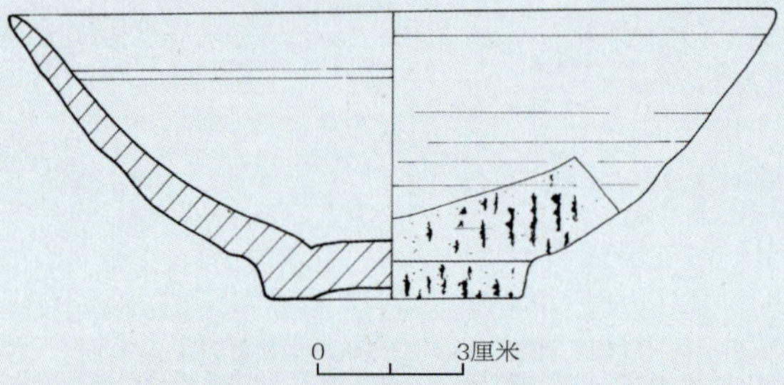

图253-2　宋福建窑口青釉假圈足碗（2012SPZ：59）

图254-1　宋福建窑口青釉假圈足碗（2012SPZ：231）

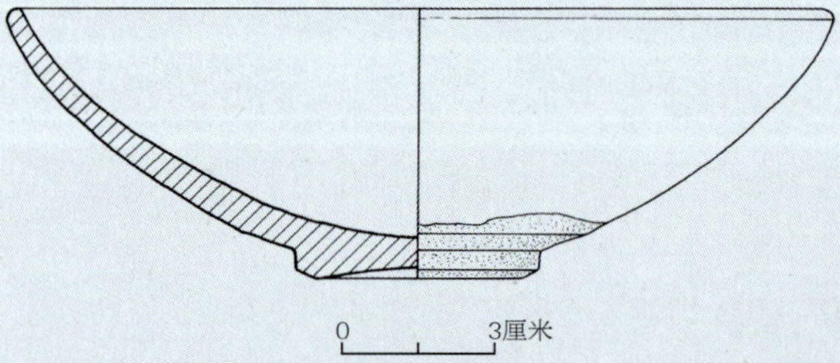

图254-2　宋福建窑口青釉假圈足碗（2012SPZ：231）

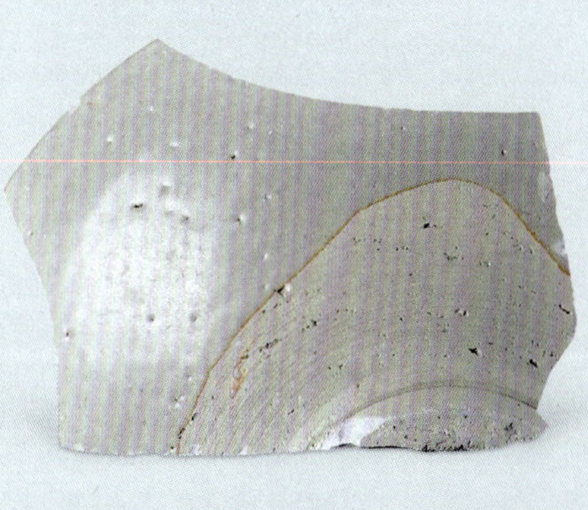

图255-1　宋福建窑口青釉假圈足碗（2012SPZ：230）

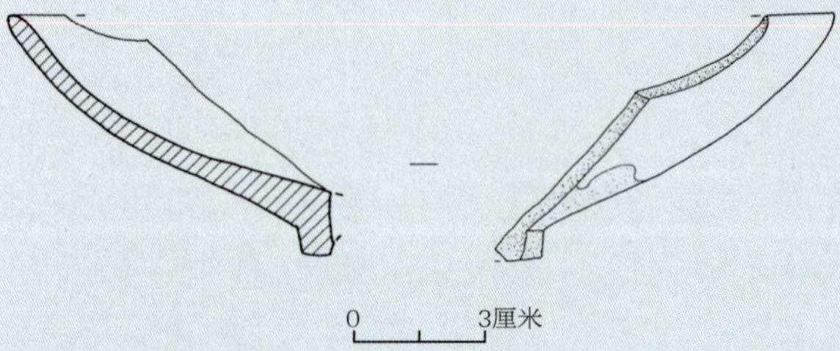

图255-2　宋福建窑口青釉假圈足碗（2012SPZ：230）

标本2012SPZ：83，残件。青釉偏黄，外下腹壁及底无釉。底部墨书，剩“雨”字头。底径5.2厘米，残高2.3厘米（图256-1、2）。

标本2012SPZ：85，残件。凸平底微内凹，弧腹，内底有一圈弦纹，凸平底上多有拉坯时留下的弦纹痕迹，底部墨书已残缺不清。底径5.5厘米，残高2.5厘米（图257-1、2）。

标本2012SPZ：86，残件。底部墨书“十”字。底径5.3厘米，残高2.2厘米（图258-1、2）。

图256-1　宋福建窑口青釉假圈足碗（2012SPZ：83）

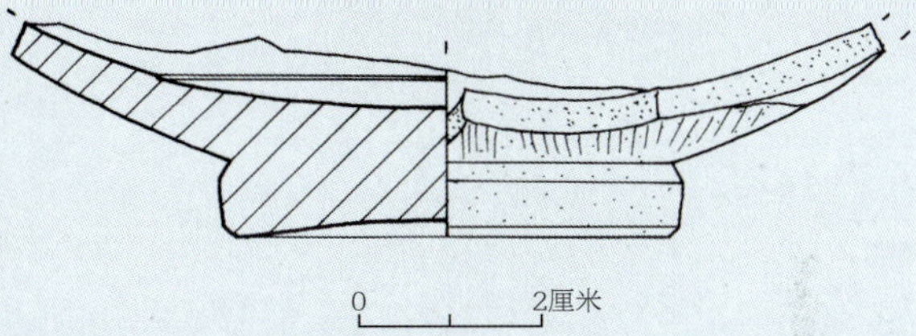

图256-2　宋福建窑口青釉假圈足碗（2012SPZ：83）

图257-1　宋福建窑口青釉假圈足碗（2012SPZ：85）

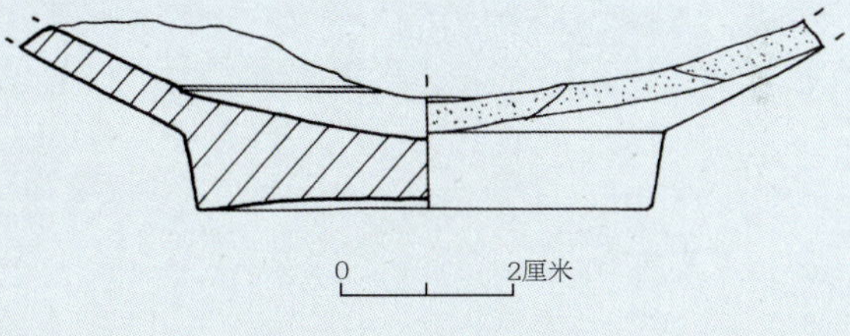

图257-2　宋福建窑口青釉假圈足碗（2012SPZ：85）

图258-1　宋福建窑口青釉假圈足碗（2012SPZ：86）

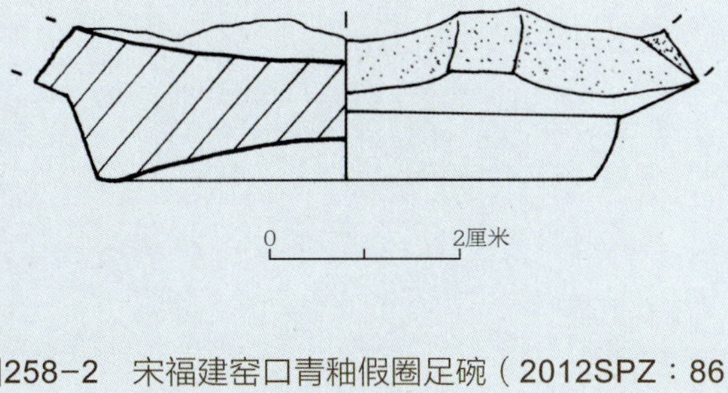

图258-2　宋福建窑口青釉假圈足碗（2012SPZ：86）

图259　宋福建窑口青釉假圈足碗（2012SPZ：88）

图260-1　宋福建窑口青釉假圈足碗（2012SPZ：89）

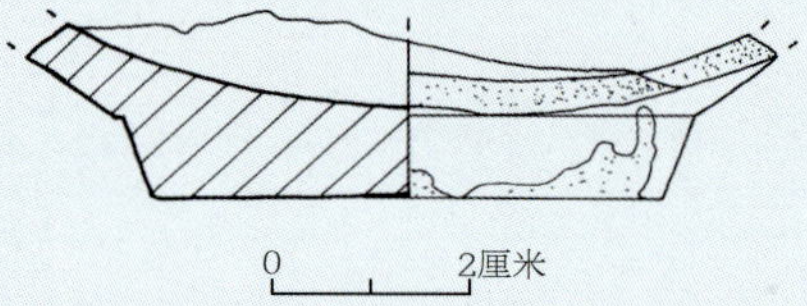

图260-2　宋福建窑口青釉假圈足碗（2012SPZ：89）

标本2012SPZ：88，残件。青釉偏灰，外下腹壁施釉不均，底无釉，墨书“周记”。底径5.2厘米，残高1.5厘米（图259）。

标本2012SPZ：89，残件。底部墨书“中”字。底径5.3厘米，残高2.2厘米（图260-1、2）。

碗口，碎片较小，有莲瓣纹口沿，盘口，凸唇，侈口。青釉，青釉偏黄。灰胎，黄胎。部分外壁刻划莲瓣纹等。

（2）龙泉窑系

包括龙泉窑和仿龙泉窑产品。有碗、钵、盘、壶、罐等底、口残片。

碗

数量最多，依据碗底分圈足和假圈足两大类。

圈足，以腹、底分两型。

A型，弧腹，圈足。以足沿、足壁及施釉情况分为两亚型。

Aa型，直圈足，足沿宽平，满釉，圈足施釉不均。

标本2012SPZ：111，残件。内底刻划五瓣花卉纹，青釉泛绿有光泽，釉层较厚，圈足施釉不均。厚胎，胎质细腻坚硬，灰白色。底径7厘米，残高3.2厘米（图261-1～3）。

标本2012SPZ：112，残件。外腹壁莲瓣纹。青釉泛绿有光泽，圈足施釉不均。底径6.4厘米，残高3厘米（图262-1～3）。

标本2012SPZ：117，残件。圈足较小。青釉满釉，釉色泛黄。灰白胎。底部墨书似“大”字。底径5.8厘米，残高2.1厘米（图263-1、2）。

图261-1　宋龙泉窑Aa型碗（2012SPZ：111）

图261-2　宋龙泉窑Aa型碗（2012SPZ：111）

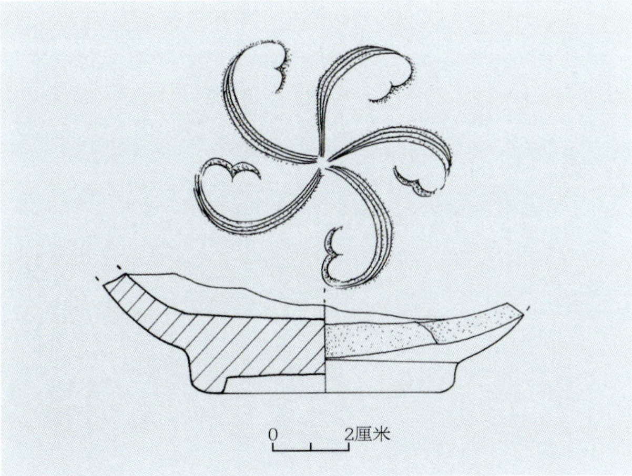

图261-3　宋龙泉窑Aa型碗（2012SPZ：111）

图262-1　宋龙泉窑Aa型碗（2012SPZ：112）

图262-2　宋龙泉窑Aa型碗（2012SPZ：112）

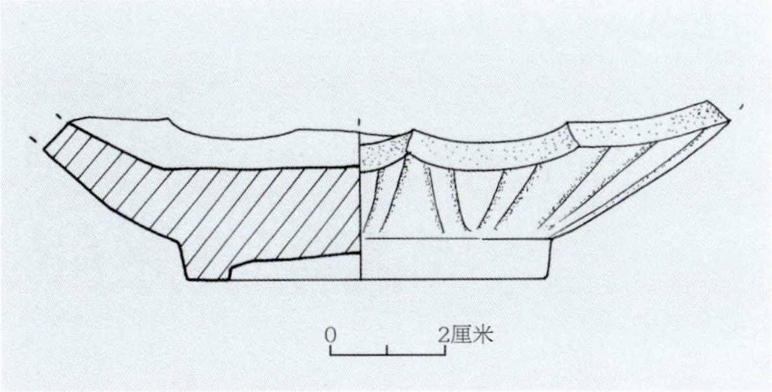

图262-3　宋龙泉窑Aa型碗（2012SPZ：112）

标本2012SPZ：98，残件。圈足较小，内腹、底交接处有一圈弦纹。青釉泛黄。灰白胎。底墨书似“大”字。底径5.8厘米，残高2.6厘米（图264-1、2）。

Ab型，圈足壁内弧外直，内壁无釉。

标本2012SPZ：104，残件。圈足内壁不施釉，足心与足壁间无釉，为一涩圈。内、外腹壁有花卉纹。青绿釉，光泽亮丽。灰胎，胎质坚硬。底径7厘米，残高5厘米（图265-1、2）。

图263-1　宋龙泉窑Aa型碗（2012SPZ：117）

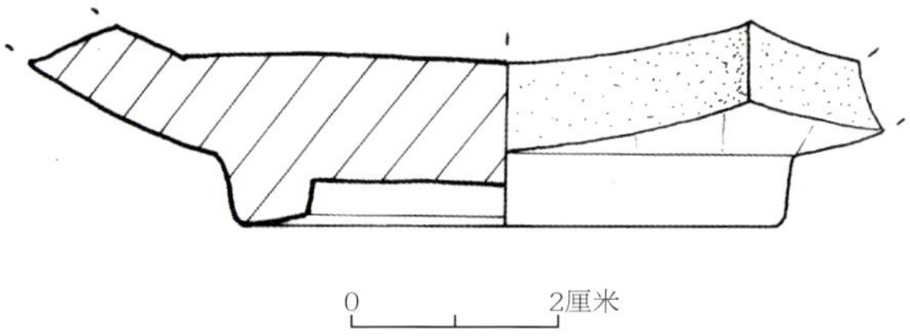

图263-2　宋龙泉窑Aa型碗（2012SPZ：117）

图264-1　宋龙泉窑Aa型碗（2012SPZ：98）

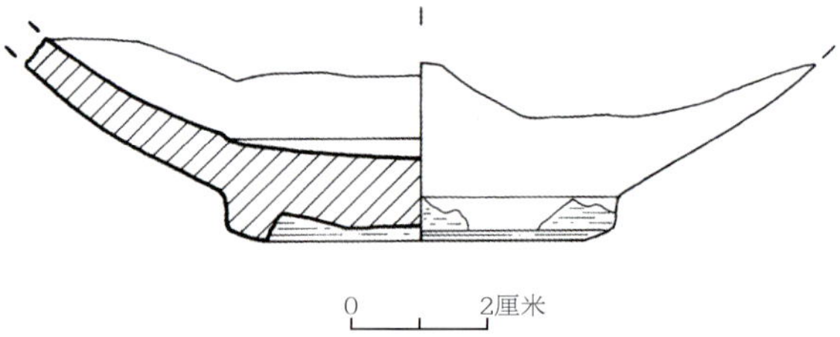

图264-2　宋龙泉窑Aa型碗（2012SPZ：98）

图265-1　宋龙泉窑Ab型碗（2012SPZ：104）

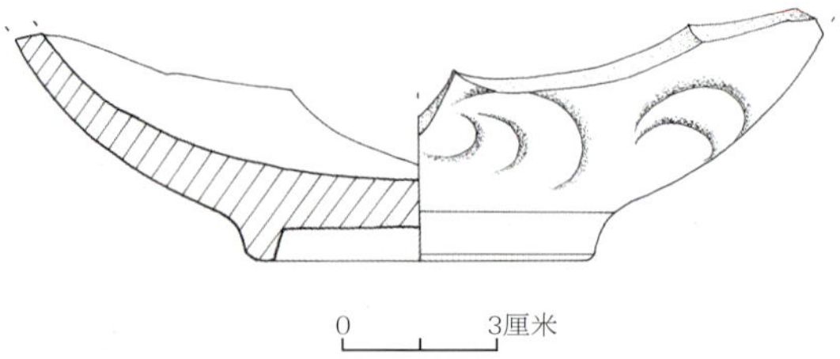

图265-2　宋龙泉窑Ab型碗（2012SPZ：104）

标本2012SPZ：113，残件。内底有一周、外腹壁有三周弦纹。青釉泛绿，光泽亮丽。圈足施釉不均。灰白胎。残高4.5厘米（图266-1～3）。

B型，弧腹斜收，内底窄小，圈足斜直。满釉。内、外腹部刻划花纹。

标本2012SPZ：114，残件。底心内凹。外底有垫圈痕。外下腹壁篦划纹，内底弦纹，内壁刻划花卉纹。底径6厘米，残高3.5厘米（图267-1、2）。

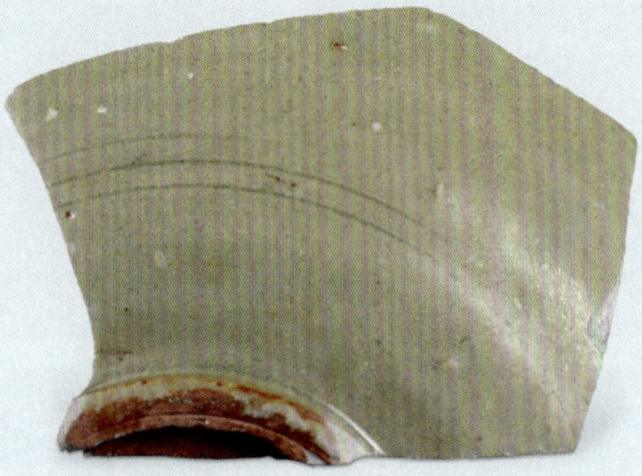

图266-1 宋龙泉窑Ab型碗（2012SPZ：113）

图266-2 宋龙泉窑Ab型碗（2012SPZ：113）

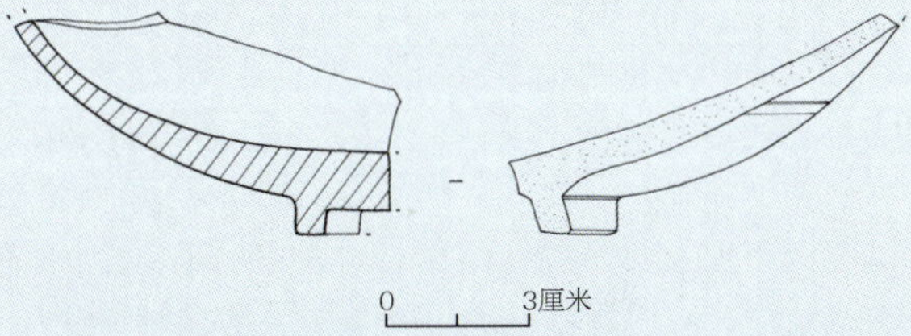

图266-3 宋龙泉窑Ab型碗（2012SPZ：113）

图267-1 宋龙泉窑B型碗（2012SPZ：114）

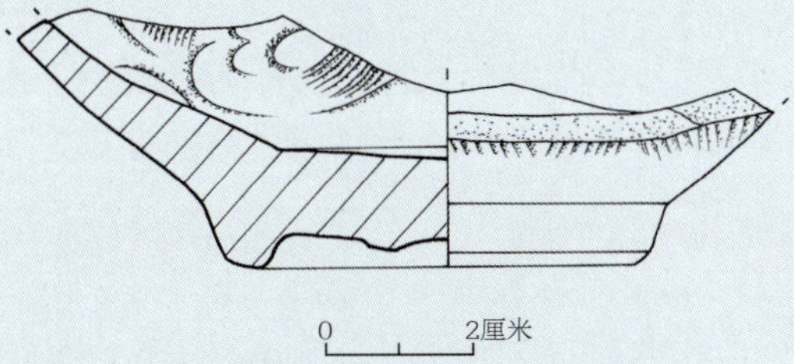

图267-2 宋龙泉窑B型碗（2012SPZ：114）

C型，基本为碗底。弧腹。青白釉色，外底施釉不均。灰白胎。

标本2012SPZ：133，残件。直圈足。内底有一圈弦纹。外底施釉不均。底径6厘米，残高1.8厘米（图268-1、2）。

标本2012SPZ：135，残件。直圈足。底径6厘米，残高2厘米（图269-1、2）。

另有少量龙泉窑碗口碎片，主要有：

莲瓣纹碗口

标本2012SPZ：233，残片。敞口，青釉有光泽。灰胎。外壁刻莲瓣纹。残高6.6厘米（图270-1、2）。

图268-1　宋龙泉窑C型碗（2012SPZ：133）

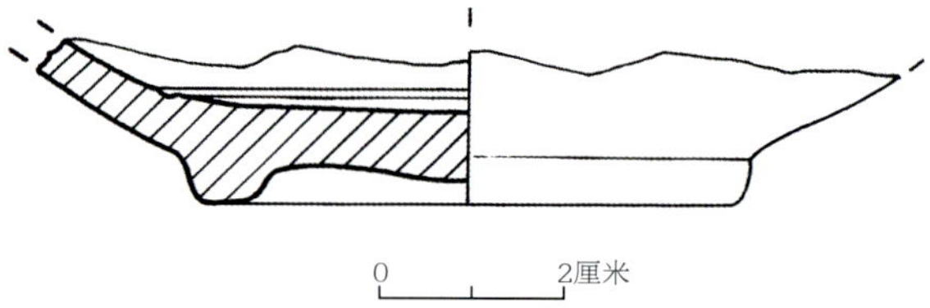

图268-2　宋龙泉窑C型碗（2012SPZ：133）

图269-1　宋龙泉窑C型碗（2012SPZ：135）

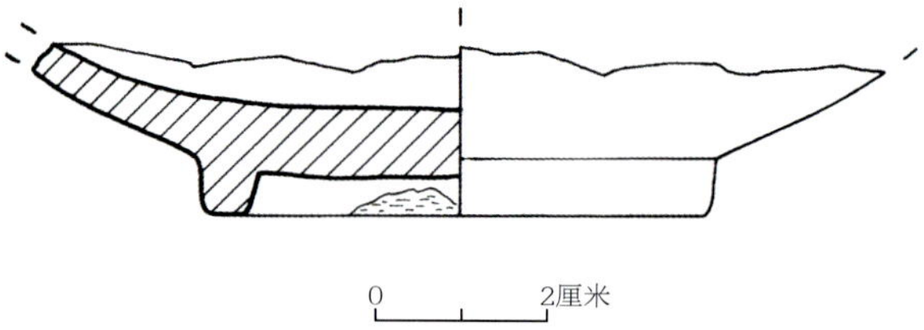

图269-2　宋龙泉窑C型碗（2012SPZ：135）

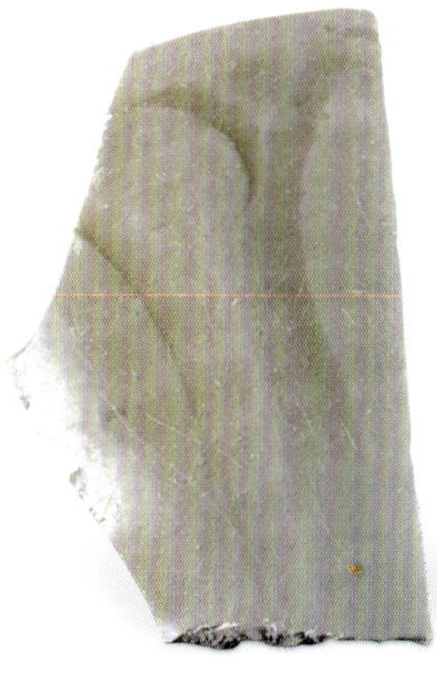

图270-1　宋龙泉窑碗片（2012SPZ：233）

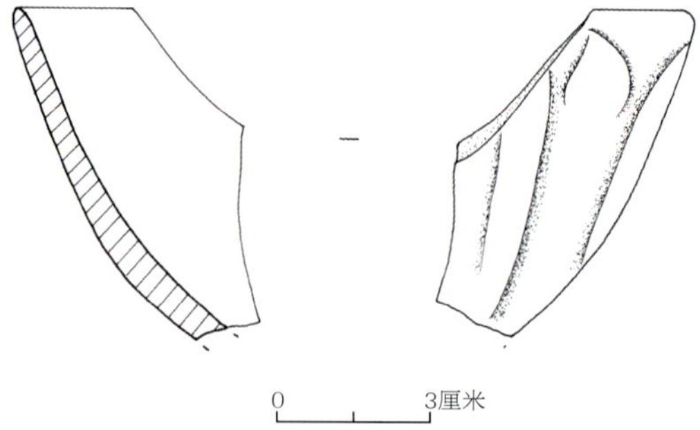

图270-2　宋龙泉窑碗片（2012SPZ：233）

素面碗口

标本2012SPZ：232，残片。敞口，弧腹，内沿下一道、外沿下多道弦纹。青绿釉均匀。灰白胎。素面。残高6.5厘米（图271-1、2）。

盘

多为盘底、盘口残片。

盘底

标本2012SPZ：241，残件。弧腹，内底宽平有花卉纹，直圈足规整。青釉亮丽，足内不施釉。底径5.3厘米，残高2厘米（图272-1、2）。

图271-1 宋龙泉窑碗片（2012SPZ：232）

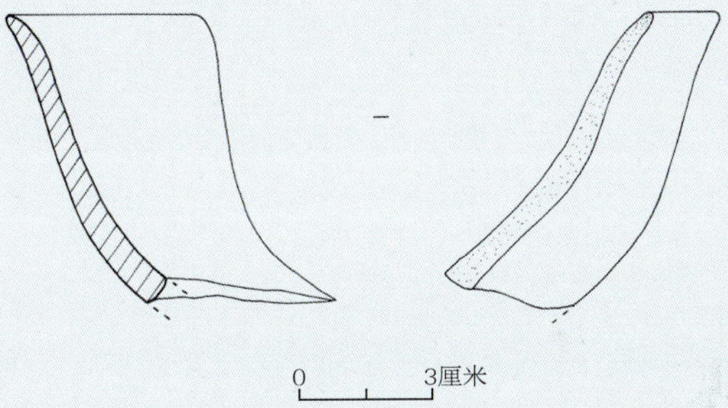

图271-2 宋龙泉窑碗片（2012SPZ：232）

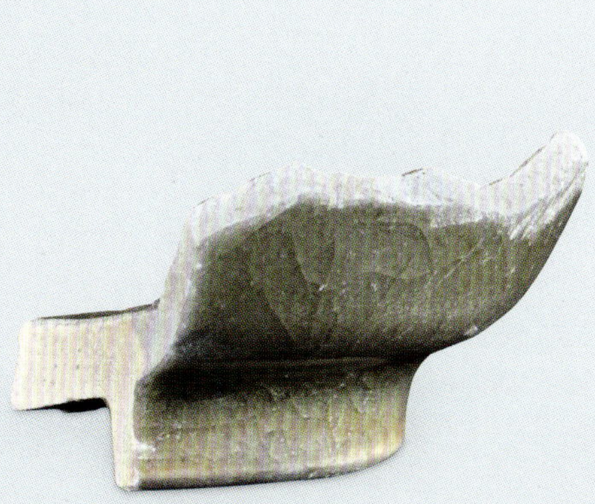

图272-1 宋龙泉窑盘底（2012SPZ：241）

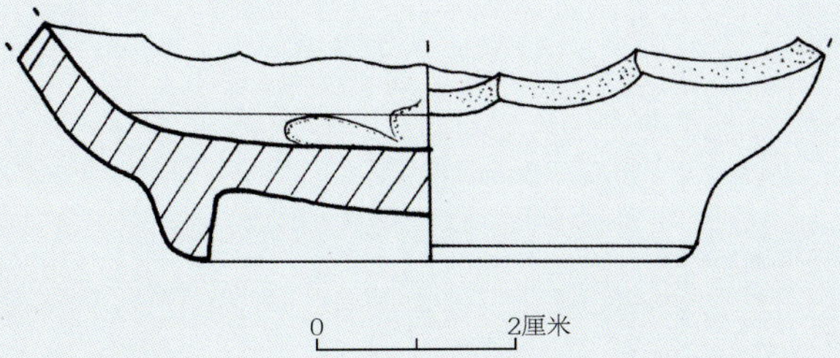

图272-2 宋龙泉窑盘底（2012SPZ：241）

图273-1　宋龙泉窑盘底（2012SPZ：120）

图273-2　宋龙泉窑盘底（2012SPZ：120）

图273-3　宋龙泉窑盘底（2012SPZ：120）

标本2012SPZ：120，残件。内底宽平有刻划纹。矮圈足，修足工整。青釉泛黄。灰胎，足心和足内壁无釉。底径7.2厘米，残高2厘米（图273-1～3）。

盘口

菊瓣纹盘口

标本2012SPZ：236，残片。宽折沿，内壁刻划菊瓣纹，菊瓣内凹。青绿釉。残高4.7厘米（图274）。

图274　宋龙泉窑盘口片（2012SPZ：236）

标本2012SPZ：235，残片。宽沿，内壁刻划菊瓣纹，菊瓣内凹。外素面。青釉泛黄，显现冰裂纹。残高2.5厘米，残宽4.6厘米（图275-1、2）。

标本2012SPZ：234，残片。宽折沿，外壁刻莲瓣纹。青绿釉，白胎。残高3.2厘米，残宽3.2厘米（图276-1、2）。

素面盘口

标本2012SPZ：289，残片。宽折沿，弧腹。青绿釉，釉有玻璃光泽。白灰胎。残高5厘米（图277-1、2）。

图275-1　宋龙泉窑盘口片（2012SPZ：235）

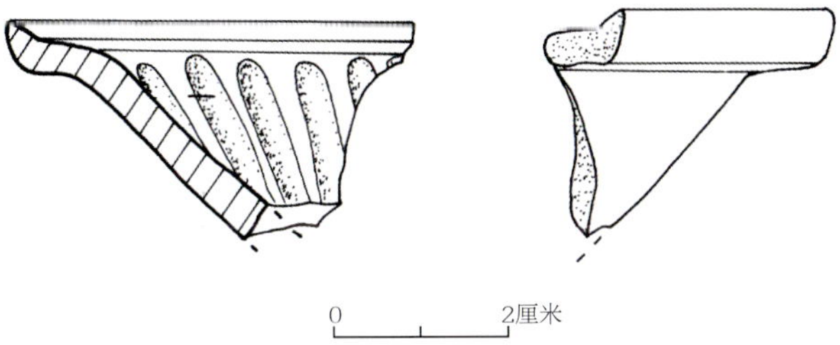

图275-2　宋龙泉窑盘口片（2012SPZ：235）

图276-1　宋龙泉窑盘口片（2012SPZ：234）

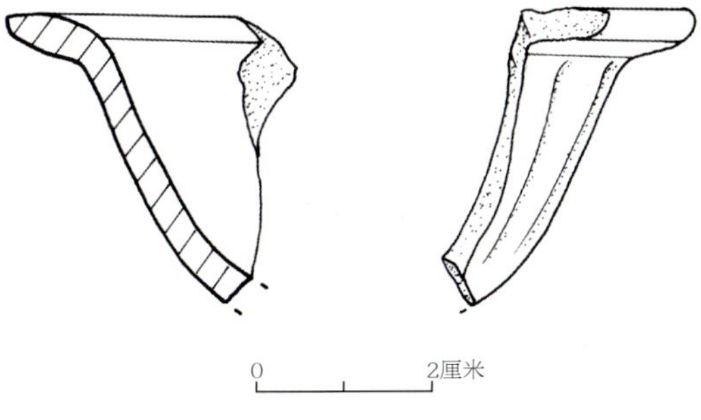

图276-2　宋龙泉窑盘口片（2012SPZ：234）

图277-1　宋龙泉窑盘口片（2012SPZ：289）

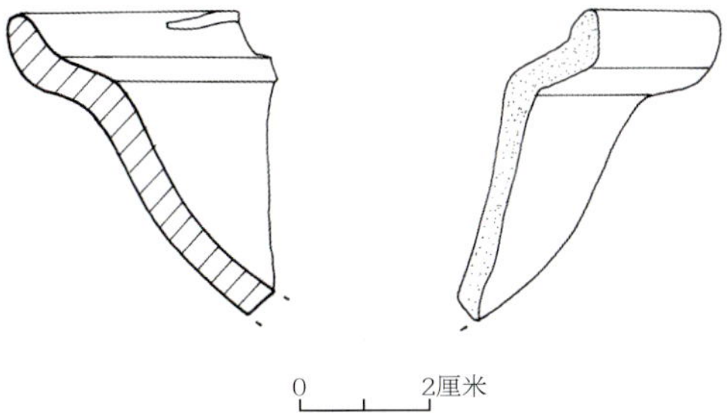

图277-2　宋龙泉窑盘口片（2012SPZ：289）

洗

可复原完整1件。标本2012SPZ：242，可复原完整。直口圆唇，弧腹近直，挖足，内底宽平，内底心压印花卉纹，外底有垫烧痕。青釉泛黄，灰白胎。高4厘米，口径11.6厘米，底径5.8厘米（图278-1、2）。

钵

标本2012SPZ：238，残片。花瓣口，外壁刻莲瓣纹。青绿釉有玻璃光泽。白灰胎。残高2.5厘米（图279-1、2）。

标本2012SPZ：239，残片。青釉泛灰，有冰裂纹。白灰胎，素面。残高3.5厘米（图280-1、2）。

图278-1　宋龙泉窑洗（2012SPZ：242）

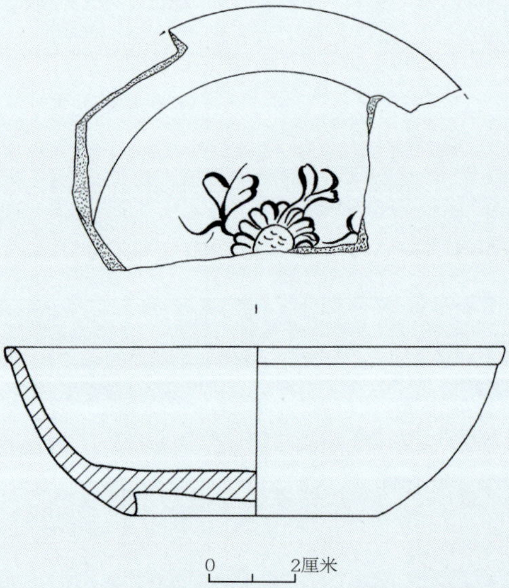

图278-2　宋龙泉窑洗（2012SPZ：242）

图279-1　宋龙泉窑钵（2012SPZ：238）

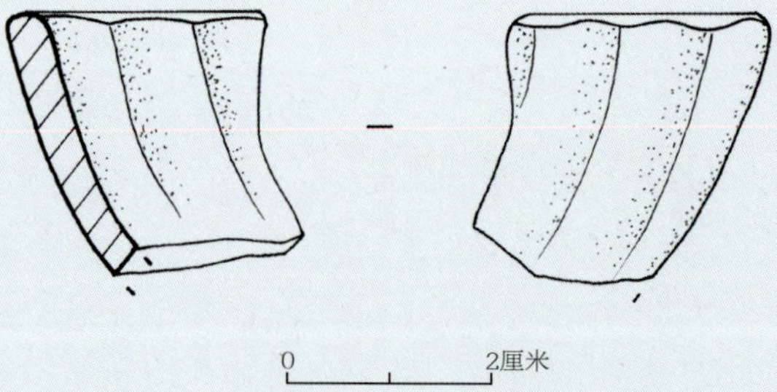

图279-2　宋龙泉窑钵（2012SPZ：238）

标本2012SPZ：237，残片。侈口，弧腹。青釉有玻璃光泽。灰白胎，素面。口径7厘米，残高3.3厘米（图281-1、2）。

盏

少见。

标本2012SPZ：57，残件。弧腹斜收，矮圈足，内腹及盏心有团状菊纹。内底有支钉痕迹。青釉，满釉。灰胎。底径4.3厘米，残高1.8厘米（图282-1、2）。

图280-1　宋龙泉窑钵（2012SPZ：239）

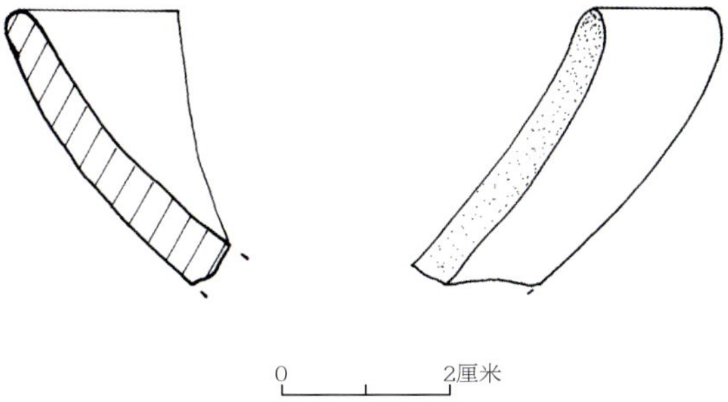

图280-2　宋龙泉窑钵（2012SPZ：239）

图281-1　宋龙泉窑钵（2012SPZ：237）

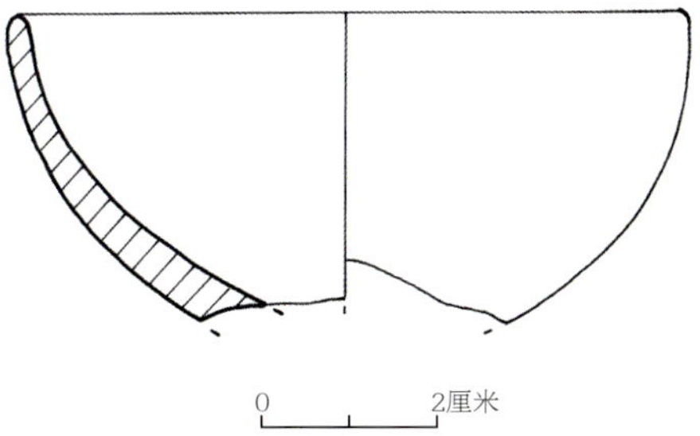

图281-2　宋龙泉窑钵（2012SPZ：237）

图282-1　宋龙泉窑盏（2012SPZ：57）

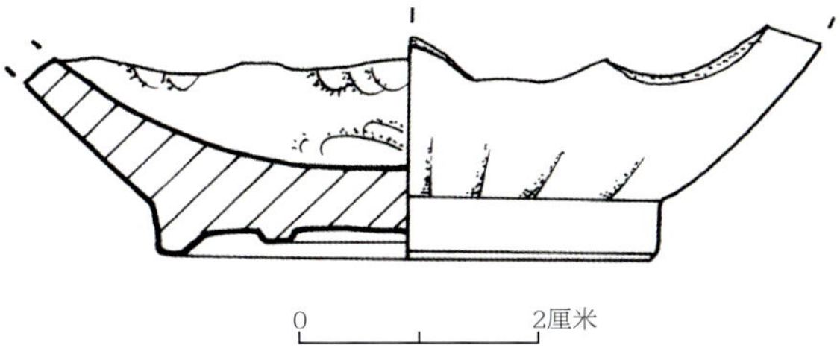

图282-2　宋龙泉窑盏（2012SPZ：57）

罐

标本2012SPZ：121，残件。平底，底心有圆形镂空，孔径7.8厘米。外腹壁有莲瓣纹。外底有墨书一行，字已漫漶不清。青釉，釉层厚实均匀。灰白胎。底径12厘米，残高3厘米（图283-1～3）。

壶

标本2012SPZ：118，残件。圈足。青釉，外底无釉，内底流釉。灰胎。底径7厘米，残高6.7厘米（图284-1、2）。

标本2012SPZ：119，残件。平底、外壁瓜棱形，内壁及内底有拉胚时留下的弦纹。青釉，外底无釉。底径5.8厘米，残高4.7厘米（图285-1～3）。

图283-1　宋龙泉窑罐（2012SPZ：121）

图283-2　宋龙泉窑罐（2012SPZ：121）

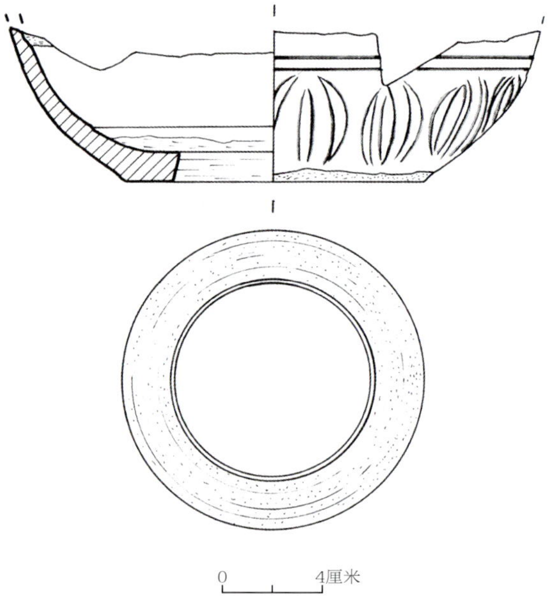

图283-3　宋龙泉窑罐（2012SPZ：121）

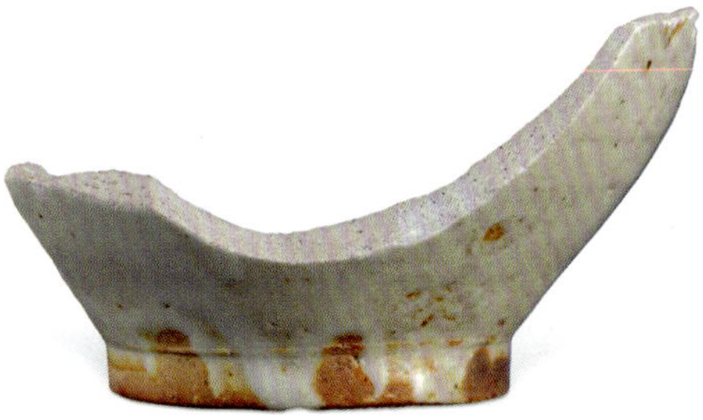

图284-1　宋龙泉窑壶（2012SPZ：118）

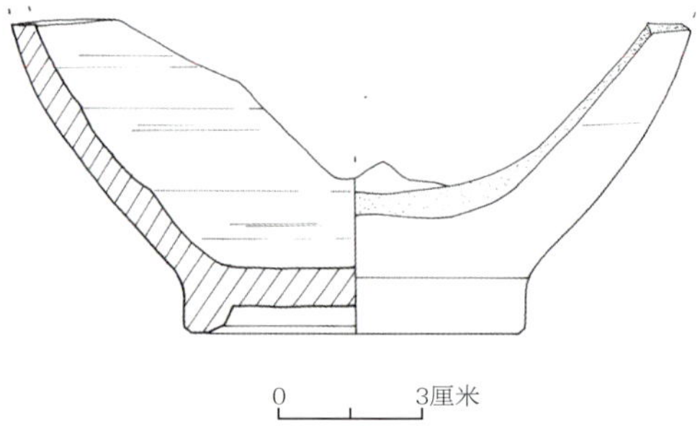

图284-2　宋龙泉窑壶（2012SPZ：118）

仿龙泉窑系，多为碗底。

标本2012SPZ：109，残件。弧腹，圈足，外底有墨书，残留一“视”字。青釉，外底心、内足墙无釉，足沿施釉不均。底径5.9厘米，残高3.5厘米（图286-1、2）。

标本2012SPZ：110，残件。圈足无釉，外下腹壁施釉不均。外下腹壁有篦划纹，内底有涩圈。足心和外下腹壁共有墨书3处，各一字，已漫漶不清，可看出字体相似。底径6.5厘米，残高3.4厘米（图287-1、2）。

图285-1　宋龙泉窑壶（2012SPZ：119）

图285-2　宋龙泉窑壶（2012SPZ：119）

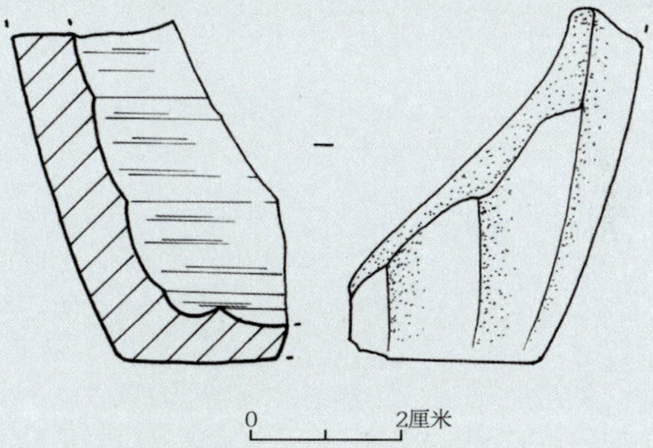

图285-3　宋龙泉窑壶（2012SPZ：119）

图286-1　宋仿龙泉窑系碗（2012SPZ：109）

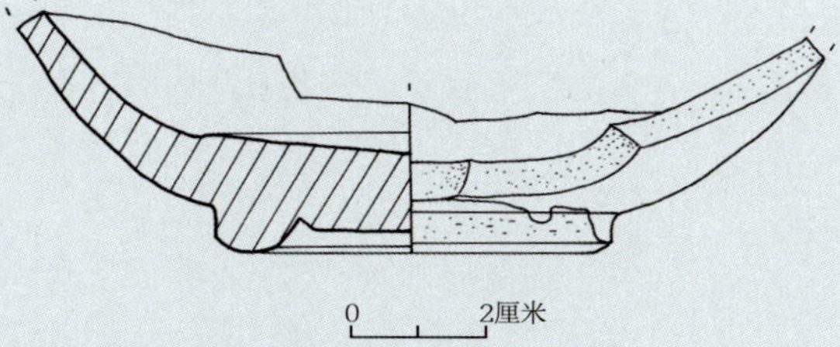

图286-2　宋仿龙泉窑系碗（2012SPZ：109）

图287-1　宋仿龙泉窑系碗（2012SPZ：110）

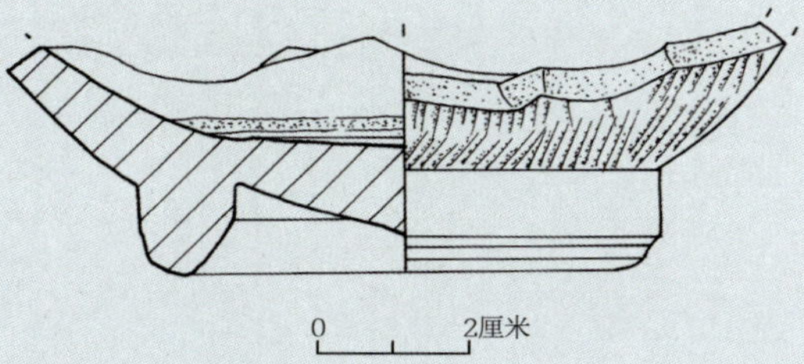

图287-2　宋仿龙泉窑系碗（2012SPZ：110）

标本2012SPZ：108，残件。弧腹，圈足，外下腹壁有篦纹，内底有涩圈。青釉泛黄。灰白胎。底径6.5厘米，残高2.2厘米（图288-1、2）。

标本2012SPZ：115，残件。外下腹壁有篦划纹，内壁刻划有花卉纹。青黄釉，圈足内无釉。灰胎。底径6厘米，残高3.5厘米（图289-1、2）。

（3）越窑系

越窑系器物少见，主要有碗、盘、盅等。

碗

标本2012SPZ：228，残件。弧腹，高圈足。内底有一圈弦纹和垫圈痕，内下腹壁刻细密篦划纹，外下腹壁刻宽篦纹。青釉，外下腹壁和底无釉。黄夹灰胎。底径5.8厘米，残高3.5厘米（图290-1～3）。

图288-1　宋仿龙泉窑系碗（2012SPZ：108）

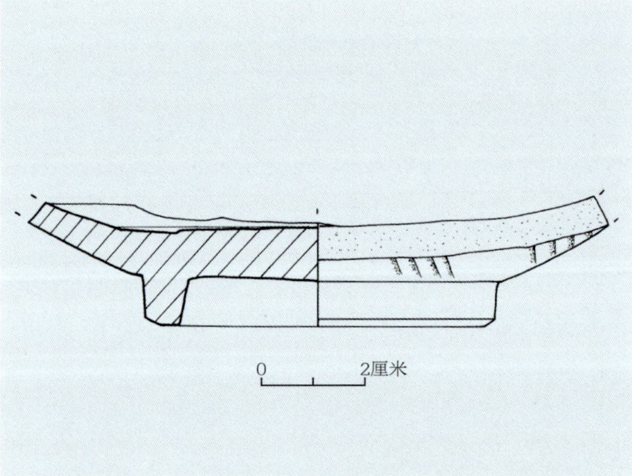

图288-2　宋仿龙泉窑系碗（2012SPZ：108）

图289-1　宋仿龙泉窑系碗（2012SPZ：115）

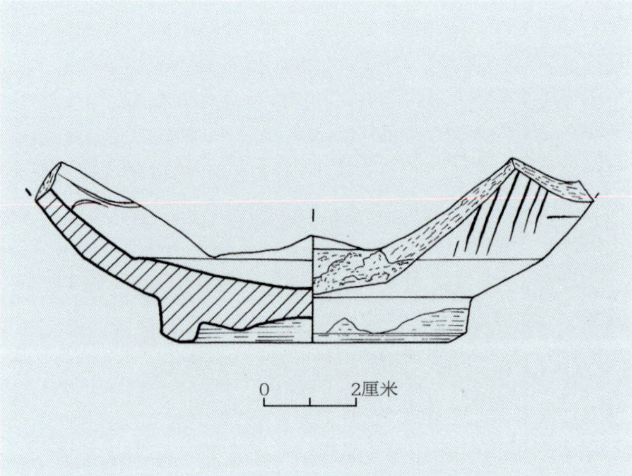

图289-2　宋仿龙泉窑系碗（2012SPZ：115）

盘

标本2012SPZ：229，残件。圈足，外底有支烧痕。青釉泛黄。灰胎。底径7厘米，残高1.7厘米（图291-1～3）。

盅

标本2012SPZ：136，残片。直口，弧腹。青釉。灰白胎。残高4厘米（图292）。

图290-1　宋越窑系碗（2012SPZ：228）

图290-2　宋越窑系碗（2012SPZ：228）

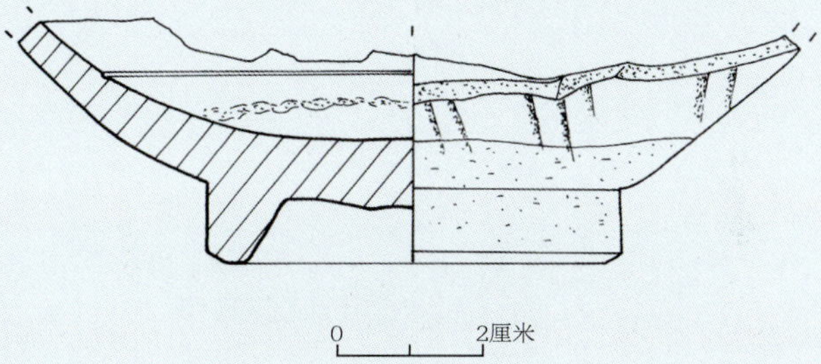

图290-3　宋越窑系碗（2012SPZ：228）

图291-1　宋越窑系盘底（2012SPZ：229）

图291-2　宋越窑系盘底（2012SPZ：229）

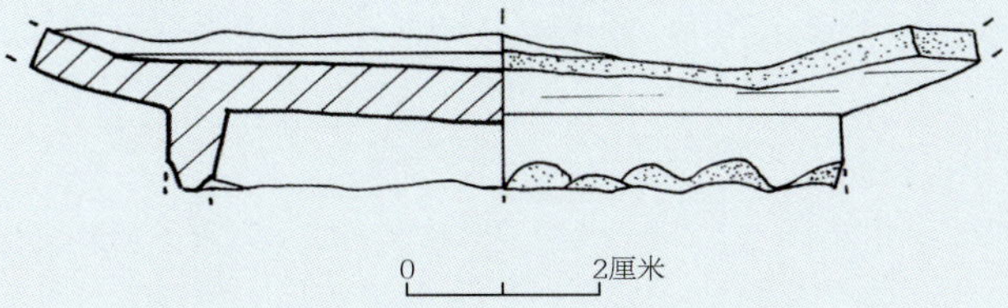

图291-3　宋越窑系盘底（2012SPZ：229）

图292　宋越窑系盅片（2012SPZ：136）

2. 青白釉

有碗、盏、盘、罐、瓶和钵等，主要为景德镇窑系。

碗

根据圈足及腹部分为两型。

A型，圈足较矮，内底宽平。青白釉，白胎，胎薄。

标本2012SPZ：125，残件。内底宽平，直圈足，足沿和足心无釉，外足壁和外下腹壁施釉不均。白胎。底径6厘米，残高1.5厘米（图293-1、2）。

标本2012SPZ：128，残件。内底宽平，有一圈弦纹。圈足足沿平整。足沿和足心无釉。白胎。底径5.6厘米，残高1厘米（图294-1、2）。

标本2012SPZ：129，残件。内底宽平，有印花。圈足沿及足心无釉。白胎细腻。底径4.9厘米，残高0.9厘米（图295-1、2）。

图293-1 宋青白瓷A型碗（2012SPZ：125）

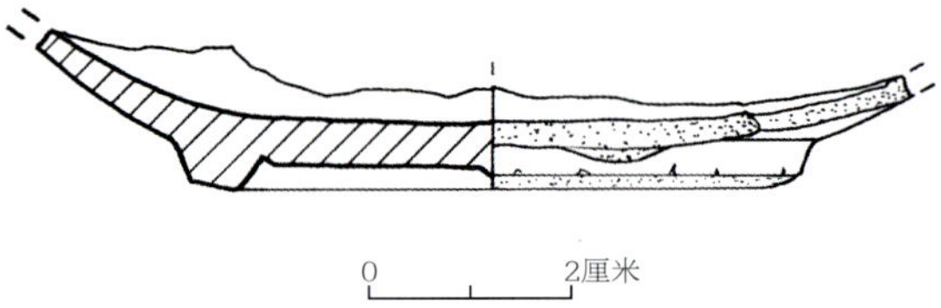

图293-2 宋青白瓷A型碗（2012SPZ：125）

图294-1 宋青白瓷A型碗（2012SPZ：128）

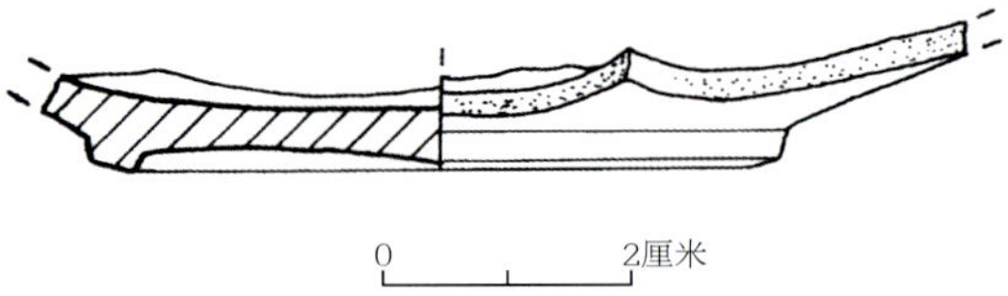

图294-2 宋青白瓷A型碗（2012SPZ：128）

图295-1 宋青白瓷A型碗（2012SPZ：129）

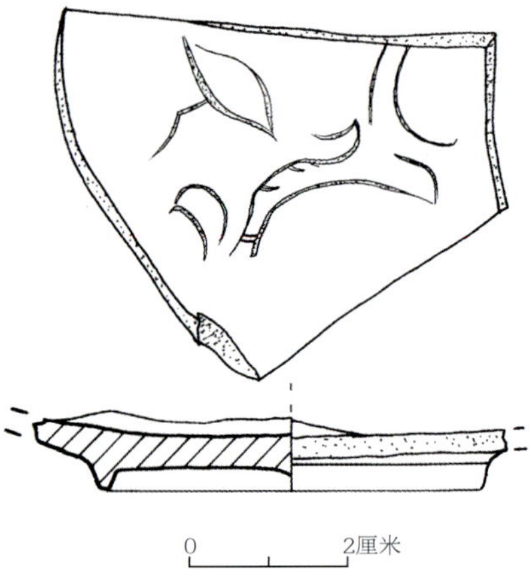

图295-2 宋青白瓷A型碗（2012SPZ：129）

B型，圈足较高，弧腹。青白釉，白胎。

标本2012SPZ：298，残件。圈足壁外直内斜削，足沿平整。内底与腹壁交界处一圈弦纹。白胎细腻。底径6.4厘米，残高2.4厘米（图296-1、2）。

标本2012SPZ：124，残件。内底有一圈弦纹。圈足壁外直内斜收，足心鼓起一凸钉。底径5.8厘米，残高2厘米（图297-1、2）。

标本2012SPZ：132，残件。圈足足沿施釉不均，足内壁内凹，足底粘砂。底径7.2厘米，残高2.5厘米（图298-1、2）。

图296-1　宋青白瓷B型碗（2012SPZ：298）

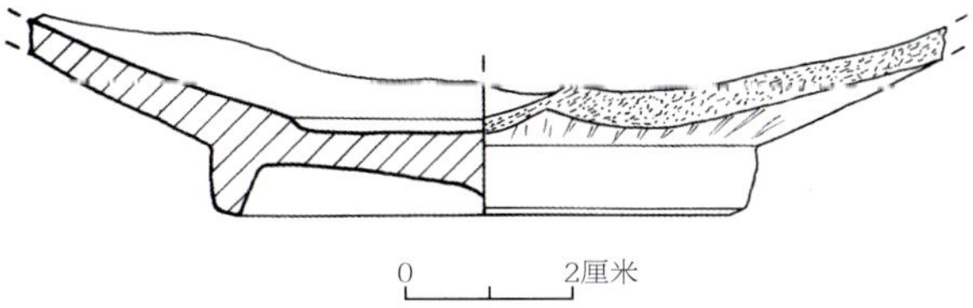

图296-2　宋青白瓷B型碗（2012SPZ：298）

图297-1　宋青白瓷B型碗（2012SPZ：124）

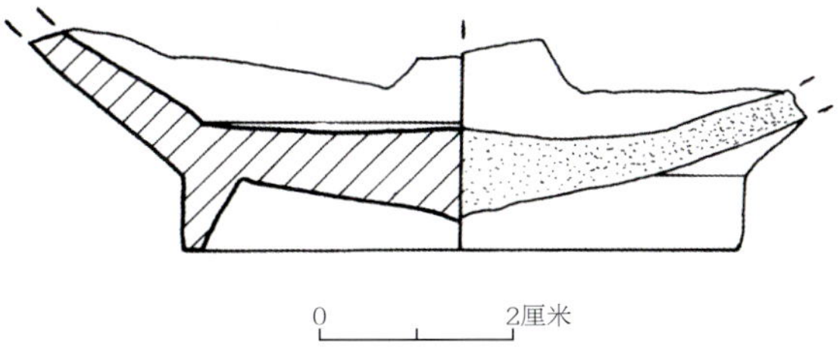

图297-2　宋青白瓷B型碗（2012SPZ：124）

图298-1　宋青白瓷B型碗（2012SPZ：132）

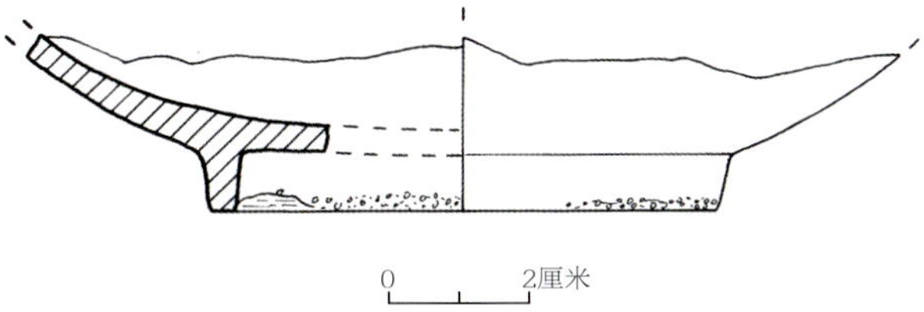

图298-2　宋青白瓷B型碗（2012SPZ：132）

标本2012SPZ：301，残件。内底有一圈弦纹。圈足壁外直内斜收。底径4.4厘米，残高3厘米（图299-1、2）。

盏

标本2012SPZ：127，残件。斜腹，假圈足，素面。青白釉，底无釉。白胎微泛灰。底径3厘米，残高 1.2厘米（图300-1、2）。

盘

标本2012SPZ：295，残件。折腹，圈足，素面。青白釉，白胎。底径5.5厘米，残高1.7厘米（图301-1、2）。

图299-1　宋青白瓷B型碗（2012SPZ：301）

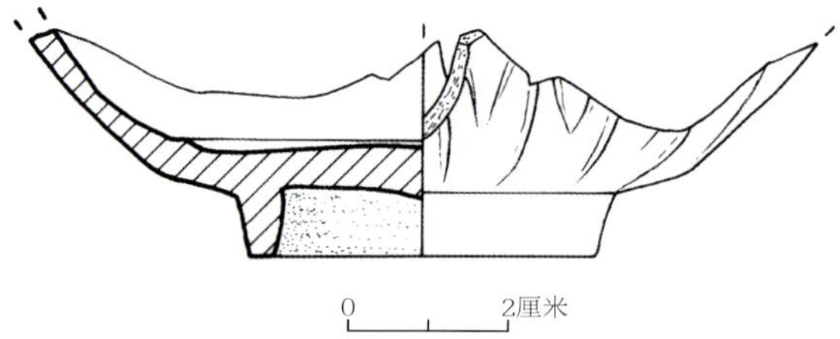

图299-2　宋青白瓷B型碗（2012SPZ：301）

图300-1　宋青白瓷盏（2012SPZ：127）

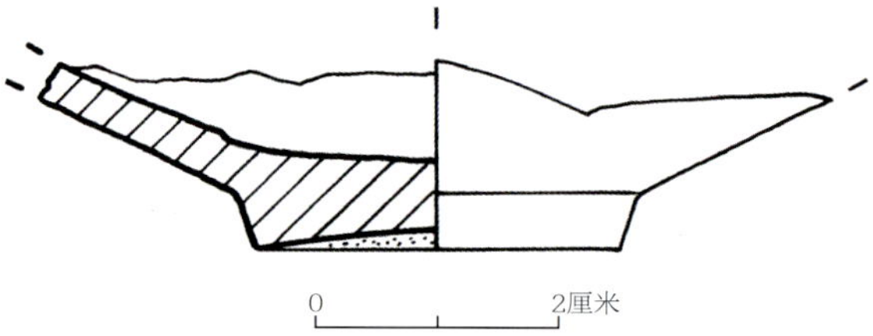

图300-2　宋青白瓷盏（2012SPZ：127）

图301-1　宋青白瓷盘（2012SPZ：295）

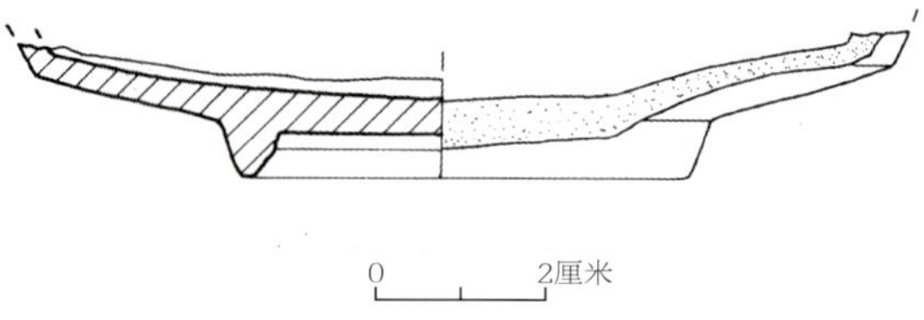

图301-2　宋青白瓷盘（2012SPZ：295）

标本2012SPZ：296，残件。折腹，圈足内无釉，素面。青白釉，白胎。底径5厘米，残高1.7厘米（图302-1、2）。

钵

标本2012SPZ：131，残件。薄胎，平底。青白釉，外底施釉不均，灰白胎。底径7.3厘米，残高0.7厘米（图303-1、2）。

盖，可复原完整1件。

标本2012SPZ：130，可复原完整。弧顶，子口。盖沿及盖内无釉，外口沿无釉。灰白胎。口径11厘米，高3厘米（图304-1、2）。

图302-1 宋青白瓷盘（2012SPZ：296）

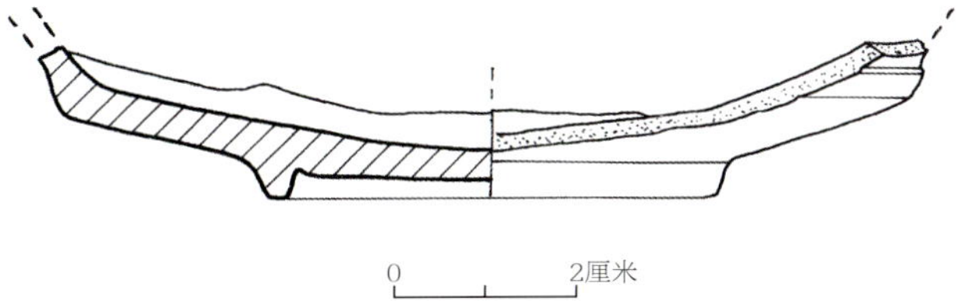

图302-2 宋青白瓷盘（2012SPZ：296）

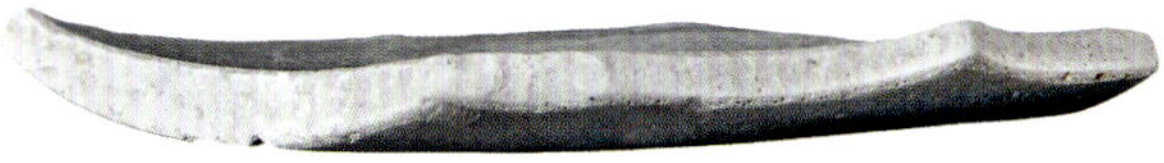
图303-1 宋青白瓷钵（2012SPZ：131）

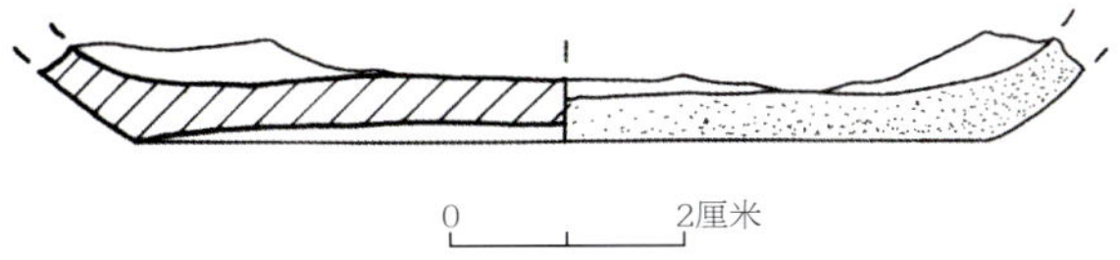

图303-2 宋青白瓷钵（2012SPZ：131）

图304-1 宋青白瓷壶盖（2012SPZ：130）

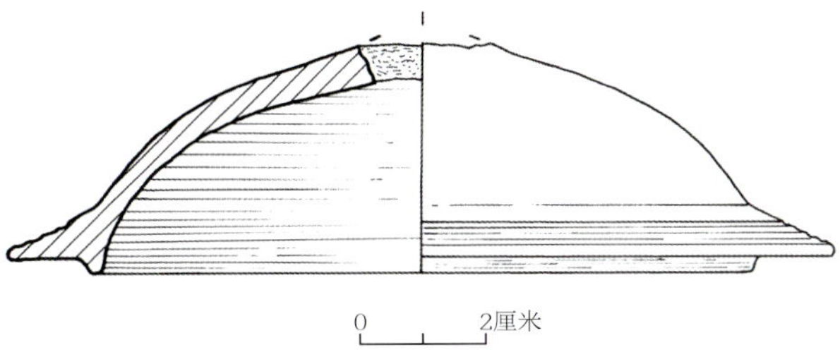

图304-2 宋青白瓷壶盖（2012SPZ：130）

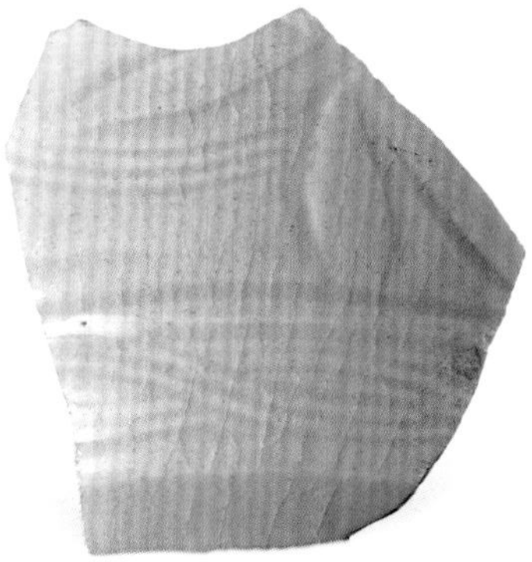

图305-1　宋青白瓷瓶（2012SPZ：134）

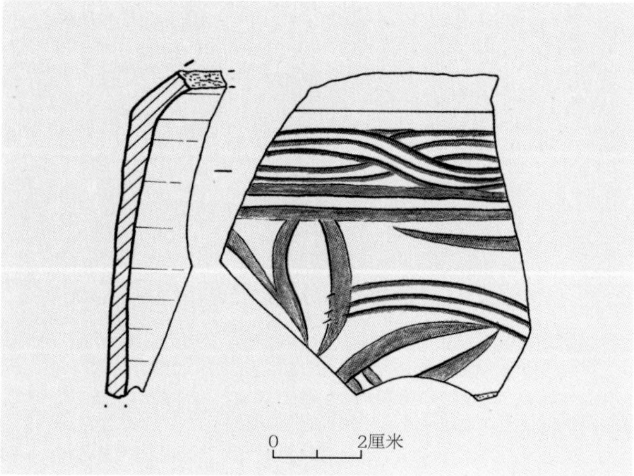

图305-2　宋青白瓷瓶（2012SPZ：134）

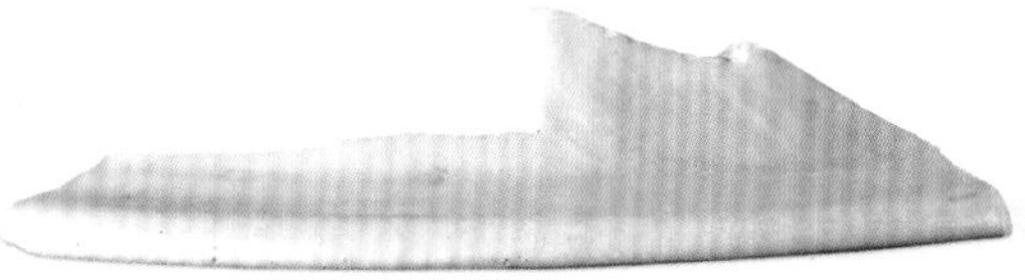

图306-1　宋青白瓷残片（2012SPZ：297）

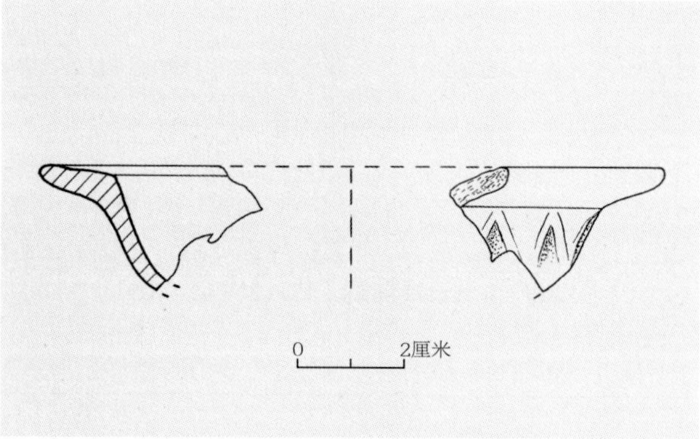

图306-2　宋青白瓷残片（2012SPZ：297）

瓶

标本2012SPZ：134，残片。折肩，外腹壁刻绞索纹和莲花纹。青白釉，内外施釉，白胎。残高7.5厘米（图305-1、2）。

碎片

标本2012SPZ：297，残片。宽口沿，腹壁莲瓣纹。白胎。口径12厘米，残高2.4厘米（图306-1、2）。

3. 黑釉、酱釉

碗

标本2012SPZ：151，残件。酱釉。弧腹，小圈足较浅，内底心与腹壁交接明显。外下腹壁及底无釉。红胎偏灰。底径4.5厘米，残高2.5厘米（图307-1～3）。

标本2012SPZ：155，残件。酱釉。弧腹，大圈足，足沿外侧斜削，修足工整。内底有涩圈。外下腹壁及底无釉，红胎偏灰。底径8厘米，残高2.2厘米（图308-1～3）。

标本2012SPZ：257，残件。砖红色，系窑变所致。弧腹，内底宽平。

大圈足，足沿外侧斜削，修足工整。底径8.6厘米，残高3厘米（图309-1～3）。

图307-1　宋酱釉碗（2012SPZ：151）

图307-2　宋酱釉碗（2012SPZ：151）

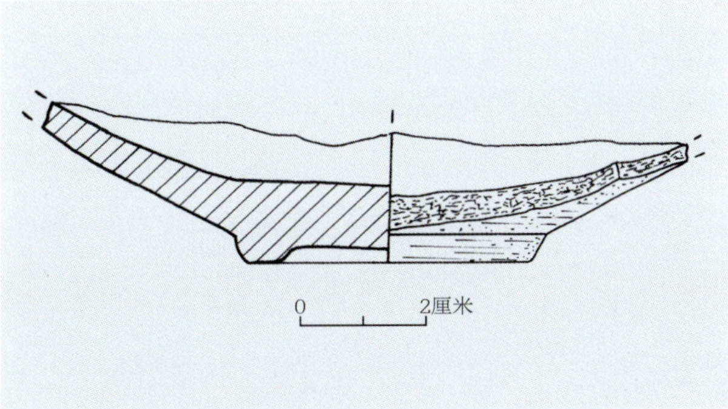

图307-3　宋酱釉碗（2012SPZ：151）

图308-1　宋酱釉碗（2012SPZ：155）

图308-2　宋酱釉碗（2012SPZ：155）

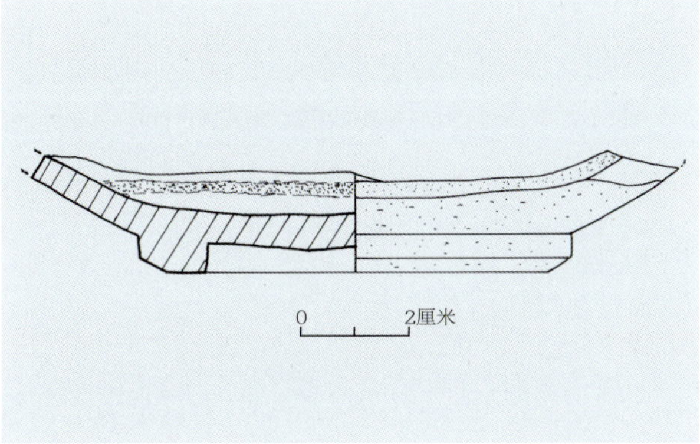

图308-3　宋酱釉碗（2012SPZ：155）

标本2012SPZ：258，残件。砖红色，系窑变所致。弧腹，大圈足。底径7.8厘米，残高2厘米（图310-1、2）。

图309-1　宋酱釉碗（2012SPZ：257）

盘

可复原完整1件。标本2012SPZ：150，可复原完整。酱釉。撇口，弧腹斜收，大圈足，足沿斜削，修足工整。内底有涩圈。外下腹壁和底无釉。红胎偏灰。高3.7厘米，口径17.3厘米，底径8.4厘米（图311-1、2）。

图309-2　宋酱釉碗（2012SPZ：257）

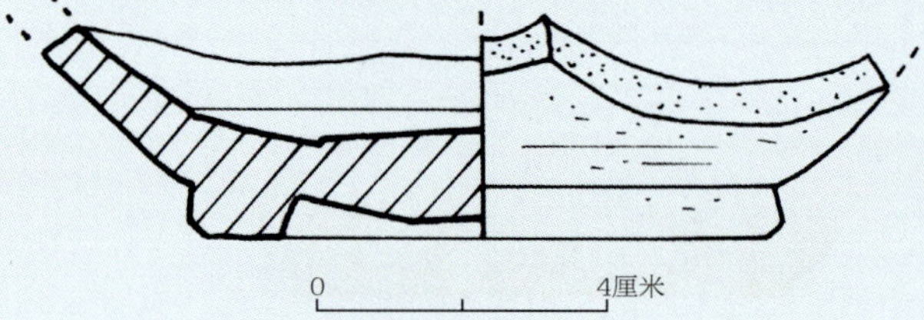

图309-3　宋酱釉碗（2012SPZ：257）

图310-1　宋酱釉碗（2012SPZ：258）

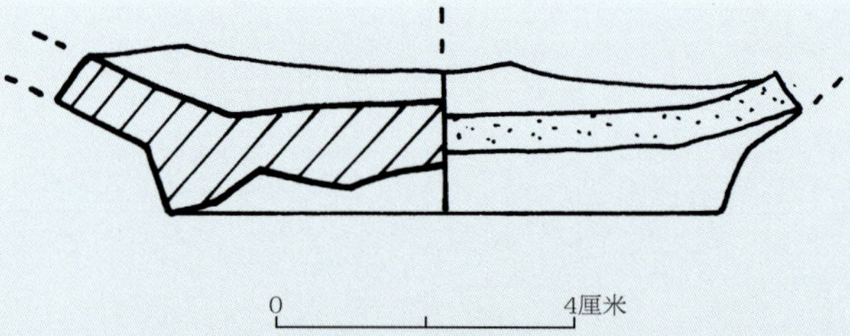

图310-2　宋酱釉碗（2012SPZ：258）

图311-1　宋酱釉盘（2012SPZ：150）

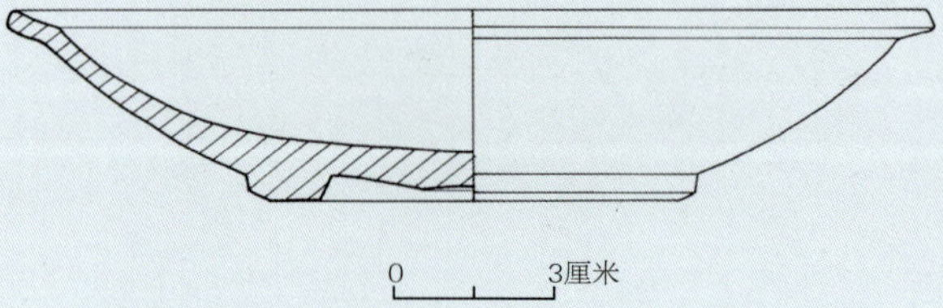

图311-2　宋酱釉盘（2012SPZ：150）

盏

根据圈足形态，分为凸底内凹和圈足两型。

A型，凸底内凹。

标本2012SPZ：152，残件。黑釉，外下腹壁和底无釉，灰胎。内底心窄小。底径4厘米，残高2厘米（图312-1、2）。

标本2012SPZ：156，酱釉，外下腹壁和底无釉，灰胎。足沿斜削，内底心窄小。底径3.5厘米，残高2.8厘米（图313-1、2）。

B型，圈足。酱釉或黑釉，外下腹壁和底无釉或施釉不均，部分有窑变。灰胎或灰胎偏黄。可复原完整1件。

标本2012SPZ：153，可复原完整。酱釉，灰白胎，外下腹壁和底无釉，敞口，下腹斜收，内底心窄小。高4.7厘米，口径11.2厘米，底径3.5厘米（图314-1、2）。

图312-1　宋黑釉A型盏（2012SPZ：152）

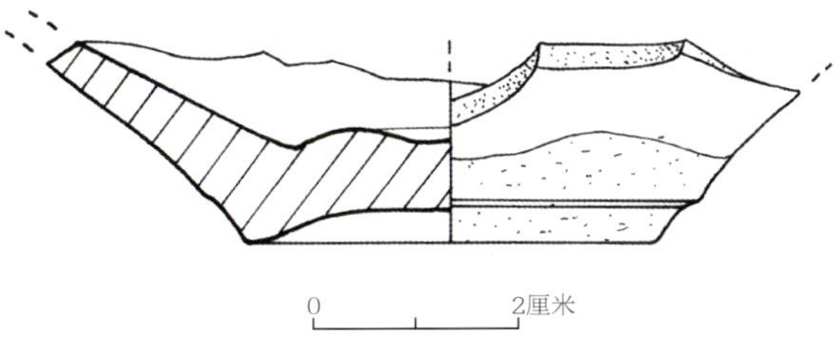

图312-2　宋黑釉A型盏（2012SPZ：152）

图313-1　宋酱釉A型盏（2012SPZ：156）

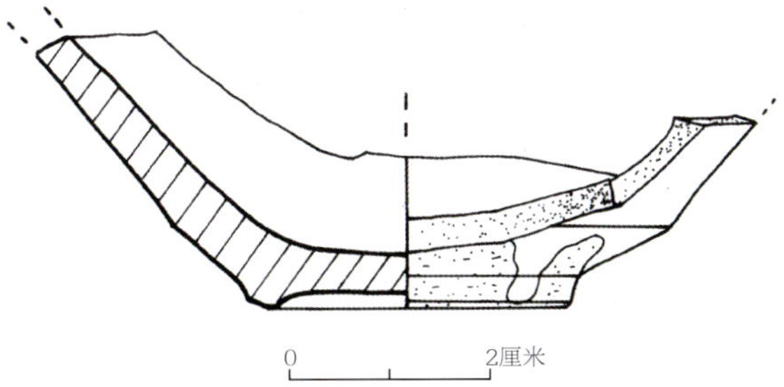

图313-2　宋酱釉A型盏（2012SPZ：156）

图314-1　宋酱釉B型盏（2012SPZ：153）

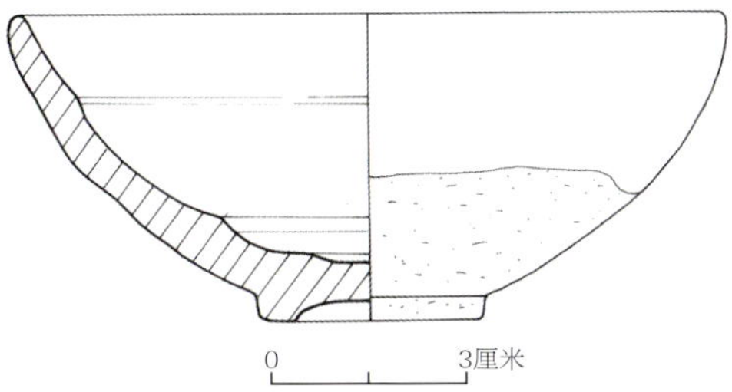

图314-2　宋酱釉B型盏（2012SPZ：153）

标本2012SPZ：146，残件。黑釉，灰白胎，外下腹壁和底无釉，内底心窄小。底径4.8厘米，残高3.5厘米（图315-1、2）。

盏沿

标本2012SPZ：158，黑釉。敛口，外下腹壁无釉，红胎偏黄。残高4厘米，残宽3厘米（图316-1、2）。

碟

酱釉。大口圆唇，浅斜腹，小平底。可复原完整5件。

标本2012SPZ：147，可复原完整。酱釉，砖红胎。厚圆唇，小平底微内凹。高3.1厘米，口径10.5厘米，底径3.7厘米（图317-1、2）。

图315-1　宋黑釉B型盏（2012SPZ：146）

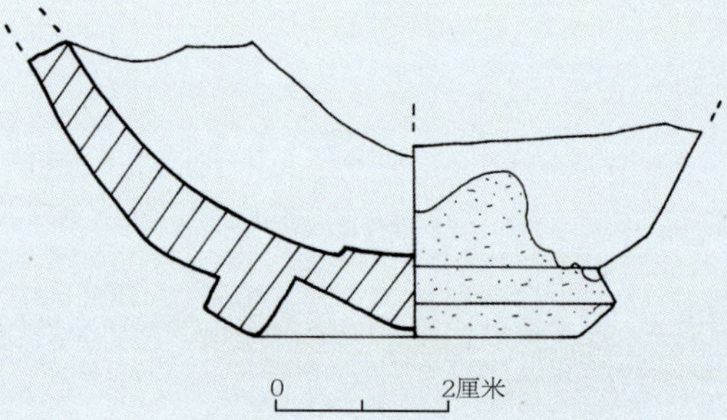

图315-2　宋黑釉B型盏（2012SPZ：146）

图316-1　宋黑釉盏沿（2012SPZ：158）

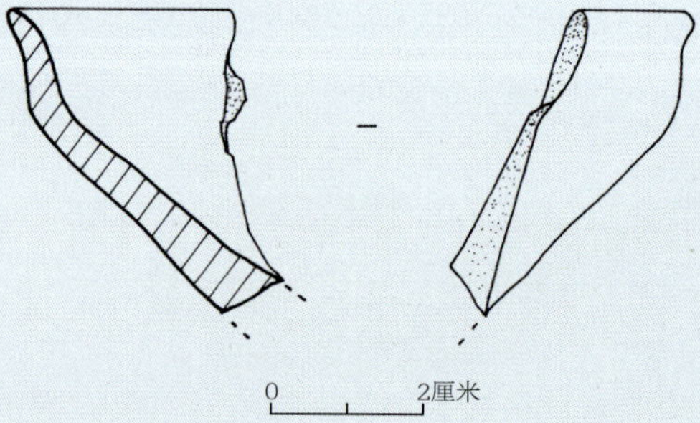

图316-2　宋黑釉盏沿（2012SPZ：158）

图317-1　宋酱釉碟（2012SPZ：147）

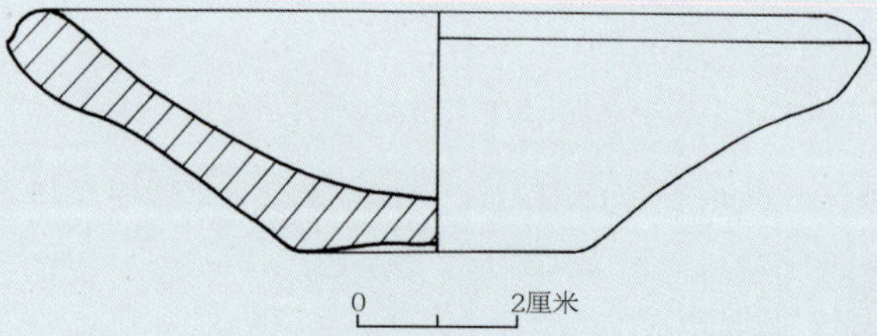

图317-2　宋酱釉碟（2012SPZ：147）

标本2012SPZ：149，可复原完整。小平底微内凹。高3.4厘米，口径10.2厘米，底径3.3厘米（图318-1、2）。

标本2012SPZ：145，可复原完整。高3厘米，口径10.2厘米，底径4厘米（图319-1、2）。

标本2012SPZ：154，可复原完整。高3厘米，口径10.9厘米，底径3.5厘米（图320-1、2）。

标本2012SPZ：148，可复原完整。高3.2厘米，口径11厘米，底径3.8厘米（图321-1、2）。

图318-1　宋酱釉碟（2012SPZ：149）

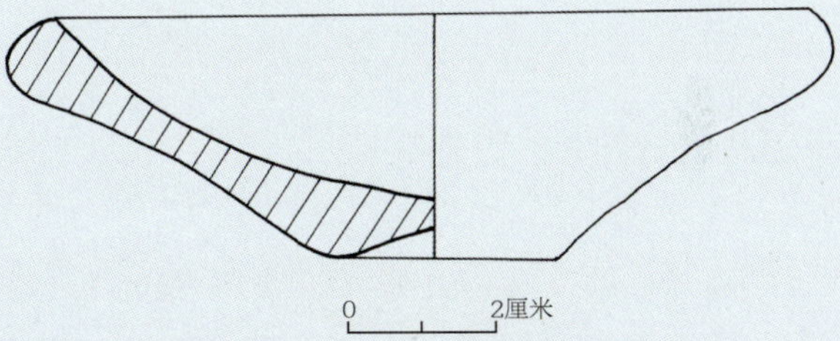

图318-2　宋酱釉碟（2012SPZ：149）

图319-1　宋酱釉碟（2012SPZ：145）

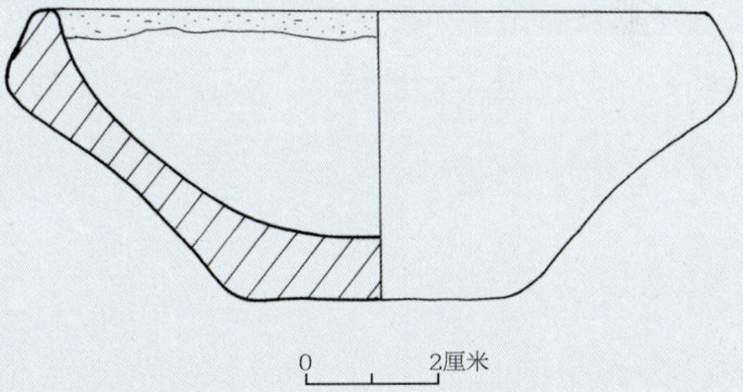

图319-2　宋酱釉碟（2012SPZ：145）

图320-1　宋酱釉碟（2012SPZ：154）

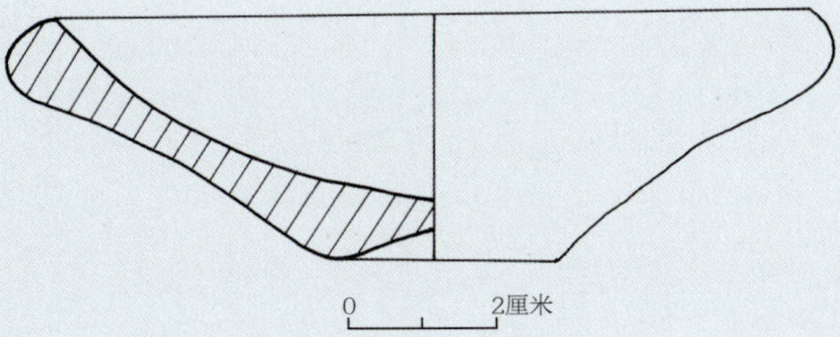

图320-2　宋酱釉碟（2012SPZ：154）

罐

2012SPZ：160，罐口残片。褐釉，灰白胎。撇口。残高8厘米（图322-1、2）。

钵

标本2012SPZ：249，残件。砖红色，系窑变所致。弧腹，平底微内凹。底径8.7厘米，残高3.2厘米（图323-1、2）。

图321-1　宋酱釉碟（2012SPZ：148）

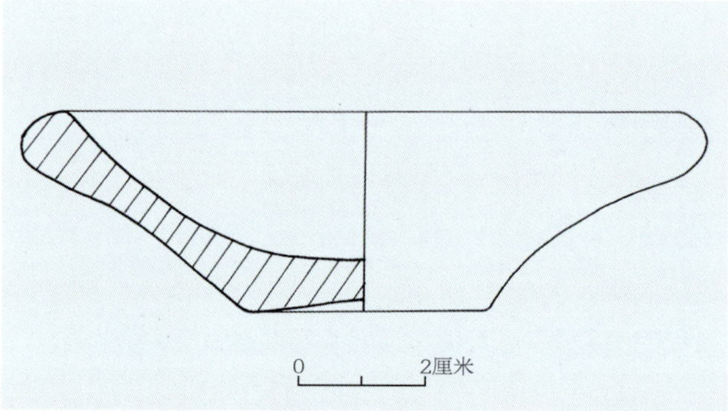

图321-2　宋酱釉碟（2012SPZ：148）

图322-1　宋酱釉罐片（2012SPZ：160）

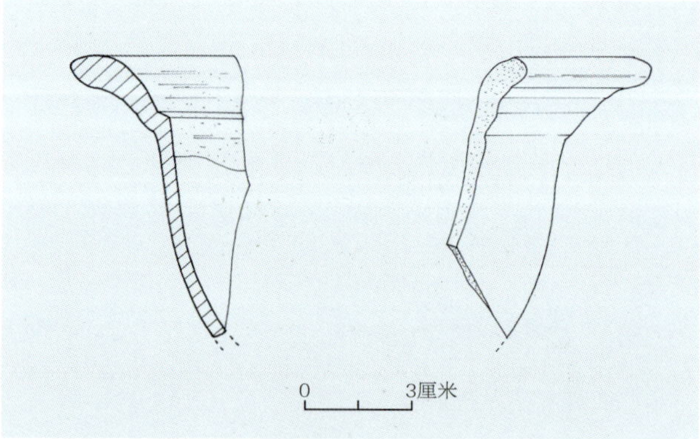

图322-2　宋酱釉罐片（2012SPZ：160）

图323-1　宋酱釉钵（2012SPZ：249）

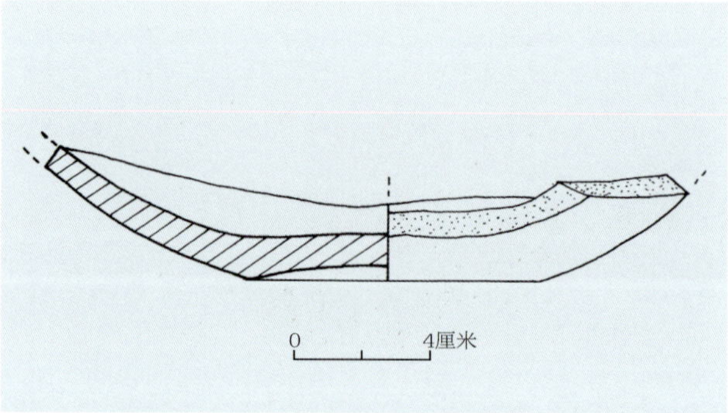

图323-2　宋酱釉钵（2012SPZ：249）

4．白地黑花

数量较少，有碗、盆等。

碗

敞口，弧腹，直圈足。足沿宽平，修足工整。白地黑花，外下腹壁及底无釉，黄胎。可复原完整1件。

标本2012SPZ：141，可复原完整。敞口外撇，内腹绘有两圈褐釉弦纹，内底有支烧痕及褐色花纹，外底有黑釉斑。高8.5厘米，口径23厘米，底径9.5厘米（图324-1、2）。

标本2012SPZ：138，残件。弧腹，圈足。白釉，外底及外下腹壁无釉。内底绘褐釉纹饰。底径7厘米，残高5.2厘米（图325-1、2）。

图324-1　宋白地黑花瓷碗（2012SPZ：141）

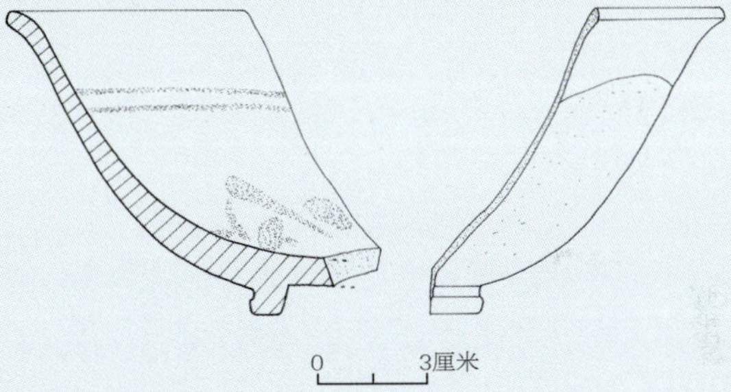

图324-2　宋白地黑花瓷碗（2012SPZ：141）

图325-1　宋白地黑花瓷碗（2012SPZ：138）

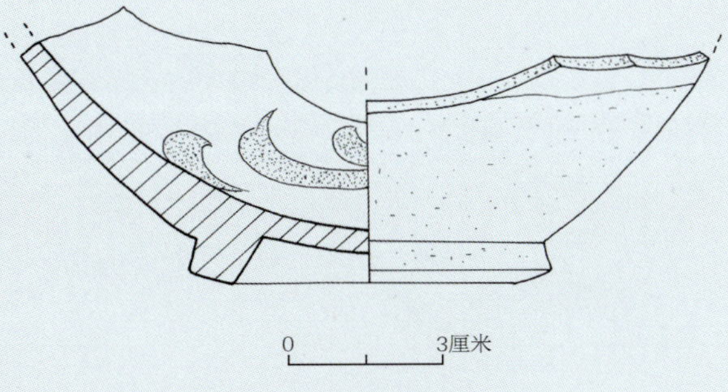

图325-2　宋白地黑花瓷碗（2012SPZ：138）

标本2012SPZ：137，残件。弧腹，圈足。白釉，外底及外下腹壁无釉，内底有支烧痕。内腹壁一圈弦纹。底径5厘米，残高3.5厘米（图326-1～3）。

标本2012SPZ：140，残件。弧腹，圈足较高，内底绘褐釉纹饰。底径7.7厘米，残高5厘米（图327-1～3）。

图326-1　宋白地黑花瓷碗（2012SPZ：137）

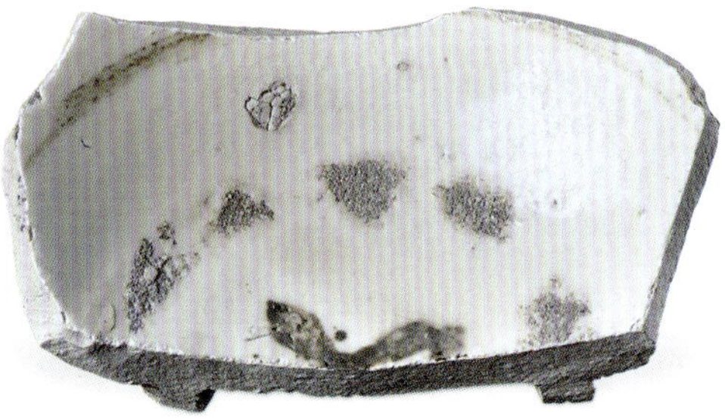

图326-2　宋白地黑花瓷碗（2012SPZ：137）

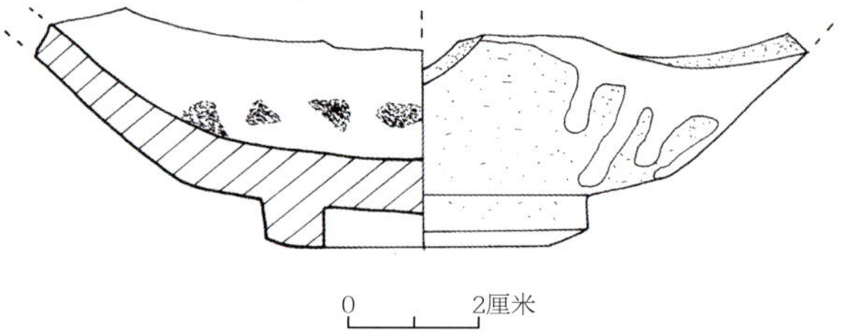

图326-3　宋白地黑花瓷碗（2012SPZ：137）

图327-1　宋白地黑花瓷碗（2012SPZ：140）

图327-2　宋白地黑花瓷碗（2012SPZ：140）

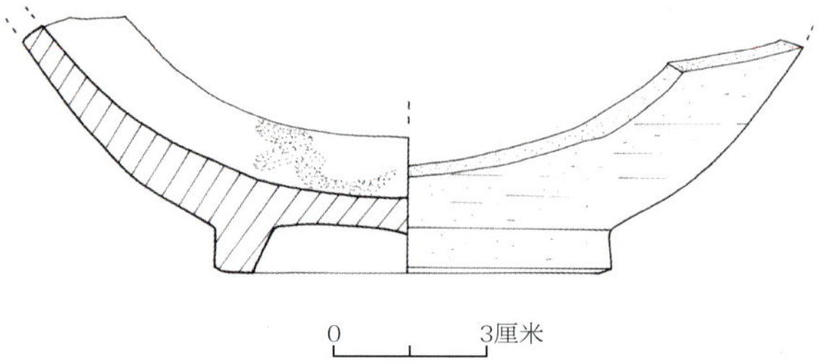

图327-3　宋白地黑花瓷碗（2012SPZ：140）

图328-1　宋白地黑花瓷碗（2012SPZ：142）

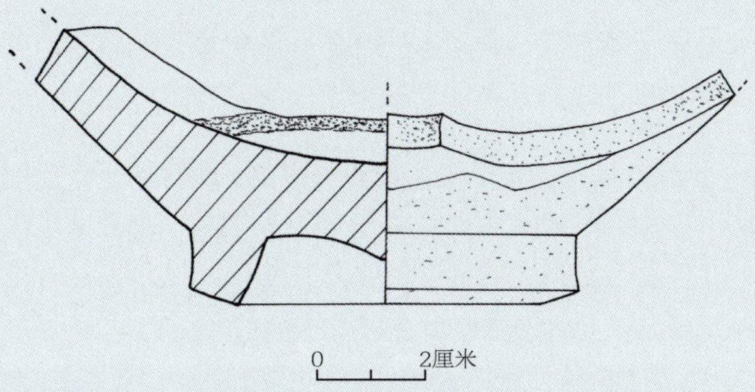

图328-2　宋白地黑花瓷碗（2012SPZ：142）

图329-2　宋白地黑花瓷盆（2012SPZ：139）

图329-1　宋白地黑花瓷盆（2012SPZ：139）

标本2012SPZ：142，残件。圈足较高。底径7.2厘米，残高4.5厘米（图328-1、2）。

盆

白地黑花，黄胎，厚胎。

标本2012SPZ：139，盆口残片。宽翻卷沿，上沿绘弦纹，内壁绘弦纹和竖条纹。残高9.5厘米（图329-1～3）。

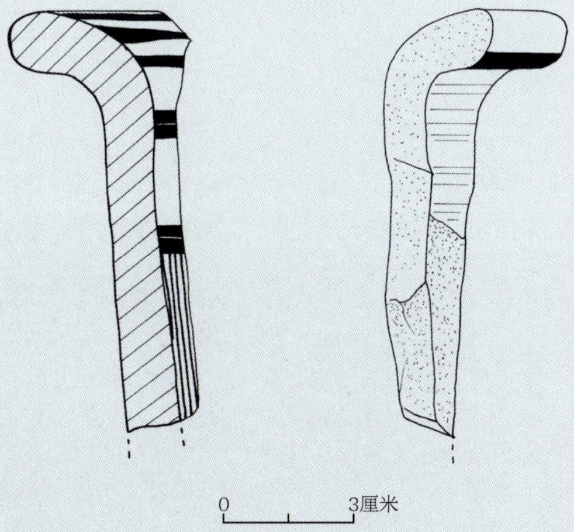

图329-3　宋白地黑花瓷盆（2012SPZ：139）

标本2012SPZ：144，盆口残片。翻卷沿，上沿绘4周弦纹，内腹壁绘弦纹和花卉纹。残高8.3厘米（图330-1～3）。

标本2012SPZ：143，盆底残片。平底，外下腹壁和底无釉，内腹及底绘水草及网格纹。残高5.7厘米（图331-1、2）。

标本2012SPZ：299，盆底残片。平底，内壁有花纹。残高3厘米（图332-1、2）。

标本2012SPZ：300，残片。外壁黑褐色釉，内壁灰白色釉，上画灰色条纹。残高17厘米，残宽8.5厘米（图333-1、2）。

图330-1　宋白地黑花瓷盆（2012SPZ：144）

图330-2　宋白地黑花瓷盆（2012SPZ：144）

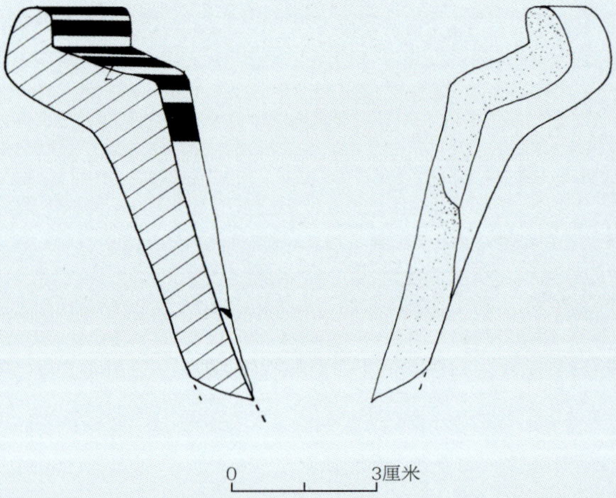

图330-3　宋白地黑花瓷盆（2012SPZ：144）

图331-1　宋白地黑花瓷盆（2012SPZ：143）

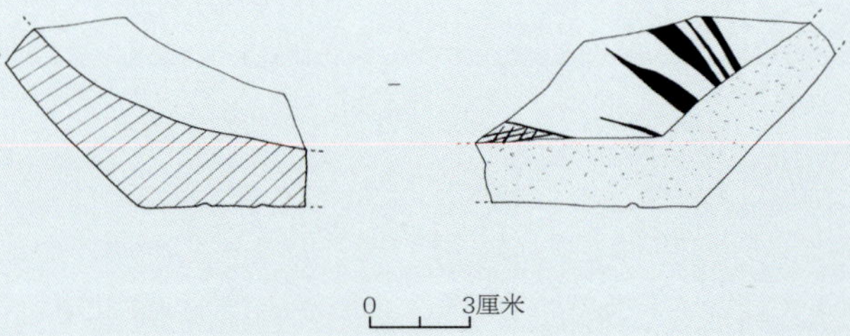

图331-2　宋白地黑花瓷盆（2012SPZ：143）

图332-1　宋白地黑花瓷盆（2012SPZ：299）

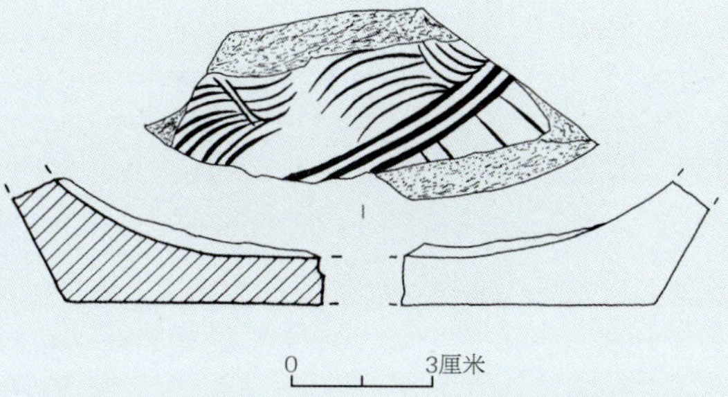

图332-2　宋白地黑花瓷盆（2012SPZ：299）

图333-1　宋白地黑花瓷盆（2012SPZ：300）

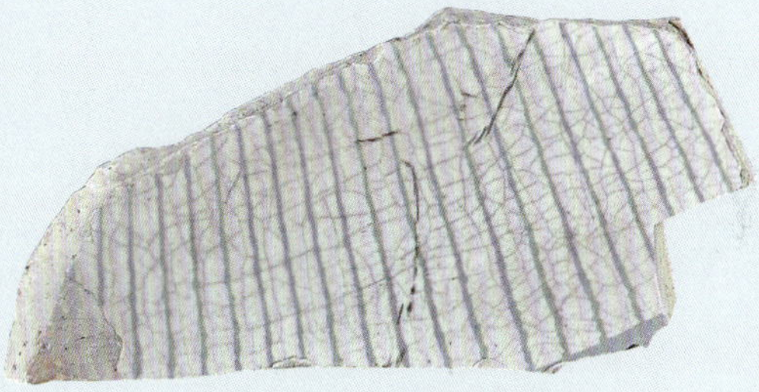

图333-2　宋白地黑花瓷盆（2012SPZ：300）

（三）　元代

遗址中出土的元代遗物种类丰富，有瓷器、釉陶器、陶器、建筑构件砖瓦、石器等。下面按遗物种类分别介绍。

1．瓷器

绝大多数为青釉瓷，个别为黑釉瓷。

（1）青釉瓷

碗

可复原完整3件。

标本2012SPZ：245，复原完整。敞口，厚圆唇，弧腹，小圈足。青黄釉，内底与外底无釉。灰胎。高4.6厘米，口径12.2厘米，底径4.2厘米（图334-1、2）。

图334-1　元青釉碗（2012SPZ：245）

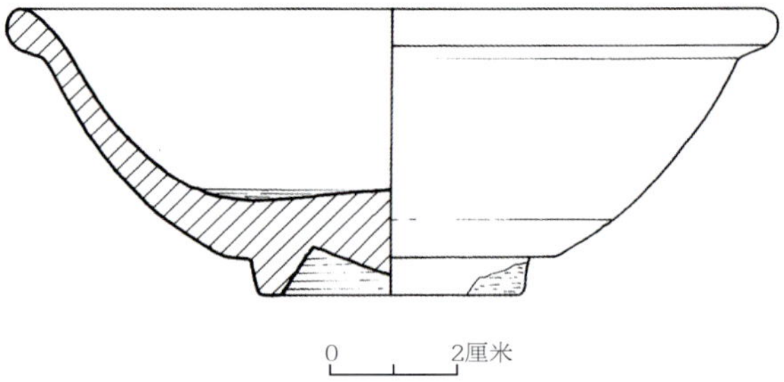

图334-2　元青釉碗（2012SPZ：245）

图335-1　元青釉碗（2012SPZ：244）

图335-2　元青釉碗（2012SPZ：244）

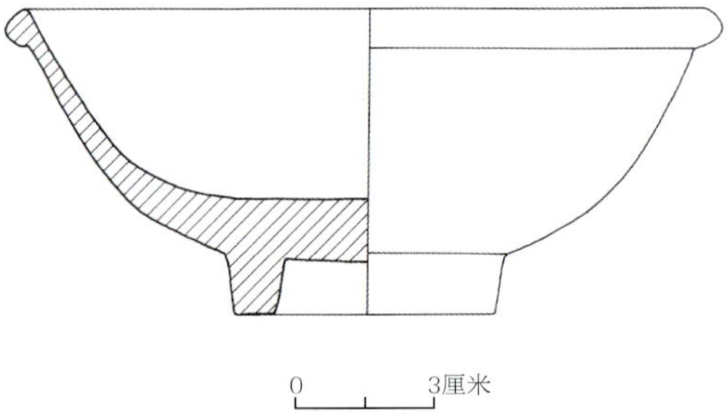

图335-3　元青釉碗（2012SPZ：244）

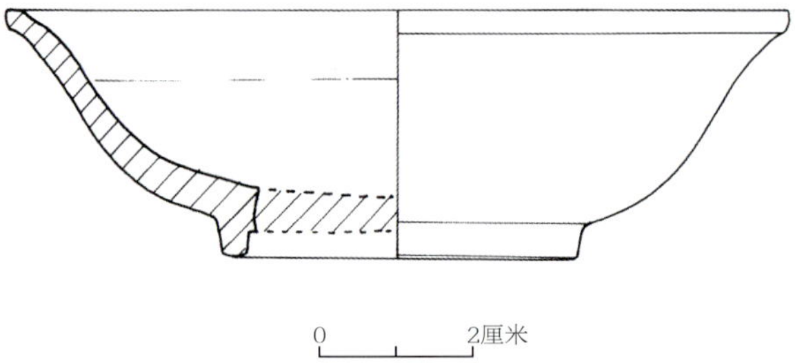

图336　元龙泉窑碗（2012SPZ：240）

标本2012SPZ：244，可复原完整。敞口，厚圆唇，弧腹，高圈足，足沿较宽。青黄釉，内底与外底无釉。灰胎。高6.2厘米，口径15.3厘米，底径5.6厘米（图335-1～3）。

标本2012SPZ：240，可复原完整。敞口，斜弧腹，圈足平沿。青绿釉，釉色莹润，有玻璃光泽。白胎细腻。高3.9厘米，口径12.1厘米，底径5.5厘米（图336）。

标本2012SPZ：246，残件。弧腹，高圈足，足沿较宽，内底有弦纹。青釉，黄胎较厚。底径5.8厘米，残高3.3厘米（图337-1、2）。

标本2006SPZ：20，龙泉窑碗残件。弧腹斜收，直圈足。青釉泛绿，釉泽光亮。白胎。残高5.7厘米，底径7厘米（图338-1、2）。

标本2006SPZ：16，龙泉窑八思巴文碗底，残件。内底有八思巴文戳记，戳记略呈正方形，边长2.2厘米。底径6厘米，残高1.2厘米（图339-1、2）。

图337-1　元青釉碗（2012SPZ：246）

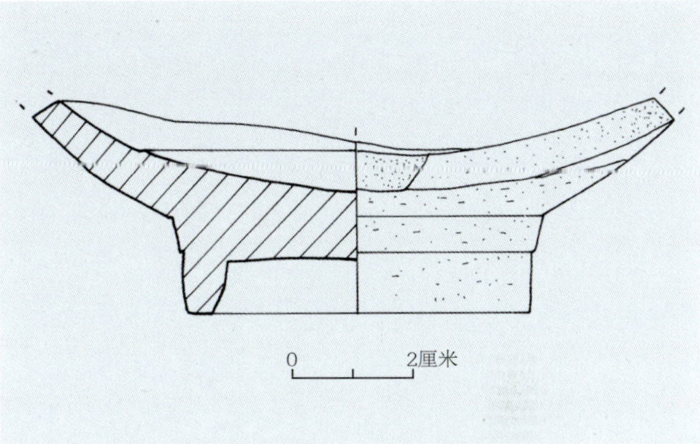

图337-2　元青釉碗（2012SPZ：246）

图338-1　元龙泉窑碗（2006SPZ：20）

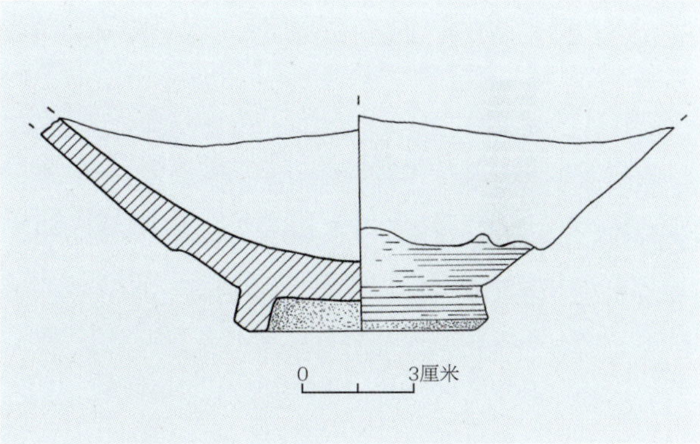

图338-2　元龙泉窑碗（2006SPZ：20）

图339-1　元龙泉窑八思巴文碗底（2006SPZ：16）

图339-2　元龙泉窑八思巴文碗底（2006SPZ：16）

标本2012SPZ：100，龙泉窑碗底。直圈足，足沿及足内壁无釉。青绿釉，釉泽光亮，有玻璃质感。白胎，质细腻。底径5.8厘米，残高2.6厘米（图340-1、2）。

标本2012SPZ：99，龙泉窑碗残片。弧腹，直圈足，足沿较宽，足心无釉。内壁一圈弦纹。底径5.8厘米，残高5.5厘米（图341-1、2）。

盘

标本2006SPZ：39，龙泉窑系盘，复原完整。宽折沿，弧腹，直圈足。青釉泛黄，灰胎。高3.6厘米，口径12.6厘米，底径5.4厘米（图342-1、2）。

图340-1　元龙泉窑碗（2012SPZ：100）

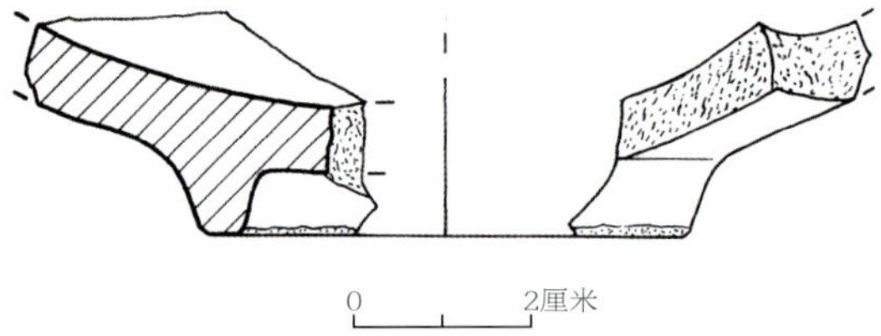

图340-2　元龙泉窑碗（2012SPZ：100）

图341-1　元龙泉窑碗（2012SPZ：99）

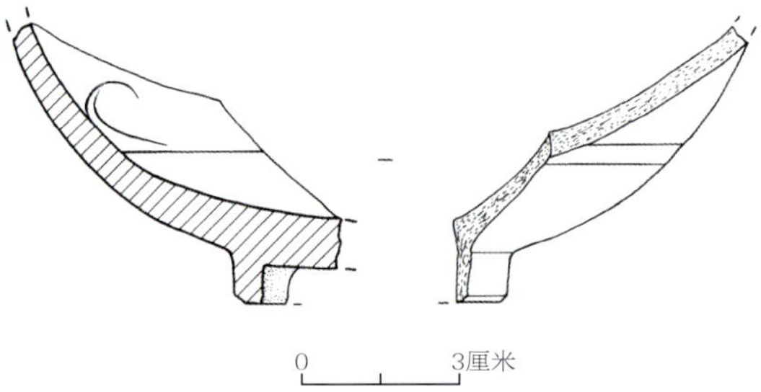

图341-2　元龙泉窑碗（2012SPZ：99）

图342-1　元龙泉窑盘（2006SPZ：39）

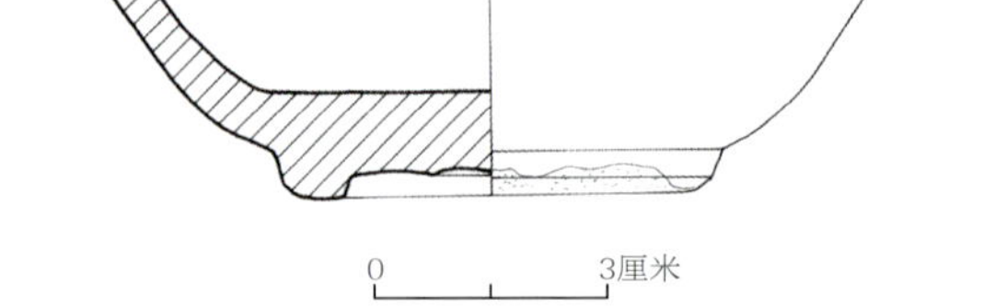

图342-2　元龙泉窑盘（2006SPZ：39）

炉

标本2006SPZ：21，龙泉窑三足炉，残件。直口，筒腹。青釉光泽亮丽，白胎。残高6.4厘米，口径11.4厘米（图343-1、2）。

（2）黑釉瓷

少见，复原完整2件。

标本2006SPZ：15，黑釉盏，复原完整。敞口内敛，尖圆唇，斜弧腹，小圈足，足底近实心，外壁施釉不到底，胎土黄色，胎质坚硬。高4.5厘米，口径12厘米，底径3.5厘米（图344-1、2）。

标本2006SPZ：38，黑釉盏，复原完整。敞口内敛，弧腹斜收，小圈足，足底近实心。内底有花纹。外壁施釉不到底。胎土黄色，胎质坚硬。高4.1厘米，口径11.3厘米，底径4.4厘米（图345-1～3）。

图343-1 元龙泉窑三足炉（2006SPZ：21）

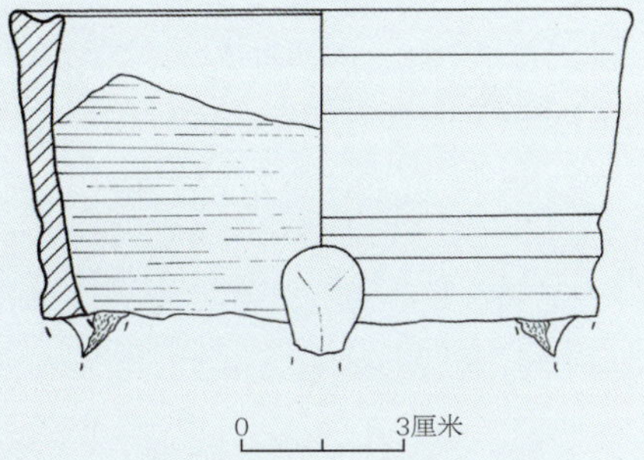

图343-2 元龙泉窑三足炉（2006SPZ：21）

图344-1 元黑釉盏（2006SPZ：15）

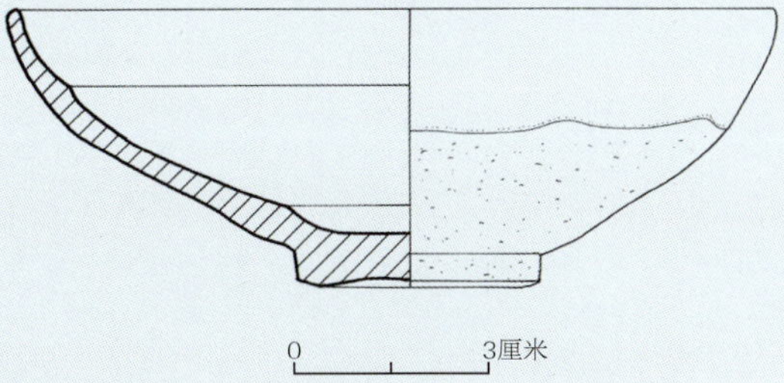

图344-2 元黑釉盏（2006SPZ：15）

图345-1　元黑釉盏（2006SPZ：38）

图345-2　元黑釉盏（2006SPZ：38）

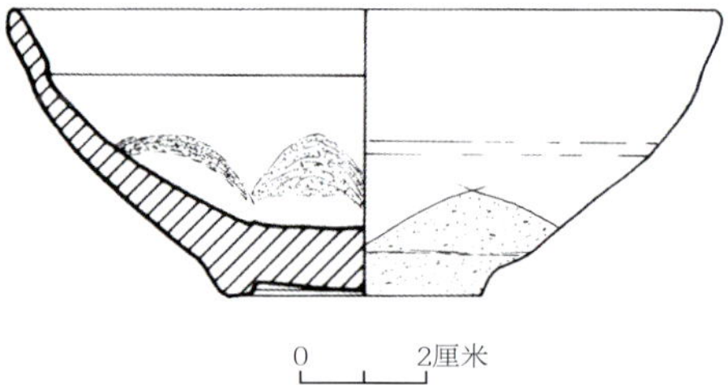

图345-3　元黑釉盏（2006SPZ：38）

图346　元黑釉盏片（2006SPZ：23）

图347-1　元釉陶钵（2012SPZ：157）

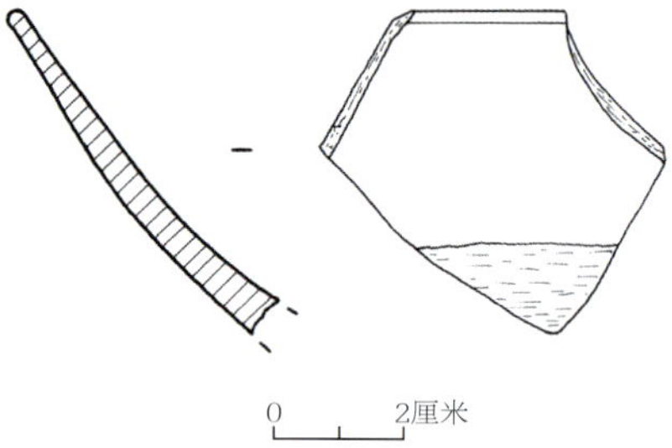

图347-2　元釉陶钵（2012SPZ：157）

标本2006SPZ：23，建窑黑釉残片，从残片看此器形体较大。黑釉亮丽，铁灰色胎。残高7.5厘米（图346）。

2. 釉陶器

有钵、盆、瓶、罐等，其中以釉陶瓶（韩瓶）数量最多。

钵

少见。

标本2012SPZ：157，残片。褐釉显蓝色，下腹不施釉，灰胎。侈口圆唇。残高4.8厘米（图347-1、2）。

碾钵

较少。内壁刻划较深的竖或弧线，起碾磨作用。

标本2012SPZ：216，残片。酱釉，夹砂红陶。折沿弧腹，外壁一圈凸棱。口径18厘米，残高5.8厘米（图348-1～3）。

标本2012SPZ：206，残片。褐灰釉，夹砂红陶。外壁一圈凸棱。口径17厘米，残高6厘米（图349-1～3）。

图348-1　元釉陶碾钵（2012SPZ：216）

图348-2　元釉陶碾钵（2012SPZ：216）

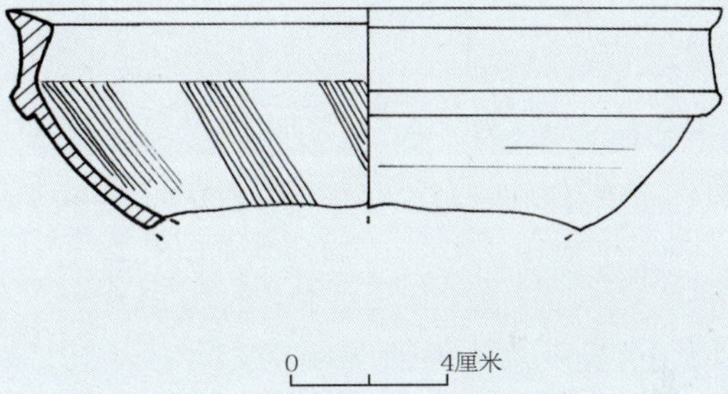

图348-3　元釉陶碾钵（2012SPZ：216）

图349-1　元釉陶碾钵（2012SPZ：206）

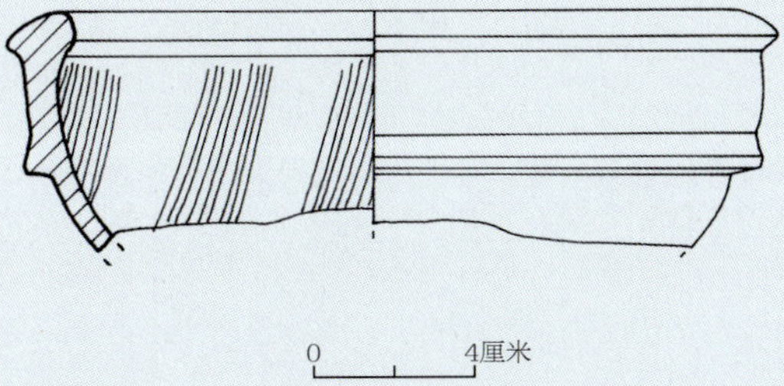

图349-2　元釉陶碾钵（2012SPZ：206）

标本2012SPZ：159，残片。酱釉，夹砂红陶。厚唇，直腹。残高7.2厘米（图350-1～3）。

标本2012SPZ：222，残片。酱釉，夹砂红陶。弧腹，平底，内壁及底刻密集竖线条。残高12厘米（图351-1、2）。

图350-1　元釉陶碾钵（2012SPZ：159）

图350-2　元釉陶碾钵（2012SPZ：159）

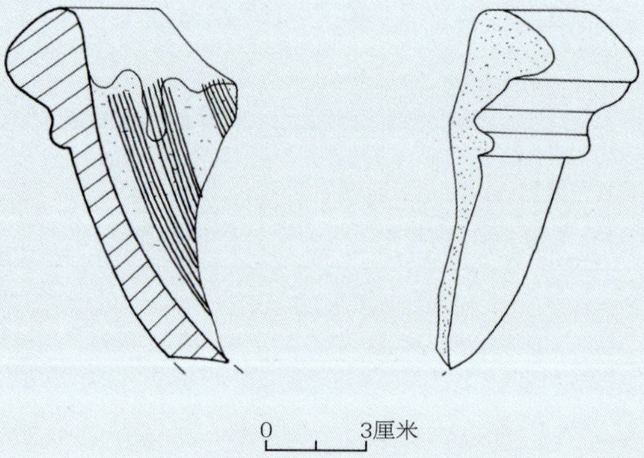

图350-3　元釉陶碾钵（2012SPZ：159）

图351-1　元釉陶碾钵（2012SPZ：222）

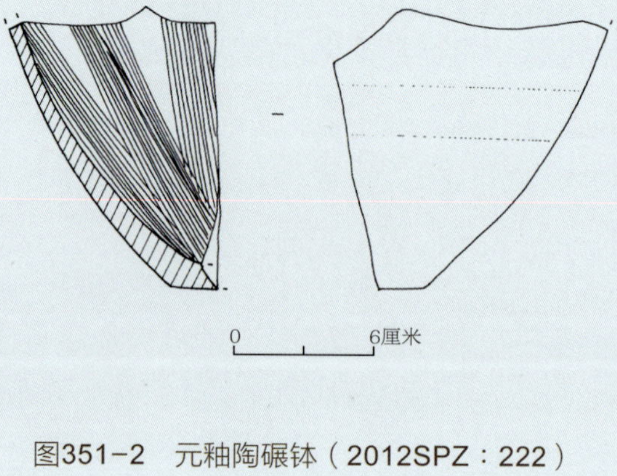

图351-2　元釉陶碾钵（2012SPZ：222）

盆

少见，可复原完整1件。

标本2012SPZ：181，可复原完整。褐釉，口沿施釉不均，夹细砂红陶。宽折沿，浅弧腹近直，平底。高7.4厘米，口径26.4厘米，底径17厘米（图352-1、2）。

四系瓶

亦称“韩瓶”，数量最多，多为口、底残件。

瓶口

根据口、腹形态，分为立沿筒腹和翻沿两型。

A型，立沿筒腹，根据口沿高矮，分为两个亚型。

Aa型，矮立沿筒腹。

标本2012SPZ：220，残件。酱釉，夹砂红陶。肩部有系。口径5.4厘米，残高18厘米（图353-1、2）。

图352-1　元釉陶盆（2012SPZ：181）

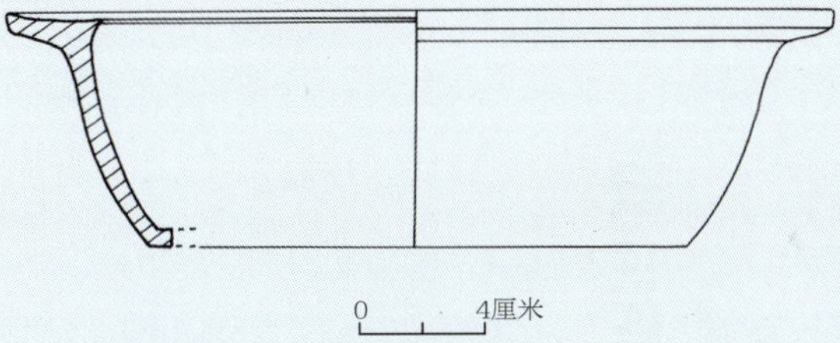

图352-2　元釉陶盆（2012SPZ：181）

图353-1　元Aa型韩瓶（2012SPZ：220）

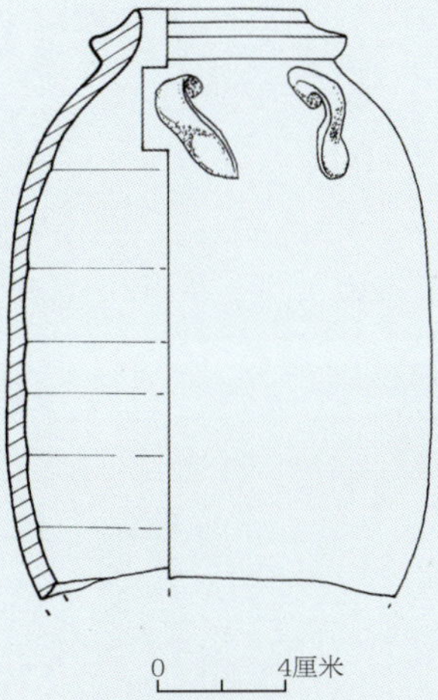

图353-2　元Aa型韩瓶（2012SPZ：220）

标本2012SPZ：213，残口。酱釉，夹砂红陶。肩部有系。残高6.3厘米（图354-1、2）。

标本2012SPZ：217，残口。酱釉，夹砂红陶。肩部有系。口径6.2厘米，残高7.2厘米（图355-1、2）。

Ab型，高立沿筒腹。

标本2012SPZ：215，残口。酱釉，夹砂红陶。肩部有系。口径5.4厘米，残高6厘米（图356-1、2）。

图354-1　元Aa型韩瓶（2012SPZ：213）

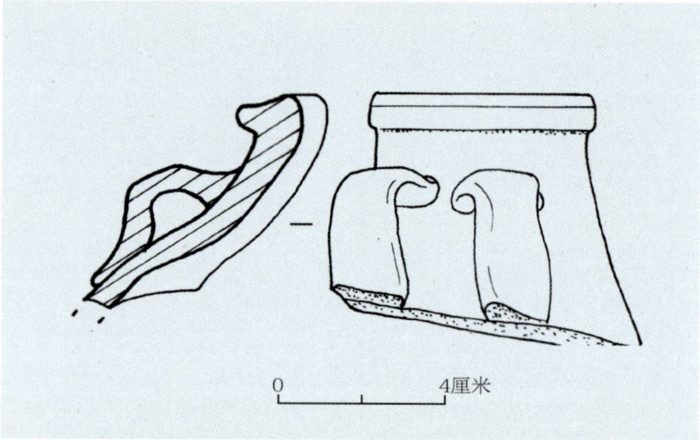

图354-2　元Aa型韩瓶（2012SPZ：213）

图355-1　元Aa型韩瓶（2012SPZ：217）

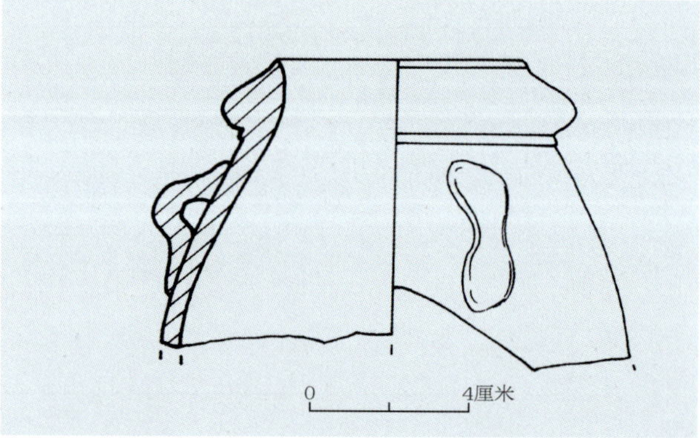

图355-2　元Aa型韩瓶（2012SPZ：217）

图356-1　元Ab型韩瓶（2012SPZ：215）

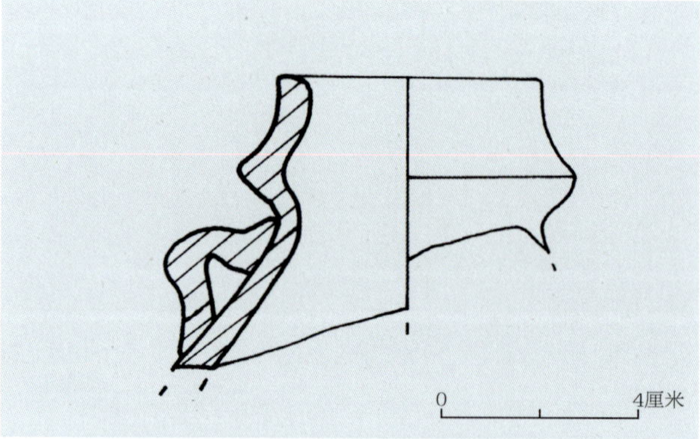

图356-2　元Ab型韩瓶（2012SPZ：215）

B型，翻沿。

标本2012SPZ：221，残口。酱釉，夹砂红陶。肩部有系。口径6.2厘米，残高8.5厘米（图357-1、2）。

标本2012SPZ：219，残口。酱釉，灰陶，折沿，肩部有系。口径9厘米，残高7.8厘米（图358-1、2）。

瓶底

标本2012SPZ：205，残件。酱釉，红陶，深腹，小平底内凹。残高22厘米，底径6.5厘米（图359-1、2）。

标本2012SPZ：218，残件。酱釉，红陶，平底微内凹。残高13厘米，底径6.6厘米（图360-1、2）。

标本2012SPZ：212，残件。酱釉，平底微内凹。残高13厘米，底径6.6厘米（图361-1、2）。

图357-1　元B型韩瓶（2012SPZ：221）

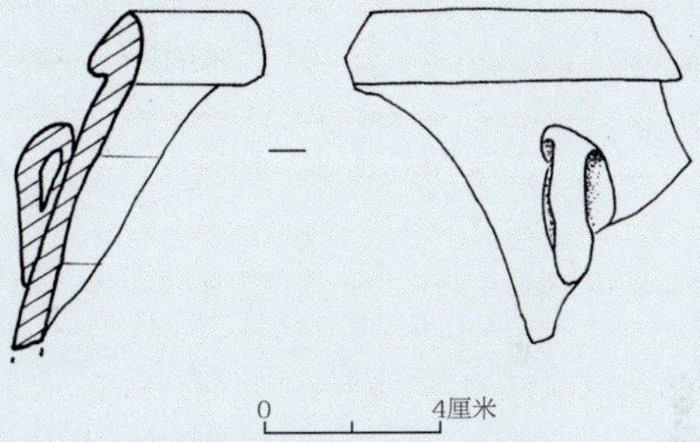

图357-2　元B型韩瓶（2012SPZ：221）

图358-1　元B型韩瓶（2012SPZ：219）

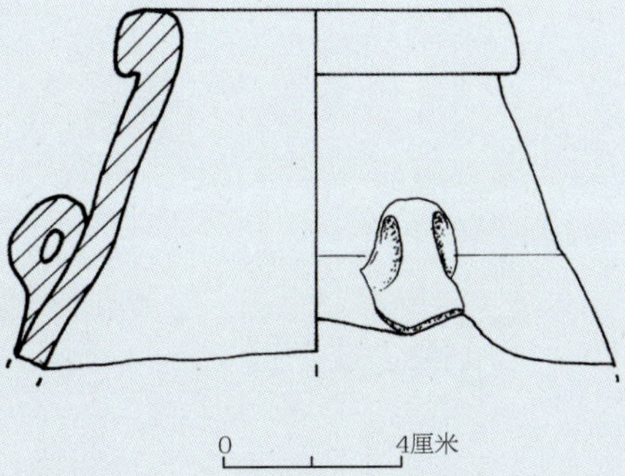

图358-2　元B型韩瓶（2012SPZ：219）

图359-1　元B型韩瓶底（2012SPZ：205）

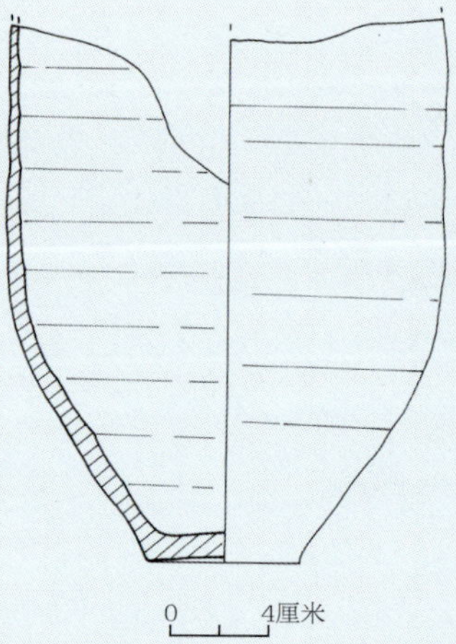

图359-2　元B型韩瓶底（2012SPZ：205）

图360-1　元B型韩瓶底（2012SPZ：218）

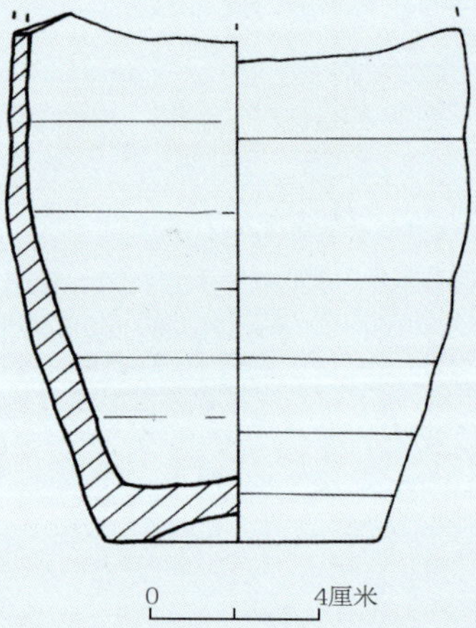

图360-2　元B型韩瓶底（2012SPZ：218）

图361-1　元B型韩瓶底（2012SPZ：212）

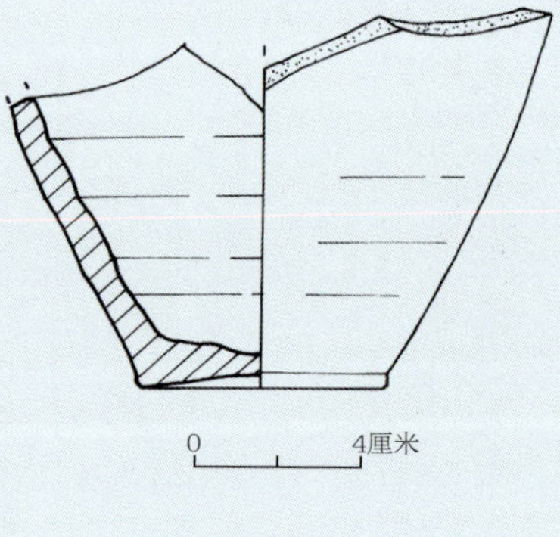

图361-2　元B型韩瓶底（2012SPZ：212）

罐

出土较多，多为口、底残件。

罐口，根据口部形态，分为长颈、直口束颈、小口、大口几类。

长颈罐

标本2012SPZ：210，残件。酱釉，釉色亮泽。红陶胎。卷沿，长颈，溜肩。口径5.8厘米，残高10厘米（图362-1、2）。

直口束颈罐

标本2012SPZ：211，残件。酱釉，灰陶。直口，束颈，上腹筒形。口径8厘米，腹径9.8厘米，残高8.5厘米（图363-1、2）。

图362-1 元釉陶长颈罐（2012SPZ：210）

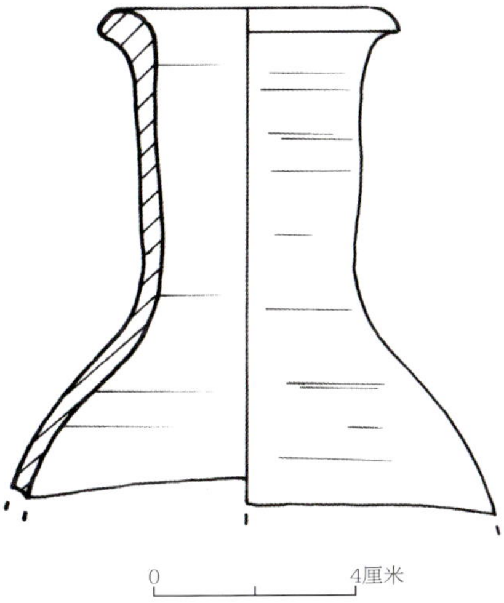

图362-2 元釉陶长颈罐（2012SPZ：210）

图363-1 元釉陶直口束颈罐（2012SPZ：211）

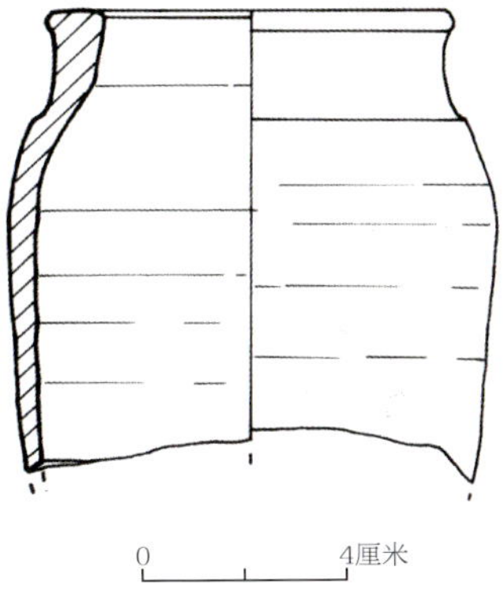

图363-2 元釉陶直口束颈罐（2012SPZ：211）

小口罐

标本2012SPZ：214，残件。酱釉，灰陶。小口内收，溜肩。口径4.4厘米，残高3.3厘米（图364-1、2）。

标本2012SPZ：178，残件。黑釉，灰陶。直口圆唇，矮颈，溜肩。口径13厘米，残高7.2厘米（图365-1、2）。

大口罐

发现较多，以口部可分为四型。

A型，叠唇。

标本2012SPZ：182，残口。酱釉，红陶。残高7.6厘米（图366-1、2）。

图364-1　元釉陶小口罐（2012SPZ：214）

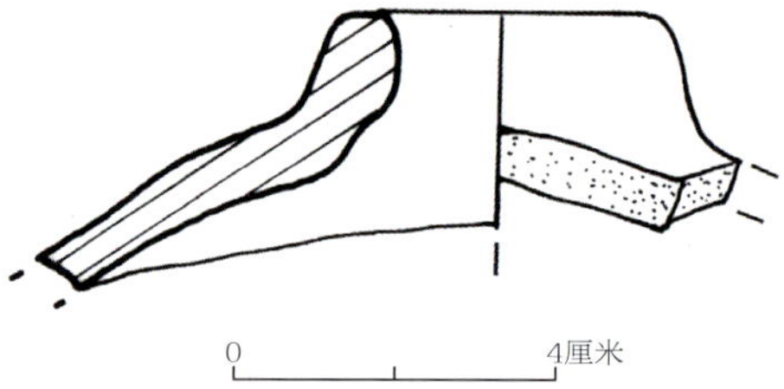

图364-2　元釉陶小口罐（2012SPZ：214）

图365-1　元釉陶小口罐（2012SPZ：178）

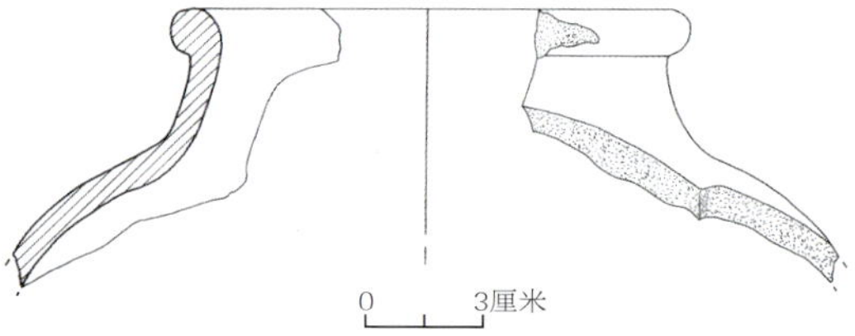

图365-2　元釉陶小口罐（2012SPZ：178）

图366-1　元釉陶A型大口罐（2012SPZ：182）

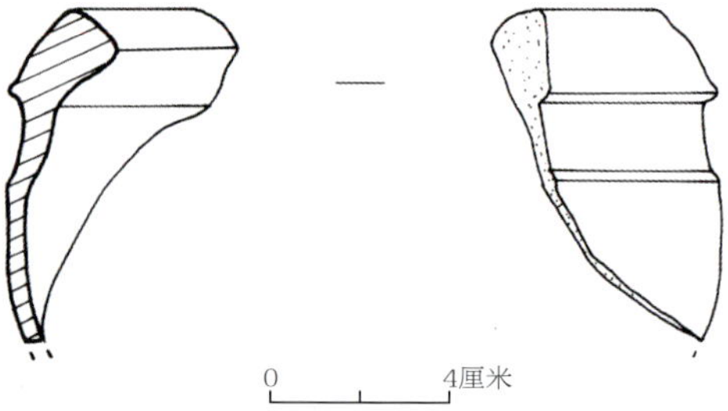

图366-2　元釉陶A型大口罐（2012SPZ：182）

标本2012SPZ：179，残口。酱釉，红陶，肩部带系。残高9厘米（图367-1、2）。

B型，折沿，弧腹。

标本2012SPZ：175，残口。酱釉，红陶、宽折沿，弧腹。残高4.4厘米（图368-1、2）。

标本2012SPZ：183，残口。内外壁满施酱釉，红陶，折沿，弧腹。残高7.8厘米（图369-1、2）。

图367-1　元釉陶A型大口罐（2012SPZ：179）

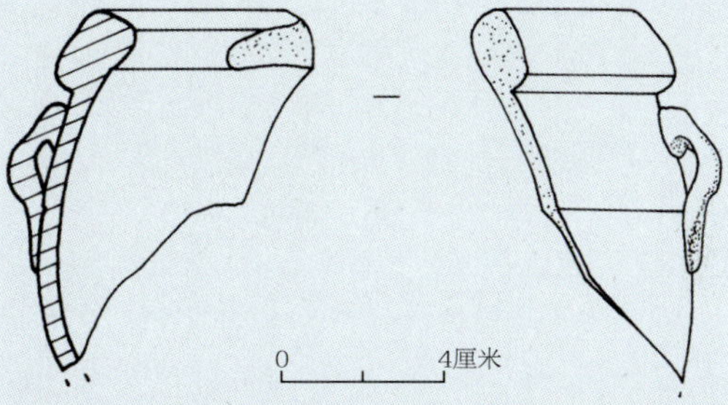

图367-2　元釉陶A型大口罐（2012SPZ：179）

图368-1　元釉陶B型大口罐（2012SPZ：175）

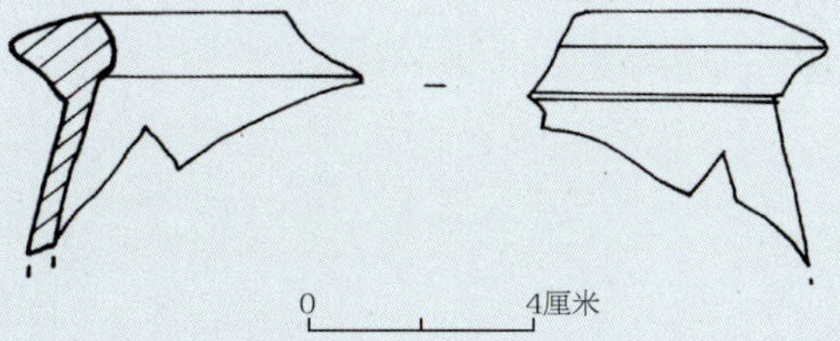

图368-2　元釉陶B型大口罐（2012SPZ：175）

图369-1　元釉陶B型大口罐（2012SPZ：183）

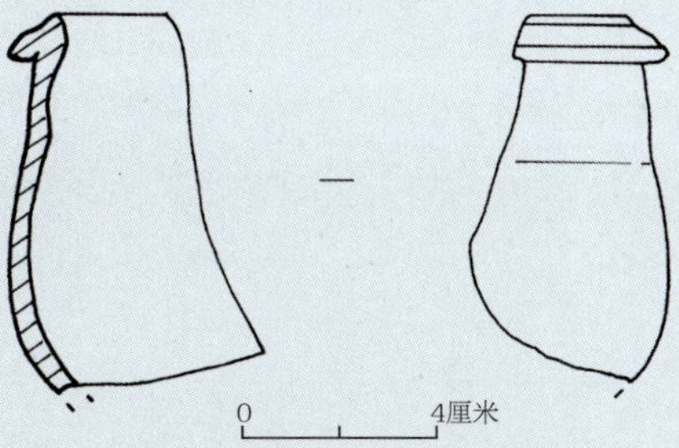

图369-2　元釉陶B型大口罐（2012SPZ：183）

C型，卷沿，短颈，带系。

标本2012SPZ：176，残口。内外满施青釉，口沿部分施釉不均。夹砂红陶。颈、口沿处贴双系。口径21厘米，残高5.8厘米（图370-1、2）。

标本2012SPZ：189，残口。酱釉，泥质红陶，叠唇，短颈，肩部带系。残高7.5厘米（图371-1、2）。

D型，叠唇，带凹槽。

标本2012SPZ：185，残口。酱釉，红陶，叠唇，唇中部有凹槽，肩部带系。残高6.8厘米（图372-1、2）。

图370-1　元釉陶C型大口罐（2012SPZ：176）

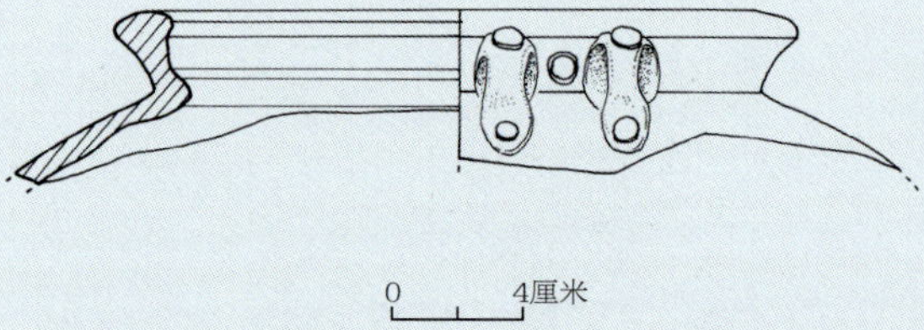

图370-2　元釉陶C型大口罐（2012SPZ：176）

图371-1　元釉陶C型大口罐（2012SPZ：189）

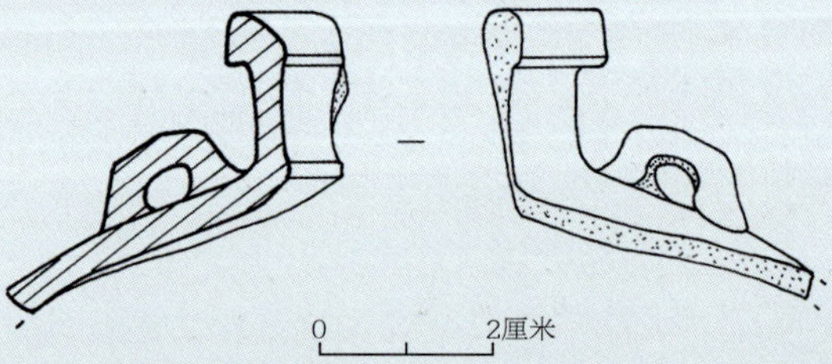

图371-2　元釉陶C型大口罐（2012SPZ：189）

图372-1　元釉陶D型大口罐（2012SPZ：185）

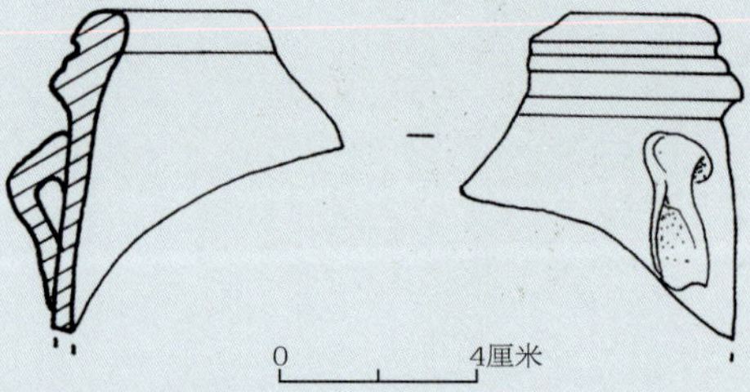

图372-2　元釉陶D型大口罐（2012SPZ：185）

标本2012SPZ：188，残口。酱釉灰陶。口径21厘米，残高5厘米（图373-1、2）。

罐底，有圈足和平底两型。

A型，圈足。

标本2012SPZ：253，残件。酱釉，砖红色胎，矮圈足较大。底径10.2厘米，残高3厘米（图374-1、2）。

标本2012SPZ：255，残件。酱釉，灰白胎，圈足。底径12.2厘米，残高6.4厘米（图375-1、2）。

图373-1　元釉陶D型大口罐（2012SPZ：188）

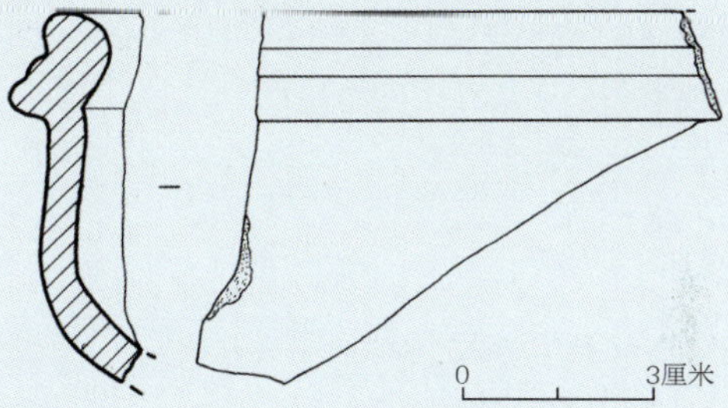

图373-2　元釉陶D型大口罐（2012SPZ：188）

图374-1　元釉陶A型圈足罐底（2012SPZ：253）

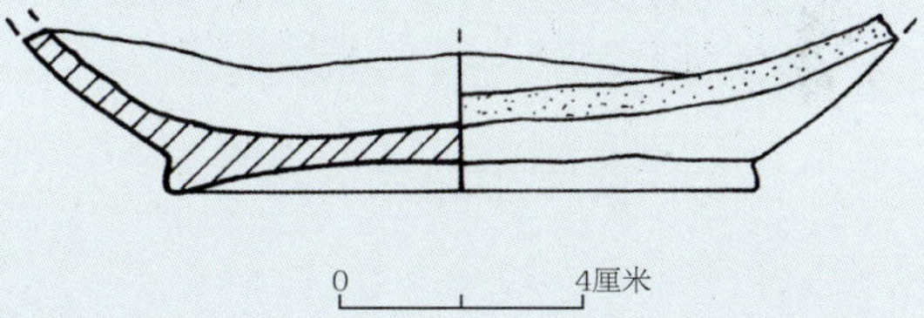

图374-2　元釉陶A型圈足罐底（2012SPZ：253）

图375-1　元釉陶A型圈足罐底（2012SPZ：255）

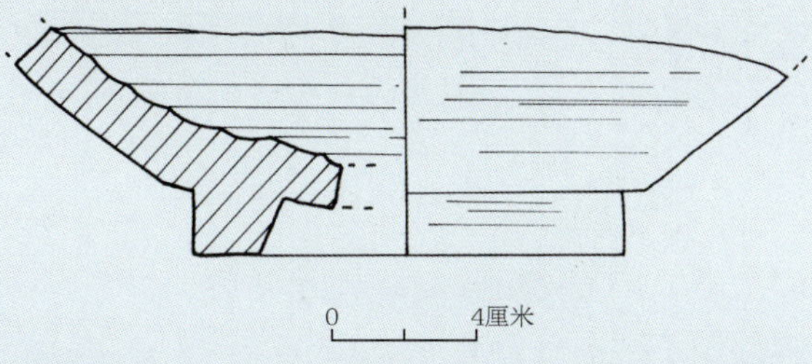

图375-2　元釉陶A型圈足罐底（2012SPZ：255）

B型，平底。

标本2012SPZ：248，残件。酱釉，平底微内凹。底径20厘米，残高7.5厘米（图376-1、2）。

标本2012SPZ：254，残件。酱釉，平底微内凹。底径10.4厘米，残高3.8厘米（图377-1、2）。

标本2012SPZ：256，残件。酱釉，圆腹，平底内凹。底径10厘米，残高12厘米（图378-1、2）。

图376-1　元釉陶B型平底罐底（2012SPZ：248）

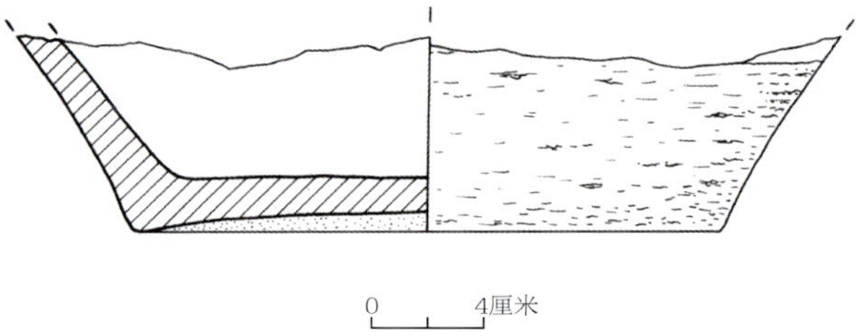

图376-2　元釉陶B型平底罐底（2012SPZ：248）

图377-1　元釉陶B型平底罐底（2012SPZ：254）

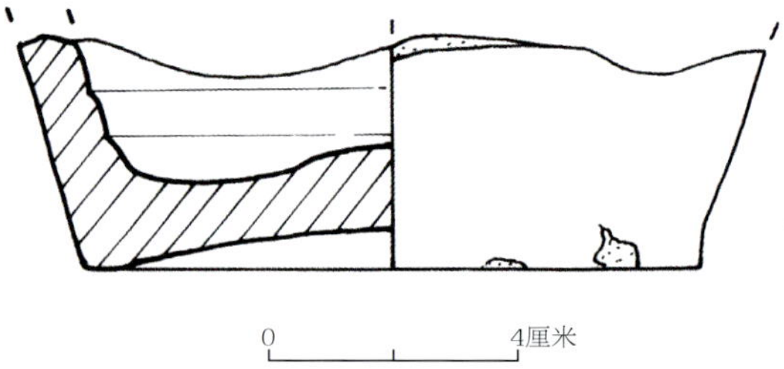

图377-2　元釉陶B型平底罐底（2012SPZ：254）

图378-1　元釉陶B型平底罐底（2012SPZ：256）

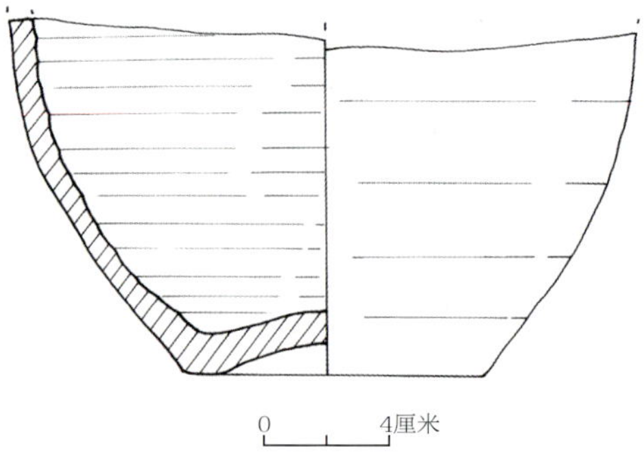

图378-2　元釉陶B型平底罐底（2012SPZ：256）

流

标本2012SPZ：247。酱釉，红陶。残高11.2厘米（图379-1、2）。

标本2012SPZ：250。酱釉，红陶。残高9.2厘米（图380-1、2）。

标本2012SPZ：251。酱釉，红陶。残高6厘米（图381-1、2）。

标本2012SPZ：252。酱釉，红陶。残高10.2厘米（图382-1、2）。

图379-1　元釉陶流（2012SPZ：247）

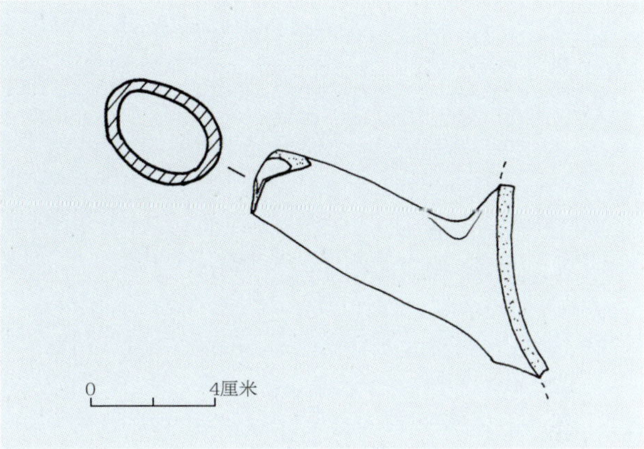

图379-2　元釉陶流（2012SPZ：247）

图380-1　元釉陶流（2012SPZ：250）

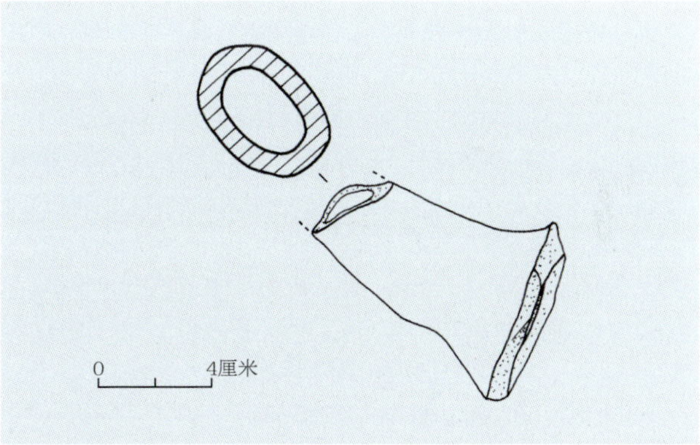

图380-2　元釉陶流（2012SPZ：250）

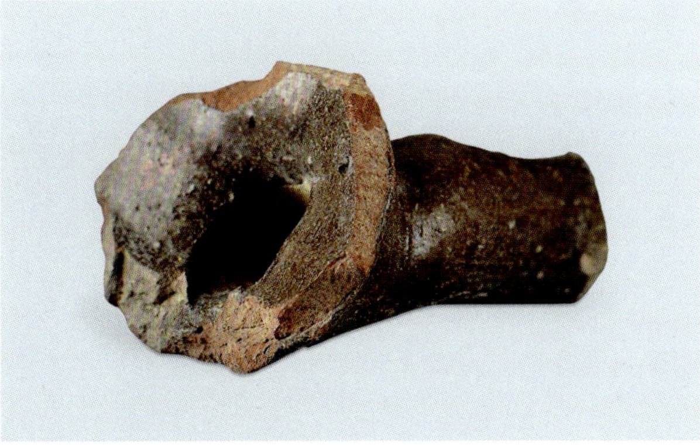

图381-1　元釉陶流（2012SPZ：251）

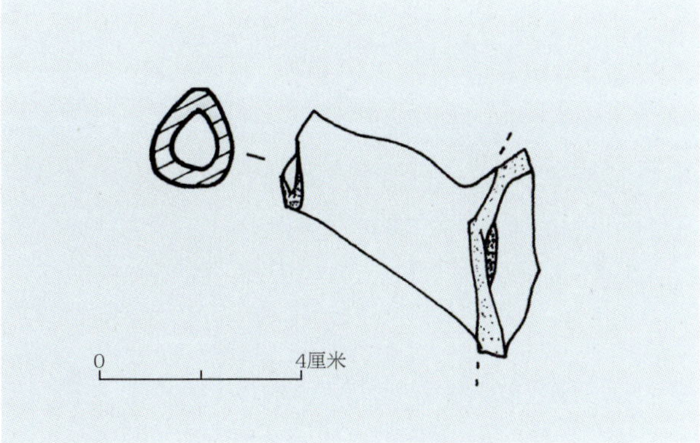

图381-2　元釉陶流（2012SPZ：251）

图382-1　元釉陶流（2012SPZ：252）

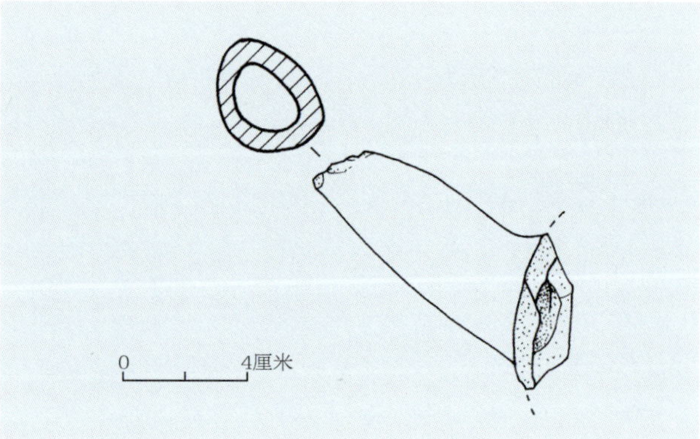

图382-2　元釉陶流（2012SPZ：252）

缸

数量较多，胎体厚重。全部为小碎块。

标本2012SPZ：197，残片。青釉，夹砂灰陶。直口圆唇。残高8厘米（图383-1、2）。

标本2012SPZ：203，残片。青釉，夹砂灰陶。大口厚唇。残高9.6厘米（图384-1、2）。

图383-1　元釉陶缸（2012SPZ：197）

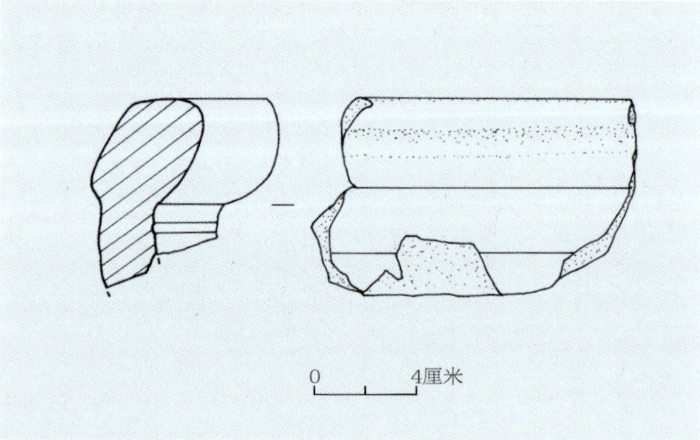

图383-2　元釉陶缸（2012SPZ：197）

图384-1　元釉陶缸（2012SPZ：203）

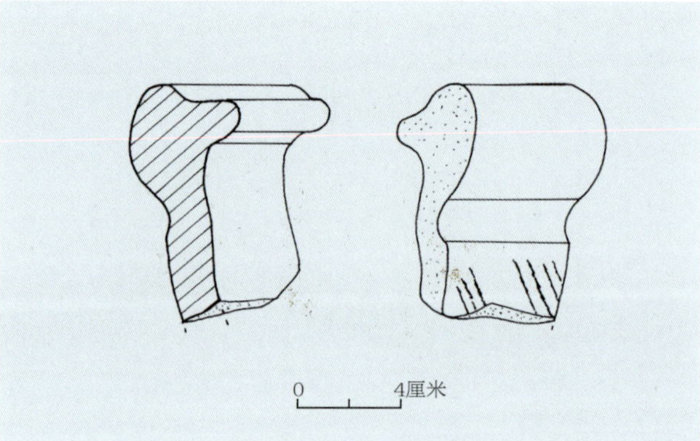

图384-2　元釉陶缸（2012SPZ：203）

3. 陶器

出土较少，器形有盆、钵、缸等。

盆

标本2012SPZ：196，盆口残片。泥质灰陶，折沿，腹壁近直。残高5.6厘米（图385-1、2）。

标本2012SPZ：202，盆口残片。泥质灰陶，折沿宽平。残高7.4厘米（图386-1、2）。

标本2012SPZ：200，盆口残片。泥质灰陶，盘口弧腹。口径25厘米，残高5厘米（图387 1、2）。

此外，还有盆底，皆平底内凹。

图385-1　元灰陶盆（2012SPZ：196）

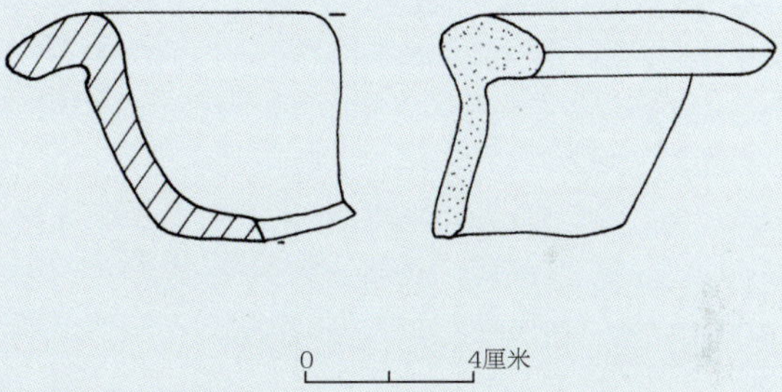

图385-2　元灰陶盆（2012SPZ：196）

图386-1　元灰陶盆（2012SPZ：202）

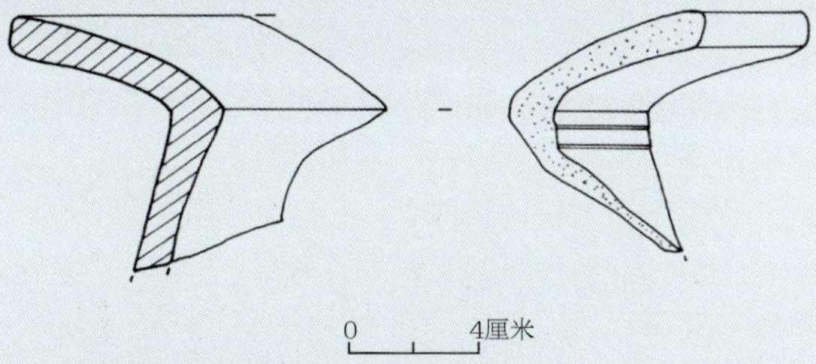

图386-2　元灰陶盆（2012SPZ：202）

钵

标本2012SPZ：201，钵口残片。泥质灰陶，卷沿，鼓腹。口径10.4厘米，残高5.4厘米（图388-1、2）。

缸

标本2012SPZ：199，缸口残片。泥质灰陶，“T”形口，口沿外侧有钻孔。残高7.6厘米（图389-1、2）。

图387-1　元灰陶盆（2012SPZ：200）

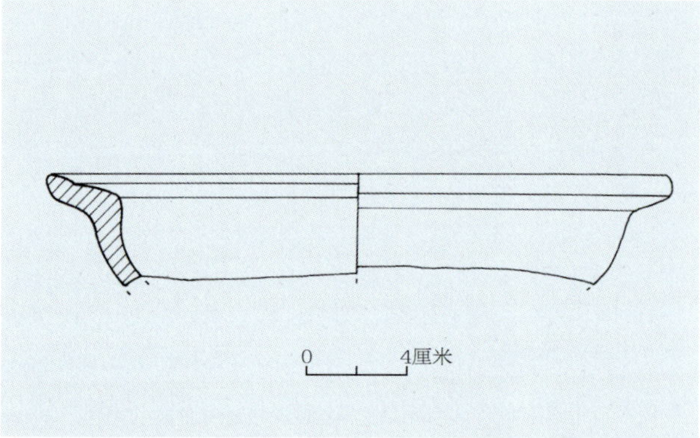

图387-2　元灰陶盆（2012SPZ：200）

图388-1　元灰陶钵（2012SPZ：201）

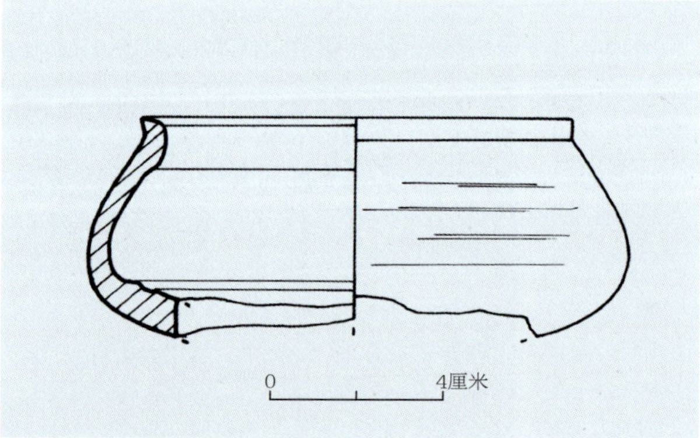

图388-2　元灰陶钵（2012SPZ：201）

图389-1　元陶缸（2012SPZ：199）

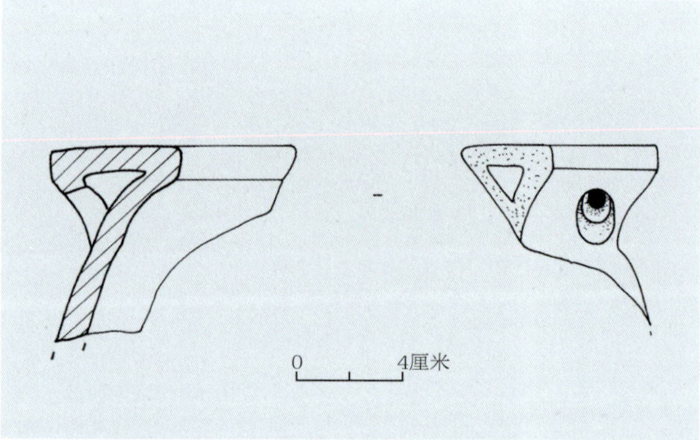

图389-2　元陶缸（2012SPZ：199）

标本2012SPZ：195，缸口残片。泥质灰陶，“T”形口，颈部有一周附加堆纹。残高7.8厘米（图390-1、2）。

标本2012SPZ：198，缸底残片。泥质灰陶，外下腹壁模印一圈卷草纹和五角星纹。残高8厘米（图391-1、2）。

器座

标本2012SPZ：259，残。泥质灰陶，葵花形，上部边缘刻2圈弦纹。残高7.7厘米，宽13.8厘米（图392-1、2）。

图390-1　元陶缸（2012SPZ：195）

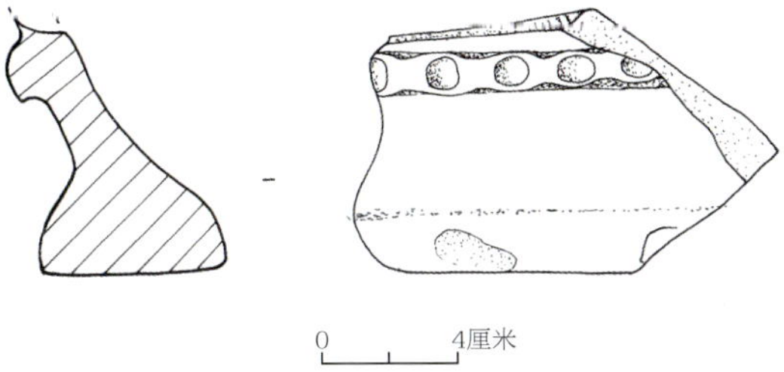

图390-2　元陶缸（2012SPZ：195）

图391-1　元陶缸（2012SPZ：198）

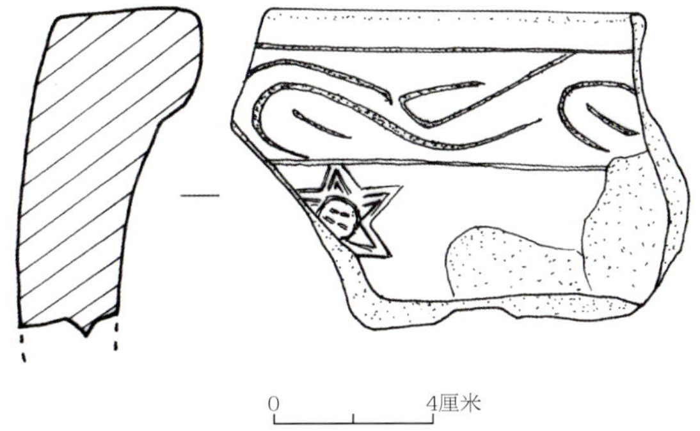

图391-2　元陶缸（2012SPZ：198）

图392-1　元陶器座（2012SPZ：259）

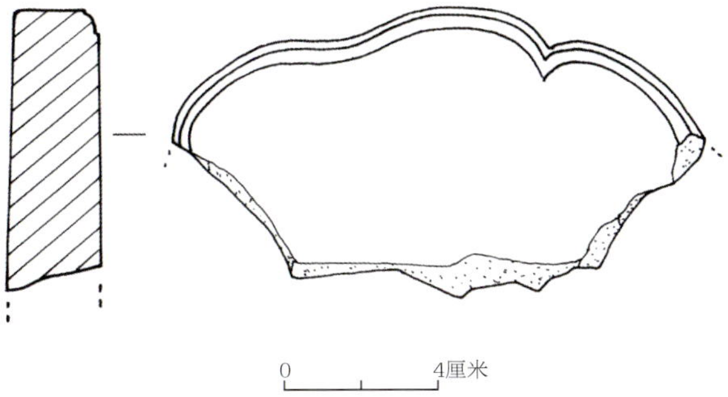

图392-2　元陶器座（2012SPZ：259）

4. 建筑构件

鸱吻残件

3件。泥质灰陶。

标本2012SPZ：278。残长14.4厘米，宽5.8厘米，厚2.8厘米（图393-1、2）。

标本2012SPZ：280，残长12.2厘米，宽5.2厘米，厚3.8厘米（图394-1、2）。

标本2012SPZ：281，残长8厘米（图395-1、2）。

图393-1　元陶鸱吻残件（2012SPZ：278）

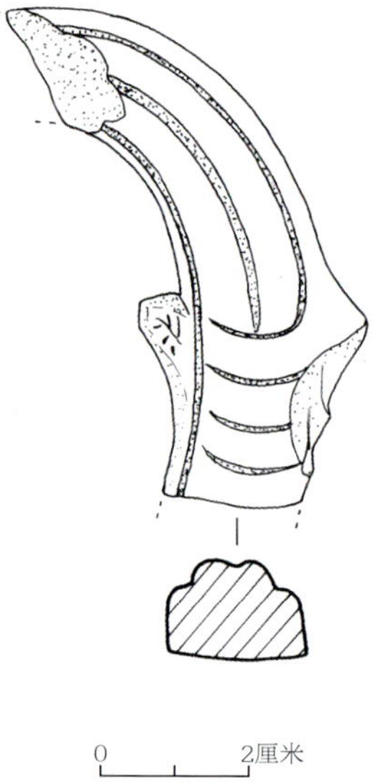

图393-2　元陶鸱吻残件（2012SPZ：278）

图394-1　元陶鸱吻残件（2012SPZ：280）

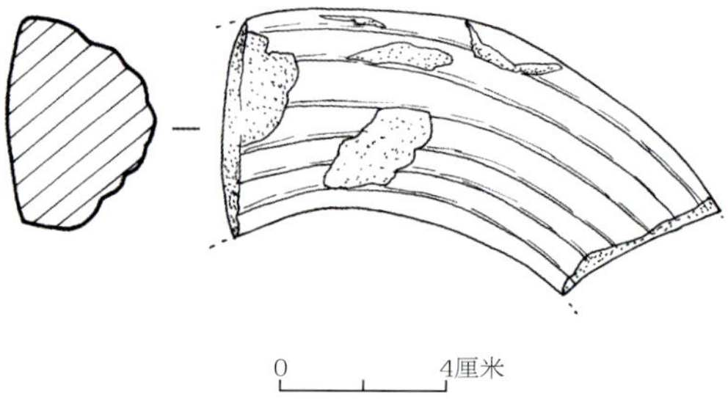

图394-2　元陶鸱吻残件（2012SPZ：280）

图395-1　元陶鸱吻残件（2012SPZ：281）

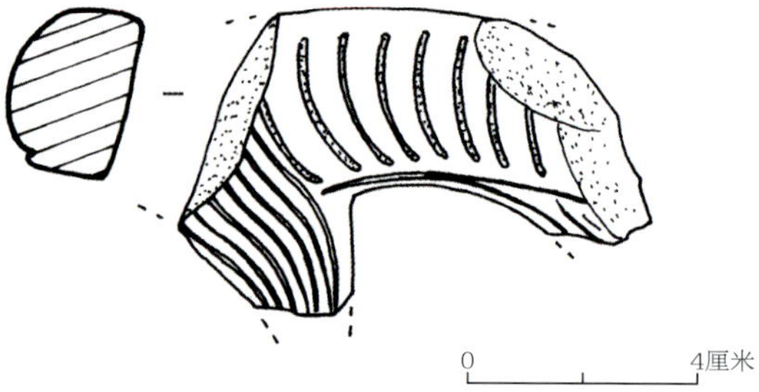

图395-2　元陶鸱吻残件（2012SPZ：281）

脊兽残件

泥质灰陶。标本2006SPZ：19，长15.5厘米（图396-1、2）。

图396-1　元陶脊兽残件（2006SPZ：19）

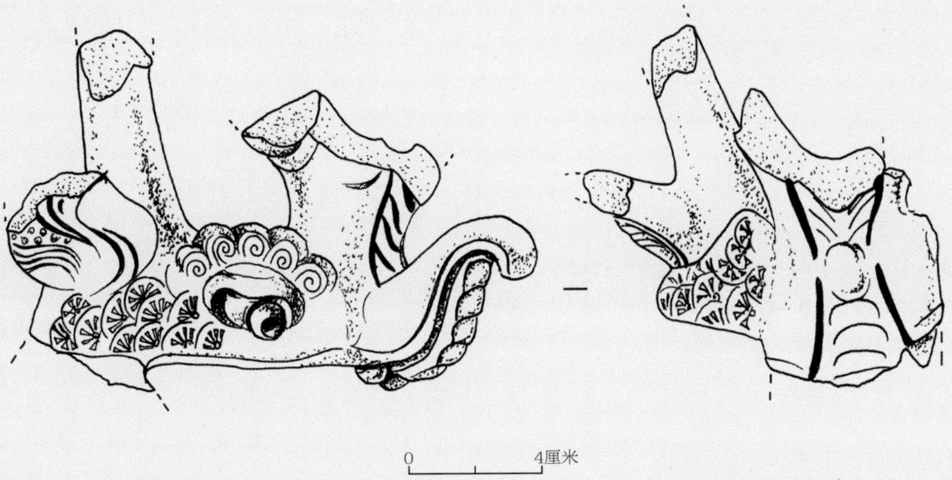

图396-2　元陶脊兽残件（2006SPZ：19）

板瓦

泥质灰陶。根据口部形态，分为两型。

A型，重唇板瓦，泥质灰陶。

标本2012SPZ：264，残件。前沿刻划水波纹。瓦残长12厘米，残宽13.5厘米，厚1.2厘米。前沿宽3.5厘米（图397-1、2）。

标本2012SPZ：265，残件。前沿刻划水波纹。瓦残长13厘米，残宽8.5厘米。前沿宽3厘米（图398-1、2）。

标本2012SPZ：263，残件。前沿刻划水波纹。瓦残长7.5厘米，残宽15.5厘米。前沿宽3.2厘米（图399-1、2）。

图397-1　元A型陶板瓦（2012SPZ：264）

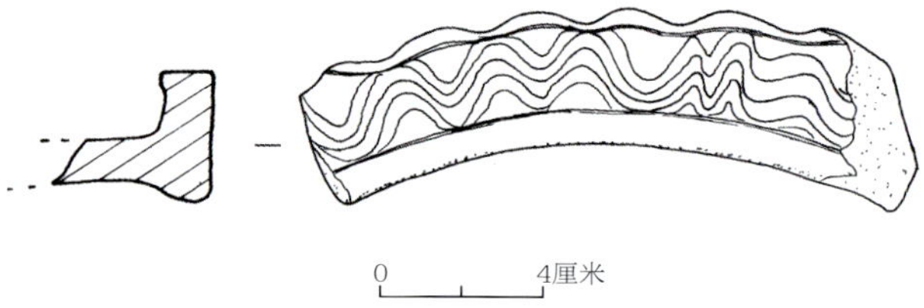

图397-2　元A型陶板瓦（2012SPZ：264）

图398-1　元A型陶板瓦（2012SPZ：265）

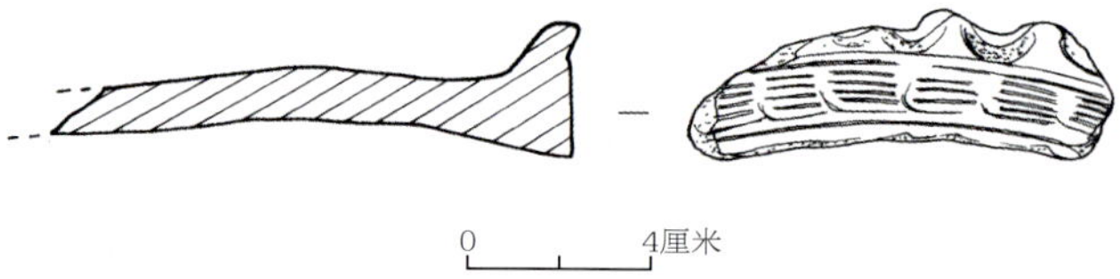

图398-2　元A型陶板瓦（2012SPZ：265）

图399-1　元A型陶板瓦（2012SPZ：263）

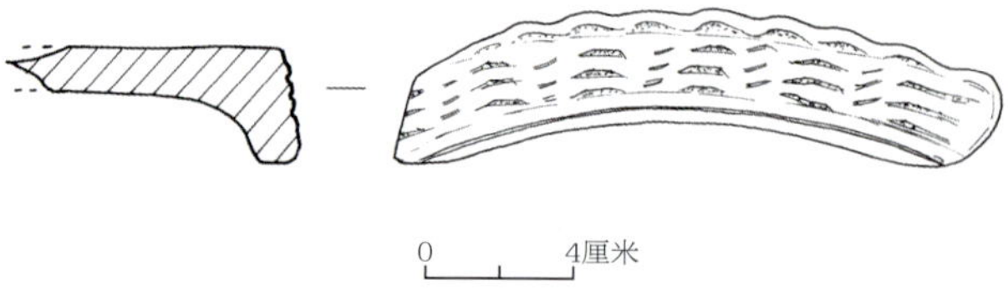

图399-2　元A型陶板瓦（2012SPZ：263）

B型，泥质灰陶，部分素面，部分表面压印绳纹或席纹，内里有布纹。

标本2012SPZ：260，残件。表面素面，内里有布纹。残长25厘米，宽20.2厘米（图400-1、2）。

标本2012SPZ：275，残件。表面压印席纹，内里有布纹。残长11.6厘米，残宽10厘米（图401-1、2）。

图400-1　元B型陶板瓦（2012SPZ：260）

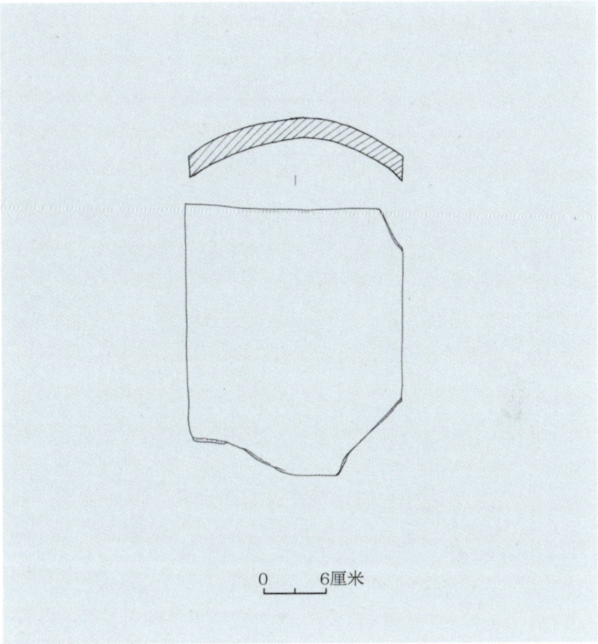

图400-2　元B型陶板瓦（2012SPZ：260）

图401-1　元B型陶板瓦（2012SPZ：275）

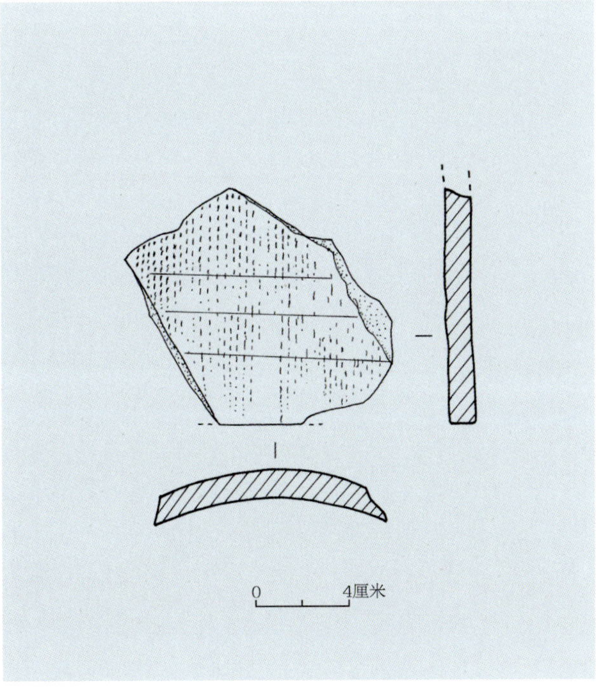

图401-2　元B型陶板瓦（2012SPZ：275）

标本2012SPZ：276，残件。表面压印绳纹。残长14厘米，残宽9.4厘米（图402-1、2）。

标本2012SPZ：261，残件。内里有布纹。长25厘米，残宽14.2厘米（图403-1、2）。

图402-1　元B型陶板瓦（2012SPZ：276）

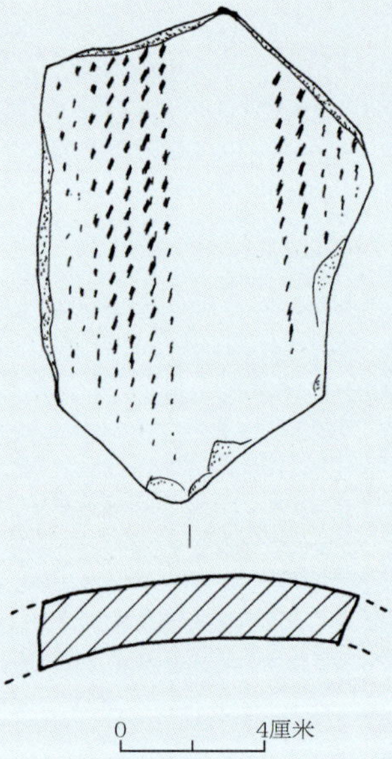

图402-2　元B型陶板瓦（2012SPZ：276）

图403-1　元B型陶板瓦（2012SPZ：261）

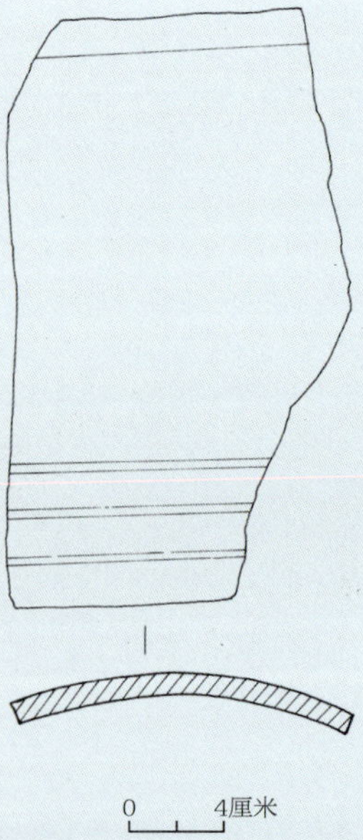

图403-2　元B型陶板瓦（2012SPZ：261）

筒瓦

泥质灰陶。

标本2012SPZ：277，残件。内里有布纹。残长12.4厘米，残宽10.4厘米（图404-1、2）。

标本2012SPZ：269，残件。内里有布纹。残长17.2厘米，残宽12厘米，厚2厘米（图405-1、2）。

图404-1　元陶筒瓦（2012SPZ：277）

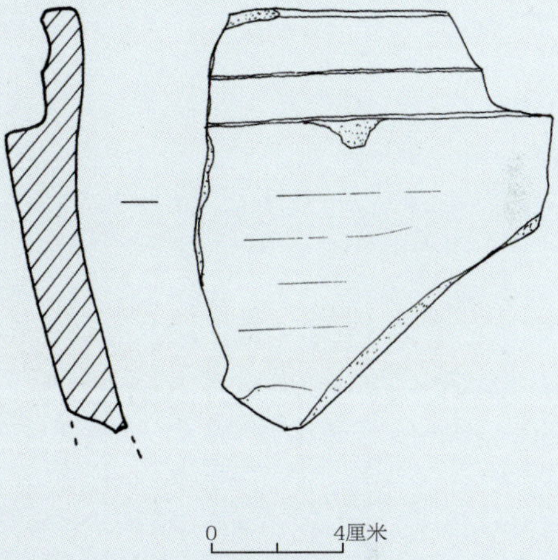

图404-2　元陶筒瓦（2012SPZ：277）

图405-1　元陶筒瓦（2012SPZ：269）

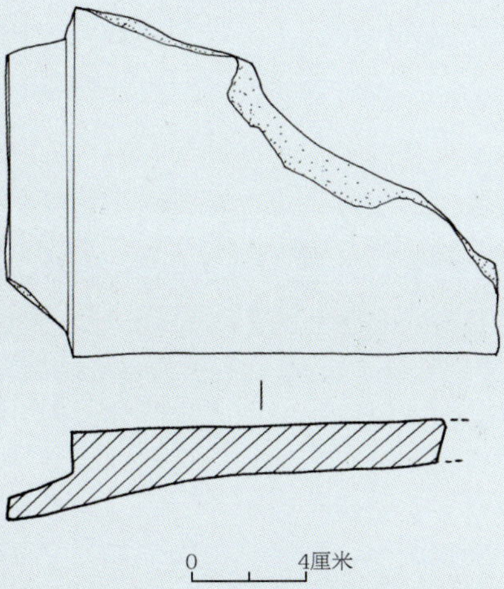

图405-2　元陶筒瓦（2012SPZ：269）

瓦当

14件。泥质灰陶。

标本2012SPZ：268，残件。表面模印一朵盛开的荷花，花叶繁茂。直径15厘米，厚1.3厘米（图406-1、2）。

标本2012SPZ：272，残件。表面模印菊花。残宽12厘米，厚2厘米（图407-1、2）。

图406-1　元陶瓦当（2012SPZ：268）

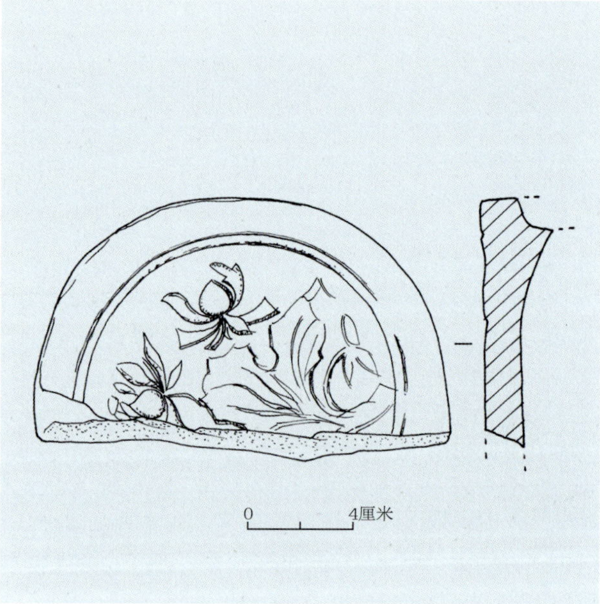

图406-2　元陶瓦当（2012SPZ：268）

图407-1　元陶瓦当（2012SPZ：272）

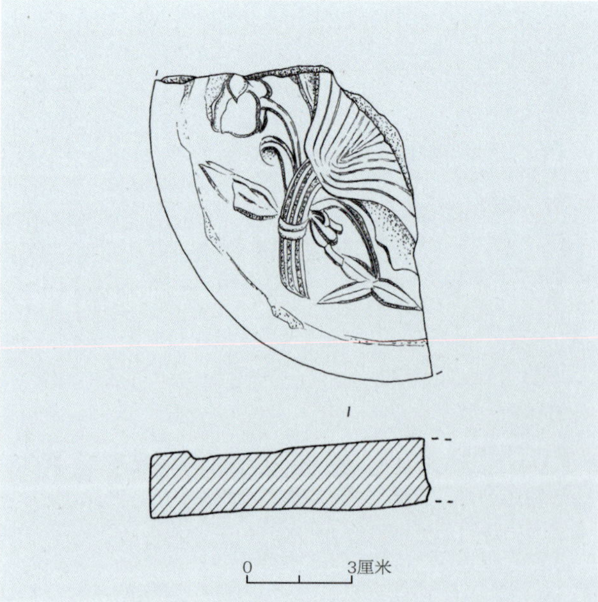

图407-2　元陶瓦当（2012SPZ：272）

图408-1　元陶瓦当（2012SPZ：282）

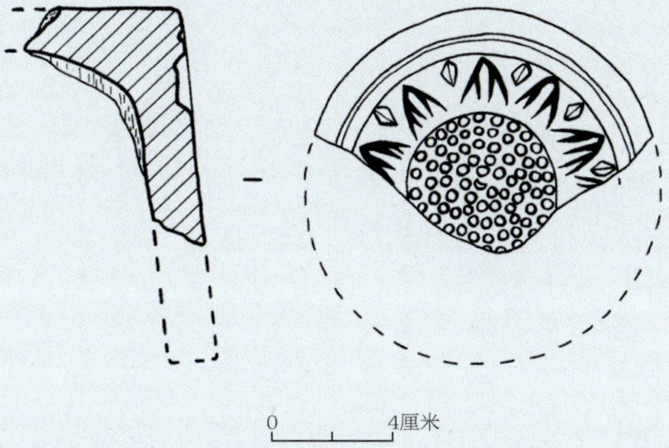

图408-2　元陶瓦当（2012SPZ：282）

图409-1　元陶瓦当（2012SPZ：267）

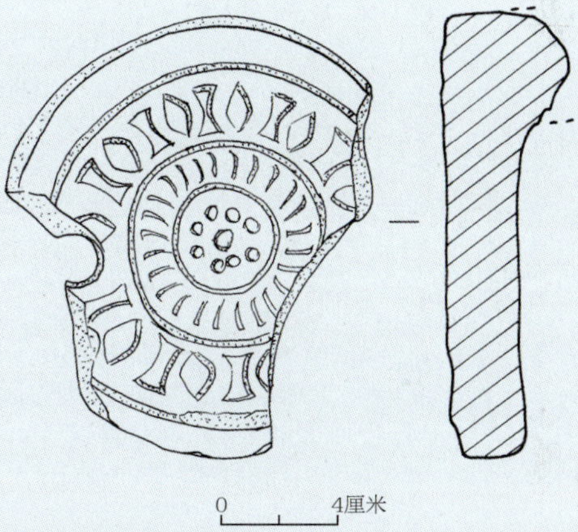

图409-2　元陶瓦当（2012SPZ：267）

标本2012SPZ：282，可复原完整。表面模印葵花籽。残宽12厘米，厚2厘米（图408-1、2）。

标本2012SPZ：267，可复原完整。表面模印葵花。直径15.2厘米，厚2厘米（图409-1、2）。

标本2012SPZ：271，残件。表面模印花卉纹，已残缺不清。直径12厘米，厚1.1厘米（图410）。

图410　元陶瓦当（2012SPZ：271）

标本2012SPZ：266，残件。表面模印花卉纹，已残缺不清。直径12厘米，厚1.1厘米（图411）。

标本2006SPZ：22，可复原完整。表面模印一朵盛开的牡丹花。直径12.5厘米，厚2.8厘米（图412-1、2）。

5. 砖

标本2012SPZ：223，条砖残件。泥质灰陶，素面。残长22厘米，宽8.2厘米，厚4.4厘米（图413-1、2）。

图411　元陶瓦当（2012SPZ：266）

图412-1　元陶瓦当（2006SPZ：22）

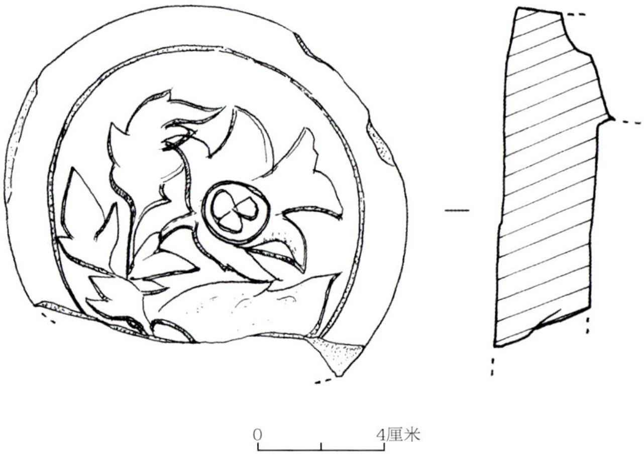

图412-2　元陶瓦当（2006SPZ：22）

图413-1　元条砖（2012SPZ：223）

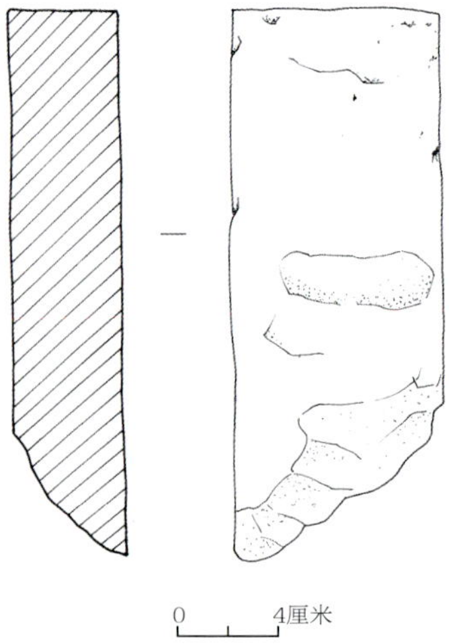

图413-2　元条砖（2012SPZ：223）

标本2012SPZ：273，模印符号砖，残件。长条形，侧面模印符号。残长9.6厘米，宽3.8厘米，厚2厘米（图414-1、2）。

标本2012SPZ：274，模印砖残块。泥质灰陶，表面模印扇形纹。残长6.5厘米，残宽6.2厘米，厚1.7厘米（图415-1、2）。

图414-1　元模印符号砖（2012SPZ：273）

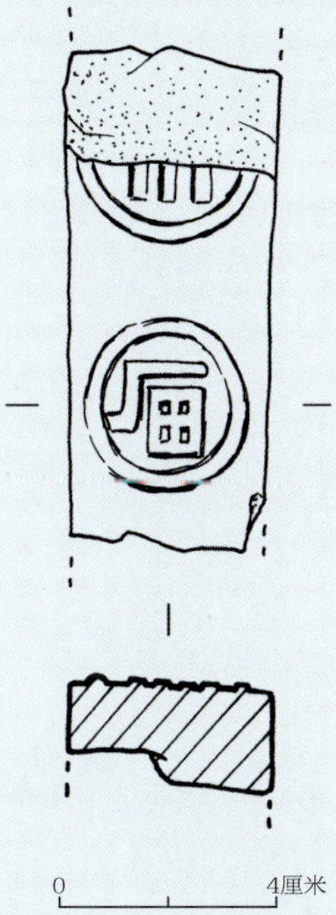

图414-2　元模印符号砖（2012SPZ：273）

图415-1　元模印纹条砖（2012SPZ：274）

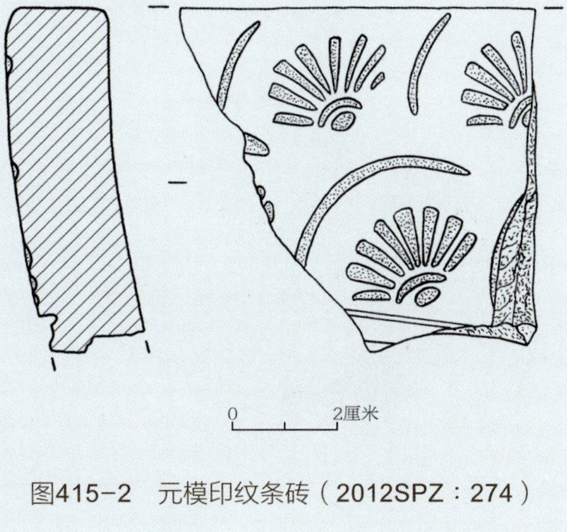

图415-2　元模印纹条砖（2012SPZ：274）

6. 石器

少见。

标本2012SPZ：226，已残断，中间凿一小方孔。长13.2厘米，宽9.4厘米，厚10厘米（图416-1、2）。

鹅卵石

标本2012SPZ：227。扁椭圆形，表面光滑。长径13厘米，短径11厘米，厚6.6厘米（图417-1、2）。

图416-1　石块（2012SPZ：226）

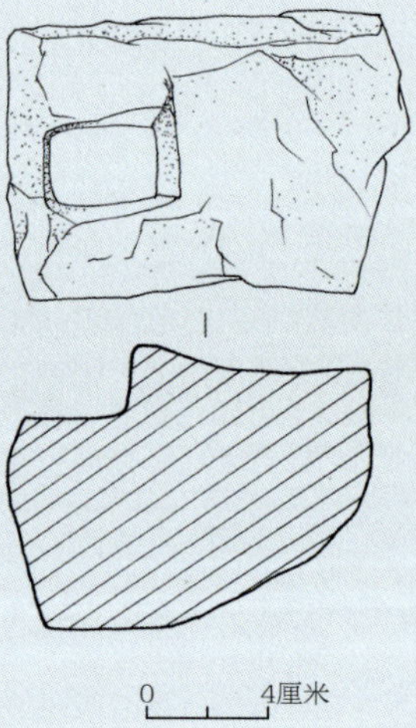

图416-2　石块（2012SPZ：226）

图417-1　鹅卵石（2012SPZ：227）

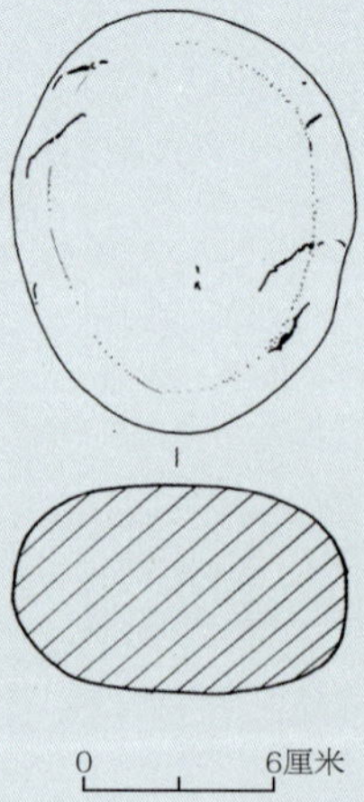

图417-2　鹅卵石（2012SPZ：227）

标本2012SPZ：225。长条形，四角圆弧。长16.8厘米，宽6厘米，厚4厘米（图418-1、2）。

标本2012SPZ：224。不规则长条形。长13.2厘米，宽6.4厘米，厚3.7厘米（图419-1、2）。

图418-1　鹅卵石（2012SPZ：225）

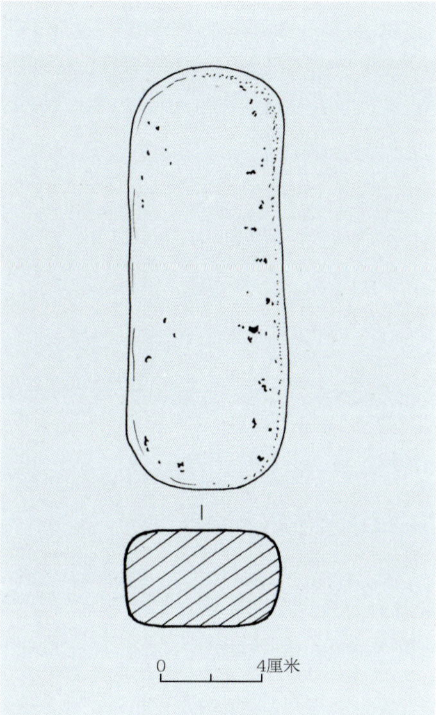

图418-2　鹅卵石（2012SPZ：225）

图419-1　鹅卵石（2012SPZ：224）

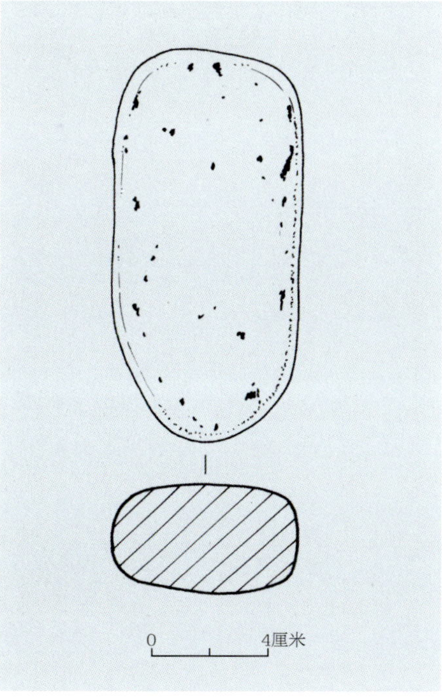

图419-2　鹅卵石（2012SPZ：224）

第二节　水闸使用时期的遗物

主要是在闸门及河底淤泥内出土铁钩、铁钉、铁环、残铁器、釉陶瓶（韩瓶）、龙泉青瓷碗、钱币、鱼骨及砖瓦残片等。铁器是闸门配件和启闭闸门的器具，已述于第二章第一节，其他遗物介绍如下。

标本2006SPZ：12，正隆元宝钱币，1枚。锈蚀严重。直径2.2厘米（图420）。

标本2006SPZ：14，鱼骨。东部河道内淤沙中发现。长15厘米（图421-1、2）。

图421-1　鱼骨（2006SPZ：14）

图420　正隆元宝钱币（2006SPZ：12）

图421-2　鱼骨（2006SPZ：14）

标本2006SPZ：17。龙泉窑瓷碗，复原完整。敞口撇沿，弧腹，圈足。青绿釉，底不施釉。素面。高6.3厘米，口径18厘米，底径6.4厘米（图422-1、2）。

标本2006SPZ：26，龙泉窑瓷碗，残件。口残缺，弧腹，直圈足。厚胎。青釉泛黄，釉泽光亮。底径5.6厘米，残高5厘米（图423-1、2）。

标本2006SPZ：18，龙泉窑莲瓣鱼纹盘，复原完整。盘心印双鱼，外腹壁莲瓣纹。青釉泛绿，白灰胎有细砂。高3.6厘米，口径11.8厘米，底径5.3厘米（图424-1～3）。

标本2006SPZ：13，龙泉窑瓷洗，复原完整。花瓣口微敞，腹壁亦作花瓣形，腹中部一道凸棱，挖足。青绿釉，釉泽光亮。高5.1厘米，口径20厘米，底径5.9厘米（图425-1～3）。

图422-1　龙泉窑碗（2006SPZ：17）

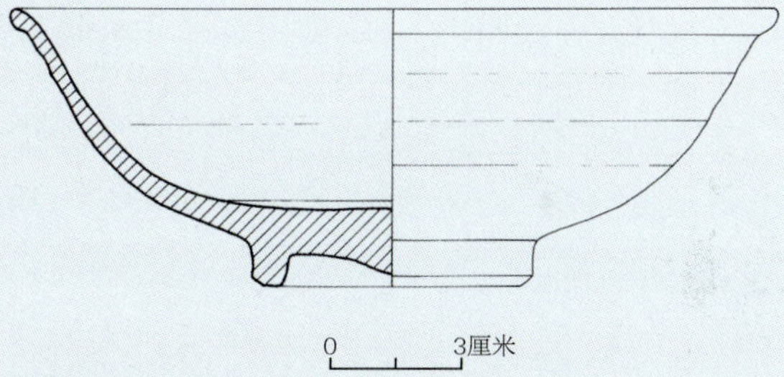

图422-2　龙泉窑碗（2006SPZ：17）

图423-1　龙泉窑碗（2006SPZ：26）

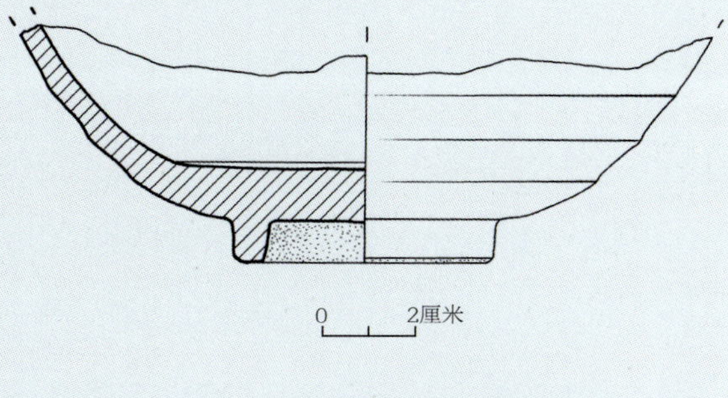

图423-2　龙泉窑碗（2006SPZ：26）

图424-1　龙泉窑莲瓣鱼纹盘（2006SPZ：18）

图424-2　龙泉窑莲瓣鱼纹盘（2006SPZ：18）

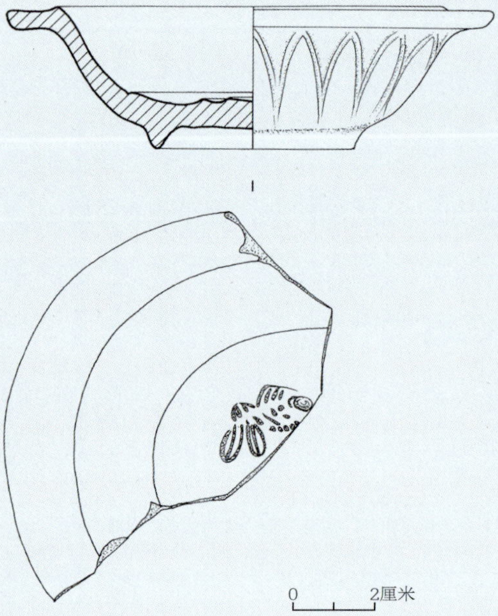

图424-3　龙泉窑莲瓣鱼纹盘（2006SPZ：18）

图425-1　龙泉窑瓷洗（2006SPZ：13）

图425-2　龙泉窑瓷洗（2006SPZ：13）

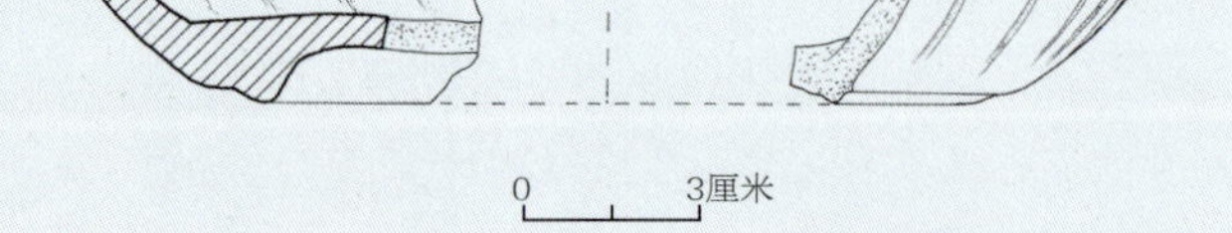

图425-3　龙泉窑瓷洗（2006SPZ：13）

釉陶四系瓶

亦称“韩瓶”，完整器3件，缸胎硬陶。三件形制基本相同。小口，尖圆唇，口沿外圈下与肩部交接处形成一圈深槽，肩部有四系，深腹细长，平底微内凹。

标本2002SPZ：6，高22.1厘米，口径5.1厘米，底径6厘米（图426-1、2）。

标本2002SPZ：7，高22.1厘米，口径5.1厘米，底径6.6厘米（图427-1、2）。

标本2002SPZ：8，高25.5厘米，口径5.5厘米，底径6.5厘米（图428-1、2）。

图426-1 釉陶四系瓶（韩瓶）（2002SPZ：6）

图427-1 釉陶四系瓶（韩瓶）（2002SPZ：7）

图428-1 釉陶四系瓶（韩瓶）（2002SPZ：8）

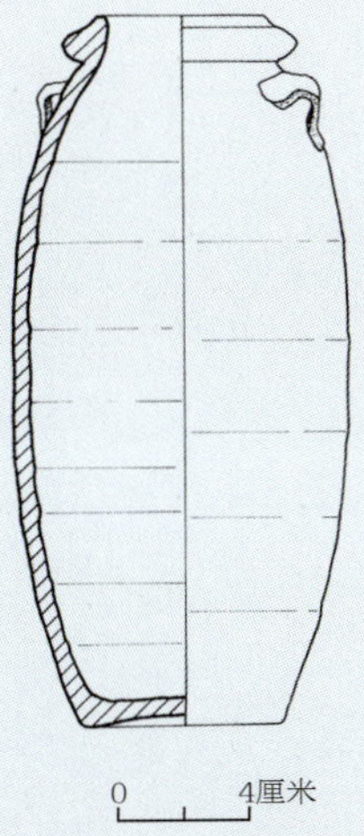

图426-2 釉陶四系瓶（韩瓶）（2002SPZ：6）

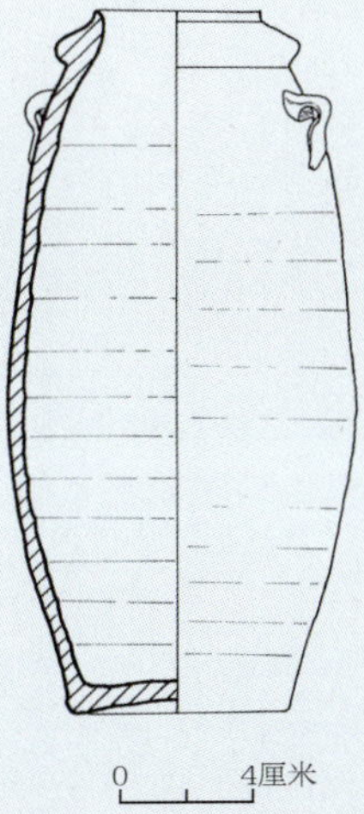

图427-2 釉陶四系瓶（韩瓶）（2002SPZ：7）

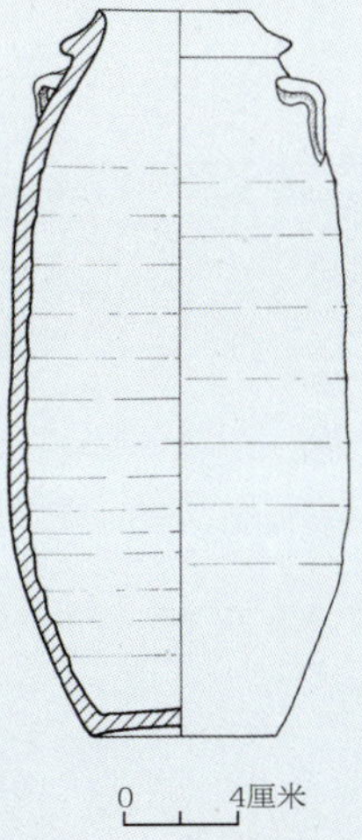

图428-2 釉陶四系瓶（韩瓶）（2002SPZ：8）

第三节　水闸废弃后遗物

水闸内塞满淤泥，上层为水闸废弃后的堆积，内出土了明代青花瓷器残件及碎片等。

碗

敞口弧腹碗，可复原完整4件。白釉，灰胎或灰白胎。

标本2006SPZ：9，可复原完整。敞口，弧腹近直，圈足。外底、足沿、内足墙无釉。外腹壁上二圈，下一圈弦纹，上下弦纹间草龙图案。高5.6厘米，口径13.2厘米，底径5.7厘米（图429-1、2）。

图429-1　青花瓷碗（2006SPZ：9）

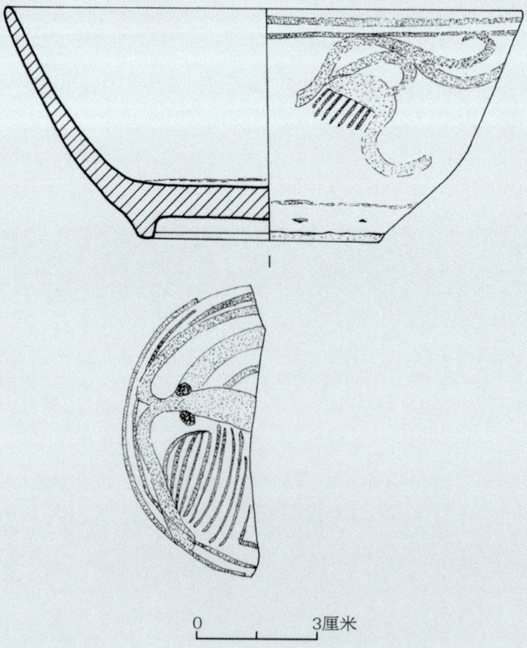

图429-2　青花瓷碗（2006SPZ：9）

图430-1 青花瓷碗（2012SPZ：164）

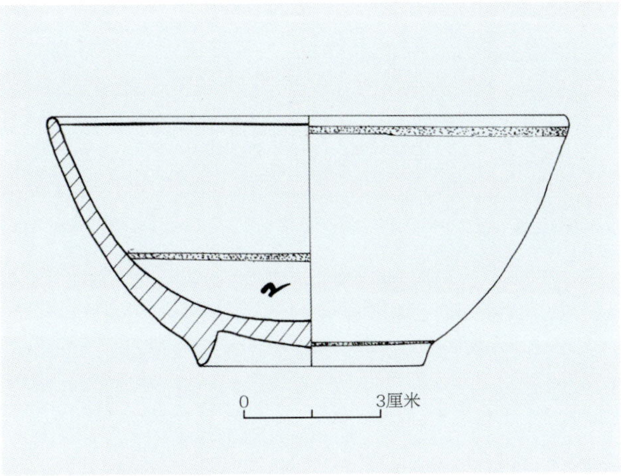

图430-2 青花瓷碗（2012SPZ：164）

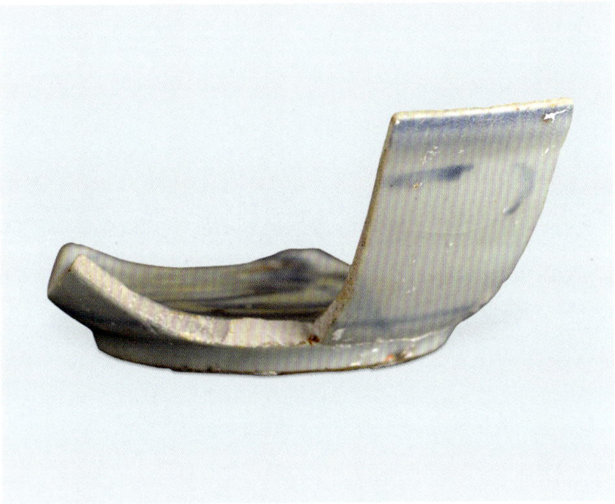

图431-1 青花瓷碗（2012SPZ：167）

图431-2 青花瓷碗（2012SPZ：167）

标本2012SPZ：164，可复原完整。外底、足沿、内足墙无釉。敞口，弧腹，圈足，上口内外及外底有青花弦纹，内底绘青花纹饰。口径11.5厘米，高5.5厘米，底径5厘米（图430-1、2）。

标本2012SPZ：167，可复原完整。外壁上下弦纹，内底绘变形凤纹。口径12.6厘米，高4.9厘米，底径5.7厘米（图431-1～3）。

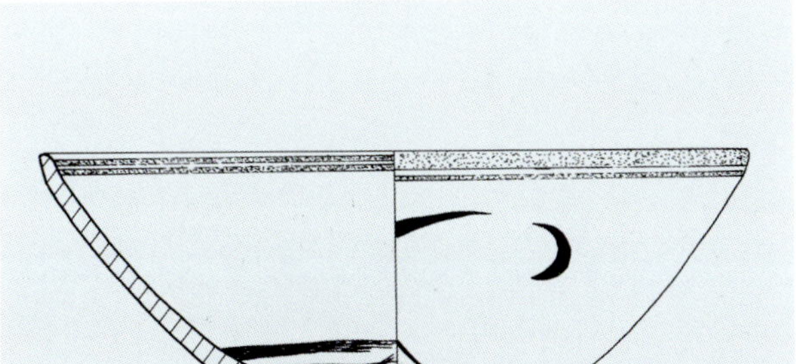

图431-3 青花瓷碗（2012SPZ：167）

标本2012SPZ：171，可复原完整。上口内外及外底有青花弦纹，内底书“白□”，外底粘砂。口径12厘米，高5.7厘米，底径4厘米（图432-1、2）。

碗底，釉色有白釉泛青、白釉泛黄、白釉等三种。灰白胎或白胎，弧腹，圈足。

标本2012SPZ：166，弧腹，外底有2圈弦纹，内底绘禽鸟水草纹。白釉，白胎。底径7厘米，残高2.4厘米（图433-1、2）。

图432-1　青花瓷碗（2012SPZ：171）

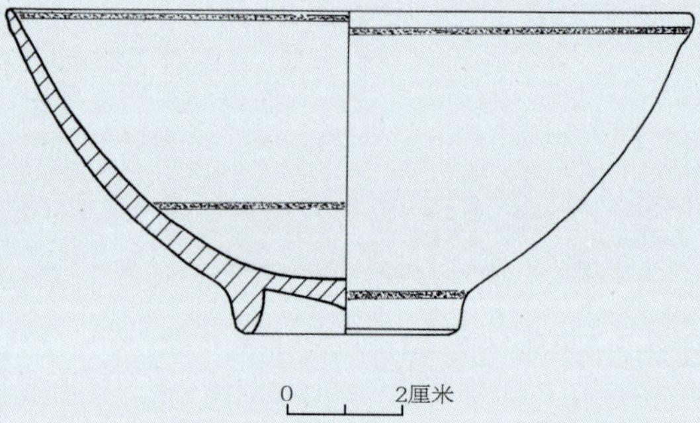

图432-2　青花瓷碗（2012SPZ：171）

图433-1　青花瓷碗（2012SPZ：166）

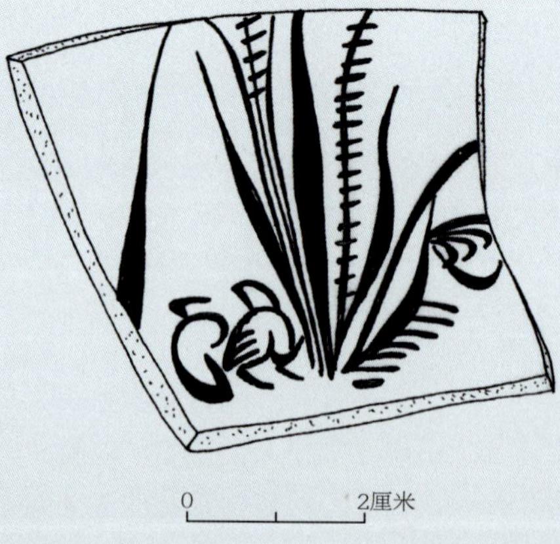

图433-2　青花瓷碗（2012SPZ：166）

标本2012SPZ：162，弧腹，圈足，足沿刮釉。外壁纹饰残损不清，内底绘花卉纹。底径6.6厘米，残高3.8厘米（图434-1～3）。

标本2012SPZ：163，外底无釉，内底行书一“善”字。底径5.8厘米，残高3.7厘米（图435-1、2）。

图434-1　青花瓷碗（2012SPZ：162）

图434-2　青花瓷碗（2012SPZ：162）

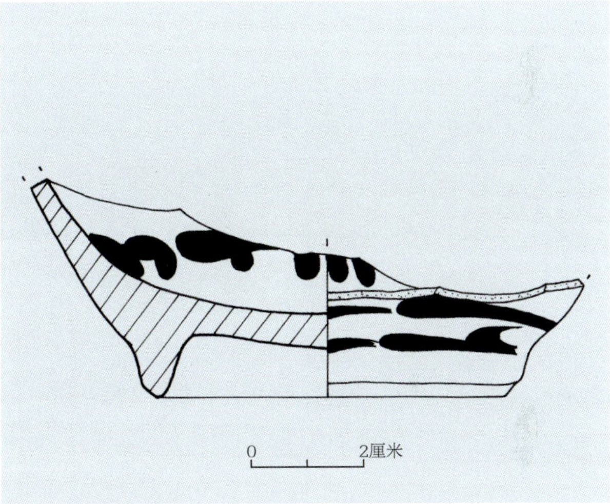

图434-3　青花瓷碗（2012SPZ：162）

图435-1　青花瓷碗（2012SPZ：163）

图435-2　青花瓷碗（2012SPZ：163）

标本2012SPZ：165，足沿刮釉，内底绘鱼水草纹。底径7.4厘米，残高2.6厘米（图436-1～3）。

标本2012SPZ：169，内底无釉，碗心绘一条鱼。底径6.2厘米，残高2.1厘米（图437-1、2）。

图436-1　青花瓷碗（2012SPZ：165）

图436-2　青花瓷碗（2012SPZ：165）

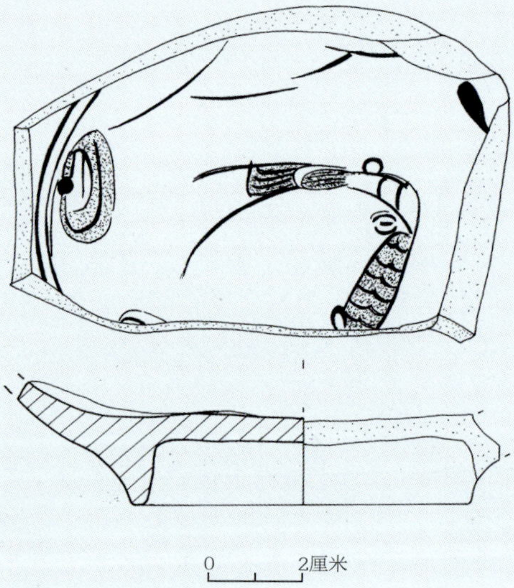

图436-3　青花瓷碗（2012SPZ：165）

图437-1　青花瓷碗（2012SPZ：169）

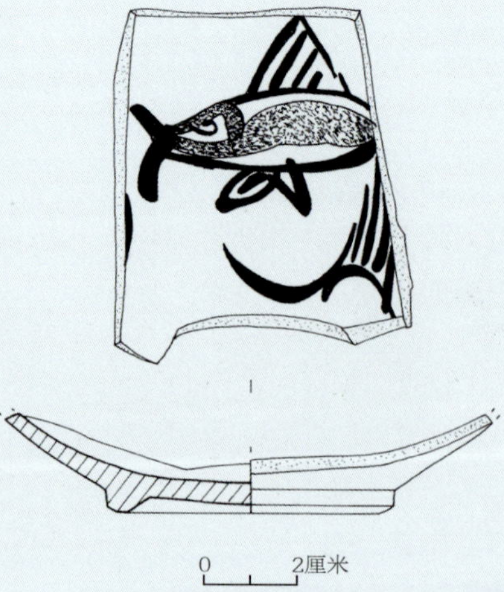

图437-2　青花瓷碗（2012SPZ：169）

标本2012SPZ：170，满釉，内底绘菊花瓣纹。底径4.9厘米，残高2厘米（图438）。

标本2012SPZ：173，外底无釉，内底绘水草纹。底径5.5厘米，残高1.6厘米（图439-1～3）。

标本2012SPZ：174，外底无釉，内底绘水草纹。底径6.1厘米，残高4.1厘米（图440-1、2）。

图438　青花瓷碗（2012SPZ：170）

图439-1　青花瓷碗（2012SPZ：173）

图439-2　青花瓷碗（2012SPZ：173）

图439-3　青花瓷碗（2012SPZ：173）

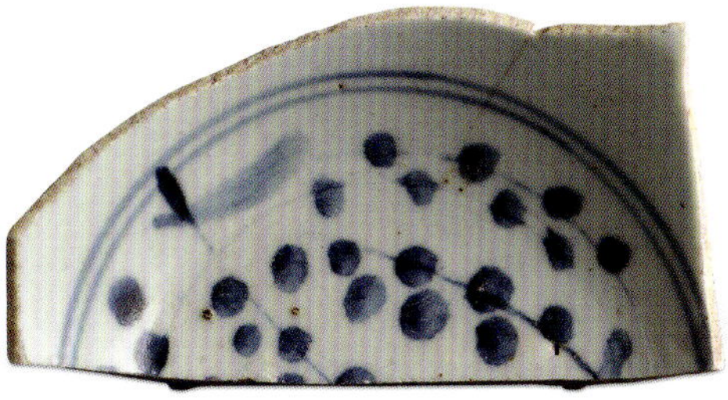

图440-1　青花瓷碗（2012SPZ：174）

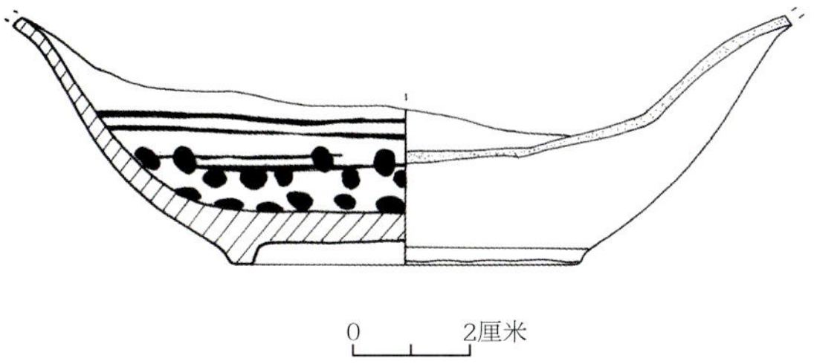

图440-2　青花瓷碗底（2012SPZ：174）

盘

可复原完整2件。

标本2012SPZ：172，可复原完整。侈口，弧腹，圈足。口沿内绘一圈弦纹，内壁及底绘花卉纹。白釉泛青，灰胎。口径13厘米，底径5.6厘米，高3.7厘米（图441-1～3）。

标本2012SPZ：37，复原完整。侈口，弧腹，矮圈足，足沿及足心无釉。上口内外及外底有青花弦纹，内腹壁绘青花纹，从残存看，似为鱼纹。高3.4厘米，口径12.1厘米，底径6.4厘米（图442-1、2）。

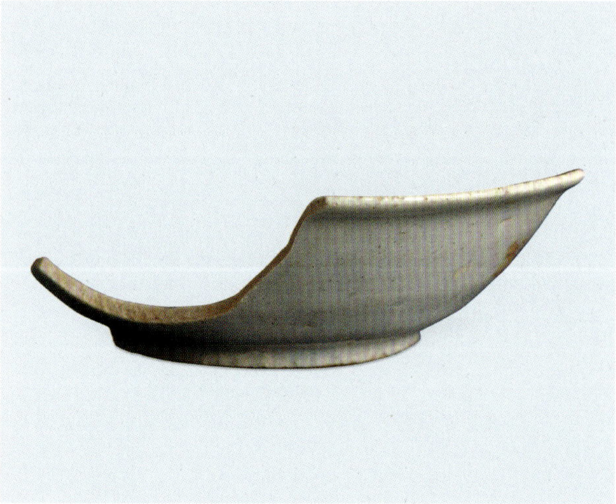

图441-1　青花瓷盘（2012SPZ：172）

图441-2　青花瓷盘（2012SPZ：172）

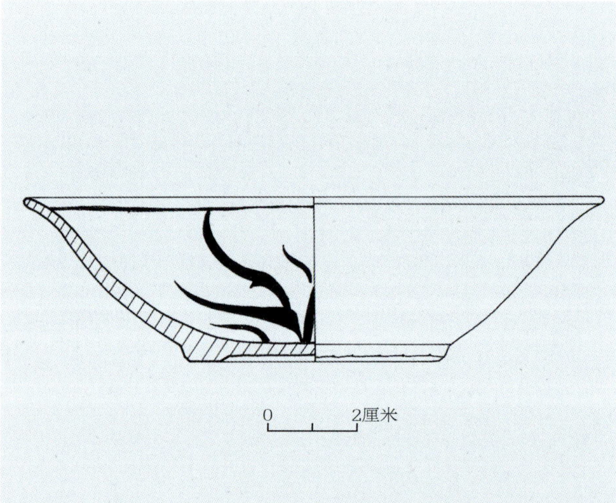

图441-3　青花瓷盘（2012SPZ：172）

图442-1　青花瓷盘（2012SPZ：37）

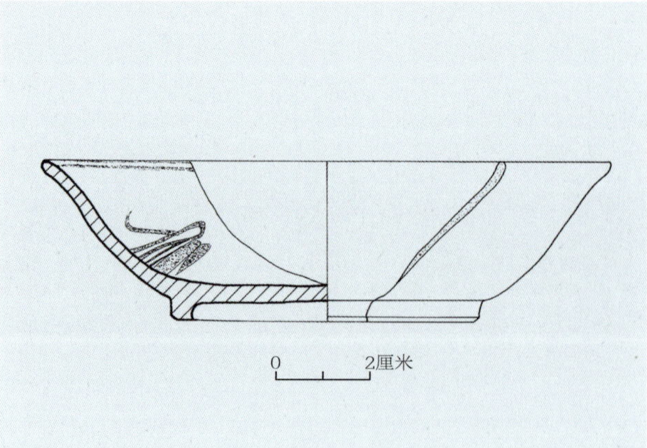

图442-2　青花瓷盘（2012SPZ：37）

盅

可复原完整1件。

标本2012SPZ：168，螭龙纹盅，可复原完整。直口，弧腹近直，直圈足。上口内外、外底、外底心及内底边有2圈弦纹，内底绘花卉，外腹壁绘螭龙纹，外底心有花押。口径8.5厘米，高5.5厘米，底径4.1厘米（图443-1、2）。

标本2012SPZ：161，残件。白釉，白胎，弧腹，外底有2圈弦纹，内底行书一“善”字。底径4.3厘米，残高2.1厘米（图444-1～3）。

图443-1　青花瓷盅（2012SPZ：168）

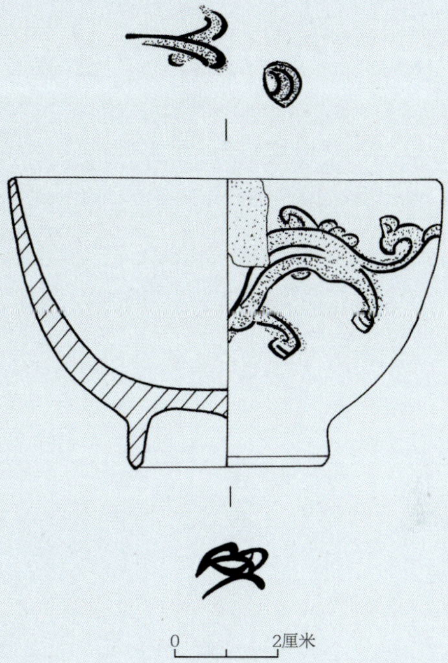

图443-2　青花瓷盅（2012SPZ：168）

图444-1　青花瓷盅（2012SPZ：161）

图444-2　青花瓷盅（2012SPZ：161）

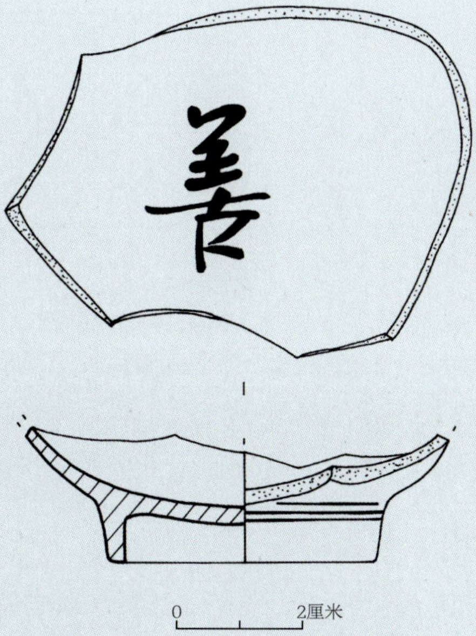

图444-3　青花瓷盅（2012SPZ：161）

第四章

结语

第一节　水闸建造年代和建造原因

水闸的建筑材料和水闸本体中所埋藏的遗物是确定水闸建造年代的直接证据。建造水闸的木桩上有八思巴文戳记。八思巴文是元代在古藏文基础上发明的一种特殊文字，使用范围比较小，主要用于官方文书和印戳，使用时间仅限于元代。水闸闸墙外侧的夯土层内（建造水闸时夯筑）埋藏的瓷器残片年代最晚者为元代。由此证明，水闸的建造年代为元代。

志丹苑水闸遗址距今吴淞江北岸1千米左右。吴淞江，源出太湖瓜泾口，注入东海，是上海明代以前最主要的河道，也是上海的“母亲河”。今吴淞江至黄渡以东的河道主要形成于明代。明永乐元年（1403年）治理吴淞江，放弃了原先的下游河道，同时在今外白渡桥至复兴岛东一段疏浚拓宽范家浜，形成新的河道。明隆庆三年（1569年），又在黄渡至福建路桥附近疏浚宋家浜，成为这段吴淞江的新河道，并在今外白渡桥处注入黄浦江。志丹苑水闸遗址的位置应该距元代吴淞江不远。

吴淞江在唐宋时期上海兴起和发展过程中曾经发挥过重要作用。然而，宋元时期的数百年间吴淞江逐渐淤塞，并日趋严重，极大地影响了上海乃至整个长江三角洲地区的经济发展。治理吴淞江水系是这一时期江南地区水利最重要的任务，朝廷上下动用了大量人力、物力、财力以疏浚吴淞江。志丹苑水闸的位置表明其所在河流属于吴淞江水系无疑，建造志丹苑水闸是元代治理吴淞江水系庞大工程的组成部分。木桩上的八思巴文戳记表明水闸的建造是由官方主持。上海人任仁发是著名的水利专家，曾担任元朝的都水监丞和都水少监，是负责治理吴淞江水系的主要官员，也是治水工程的设计者。任仁发提出吴淞江水系的治理方法有三条：“一曰浚河以泄水，二曰筑堤岸以障水，三曰置闸窦以限水”（《水利集·赵孟頫跋》）。在吴淞江及其支流上建造水闸是元代治理水患的主要方法之一，其基本原理是，关闭闸门以挡住潮流携带而来的泥沙，开启闸门泄河流以冲刷河道，防止淤塞。从元大德八年（1304年）至元泰定二年（1325年）的二十余年间，先后在吴淞江水系建造了多座木闸和石闸，泰定二年所建之赵浦闸即列入其中。

元代，北面注入吴淞江的河流自东往西有“东彭越浦、西彭越浦、赵浦、大场浦、桃树浦”（《水利集》卷七）。今彭越浦、大场浦尚存，并沿用旧名，但二浦之间的赵浦仅留存部分河段，名夏长浦或下场浦，其南端在今灵石路西北断流。水闸遗址位置在大场浦、彭越浦之间，西北距今存夏长浦南端的直线距离约为1.3千米。因此志丹苑水闸遗址应该就是元泰定二年建造的赵浦闸。

第二节　水闸的建造技术与施工

宋代《营造法式》既是对以往官方工程的总结，也是对当时和以后各类工程建筑的规范。《营造法式》卷三“卷輂水窗”和“筑基”条所记载的施工过程同建造水闸有诸多相似之处，但是因为是桥梁或水城门的拱卷的施工，所以其结构同水闸有所差异。例如“卷輂水窗”记载的“上铺衬石方三路，用碎砖瓦打筑空处，令与衬石方平”，就与水闸的施工方式不同。而在《水利集》卷十《营造法式》建造水闸的相关记载中，建造技术和施工要求与志丹苑水闸的基本相同。

《水利集》卷十《营造法式》造石闸的工序为：①“立基”；②“下桩”；③设“断水板”；④设“龙骨木”；⑤铺“万年枋”；⑥垒石。将文献记载和考古发现相结合，就可以复原水闸的建造过程。

首先是水闸的基础工程，以深坑中由木桩和木梁组成的框架为其基础工程。在河床上开挖深坑，沿深坑周壁打入木桩，名擗土桩（《水利集》的元代名称，下同），以加固围护。又在闸身位置打入密集木桩，名顶石桩，作为水闸的基础，上述过程称为“立基”和“下桩”。顶石桩等均用松木，桩之间的空隙用瓦砾、沙石、青滋泥等填实。然后在顶石桩之上架设木横梁，名龙骨木。顶石桩与龙骨木以榫卯结构相连接，据《水利集》所记，相接处“须凿竅楯楦牢，却用丁斜钉，又用瓦屑挨筑，十分牢固”。基础工程完成后建造水闸主体，其底部分为两层，下层万年枋，铺设在龙骨木上，万年枋以企口拼缝，再以铁钉加固。上层铺设底板石，同样以企口拼缝，以铁锭榫连接固定。接下来建造闸墙和闸门，伏驮石的石条拼缝之处使用粘接剂，伏驮石外侧再砌秤砖，秤砖外堆垒秤石，并用瓦砾、沙石、青滋泥等填实。最后在闸墙两侧打桩加固，名撒星桩和挨桩。

第三节　水闸的使用和年代

水闸的门柱除上部残损外，其余部分保存尚好。在两门柱的相对面上凿出闸板槽口，槽口下部插一块木闸板，为一块完整的木板，闸板上保留铁钉孔痕迹。闸门两侧底石上散置铁钩、铁环和钛锔等，当为闸板上的配件和启闭闸板的相关部件。根据这些有限的残存物，试复原水闸的使用方式。吴淞江水系所受到的潮流属于不正规半日潮，即一昼夜潮水两涨两落，因此每天启闭闸门两次。闸门由多块完整的木板组合而成，很可能全部木板拼合在一起，并以铁钉固定，残存的那块闸板上的铁钉孔应该是拼合木板时使用。但是也不能排除闸板由未经拼合连接的几块板组成。前者启闭比较费力，后者相对省力。闸板上安置铁环，用铁钩钩住以启闭闸板。现存闸门石柱上半部两侧面开凿长条形孔眼，可能是安置凸出的配件，以拴住吊起门板的绳索。这样，门板开启后仍然留在石柱槽口内，石柱应该比现在残留得更高，二石柱顶端应该还有横梁相连接。启闭闸板可能使用了简易机械。

根据水闸闸门处的堆积物中有典型的元代龙泉青瓷碗和韩瓶，水闸的使用年代为元代。

第四节　水闸的废弃年代及原因

然而，水闸运行仅几十年，就严重淤塞，无法使用，最终废弃。据清光绪《宝山县志》卷四《水利志・治跡》：“赵浦闸至正间旋废。”关于水闸废弃的原因应该做一些探讨。

设计、建造水闸的初衷是让闸门挡水以积蓄水势冲刷河床。但是，根据对水闸所在河道沉积物的分析，水闸建造之前，河道沉积物以粉砂为主，还有黏土和细砂，沉积物平均粒径较粗，为40～50μm。水闸建造之后，仍然以粉砂为主，另有细砂和黏土，河道沉积物组成和平均粒径变化不大，后者甚至有略微变细的趋势。表明水闸建造后，所在河流的水动力没有明显变化，而且呈现减弱的趋势，并没有能够在落潮开启闸门时形成较强的水势，因此并未将淤积的泥砂清除干净。水闸废弃后，河道沉积物中的黏土含量增加，细砂含量降低，平均粒径显著变细，仅18～25μm。这种变化表明水闸废弃之后，水动力明显弱于早先时候，泥沙愈发容易淤积，水闸主体很快就被覆盖。

影响吴淞江水动力的原因有些属于人为因素。任仁发寻找吴淞江水系的水流动力减弱导致淤塞的原因，指出“因吴江县一带傍太湖长桥下坝等七十余处出水口子或钉木植为栅，或以石筑狭河身为桥，或壅以土草为堰官司置为驿道……将诸港汊皆闭塞”（《水利集》卷四）。但导致河流无法形成较强水动力的根本原因是吴淞江水系所在的太湖碟型洼地地貌，是长期以来在海平面上升和沿海长江泥沙堆积作用下所形成的自然环境。吴淞江流域各河流的河床坡降和水面坡降都很小，并随着海平面上升过程和沿海新生陆地的形成而进一步减小。因此几千年以来流域内的降水只能在平原上泛滥、滞留而很难下泄。

根据对水闸所在河道的沉积物磁组构参数分析、对藻类和有孔虫的鉴别归类，水闸建造之前有一个比较长的时期，降水丰富，吴淞江的淡水径流充沛，水动力比较稳定，但是后来呈减弱趋势，河流作用削弱，潮流作用加强。建闸之前吴淞江的河流作用正处于一个不断减弱的过程，潮流顶托入侵作用加强，因此沉积物中有孔虫含量较高。吴淞江流域淤积泥沙中有相当大的一部分是来自于潮流所携带的泥沙。大量泥沙在长江三角洲形成过程中被江水携带而来，再随涨潮流倒灌入侵吴淞江流域，从而导致吴淞江逐渐淤塞变窄。任仁发治理吴淞江水系有一条基本理念，就是“潮来则闭闸而拒之，潮退则开闸而放之，滔滔不息，势若建瓴，直趋于海”（《水利集》卷二），但是他对潮流带来的巨量泥沙仍然估计不足，也没有充分认识到吴淞江水系特殊的地貌特征对建闸蓄水冲砂的负面影响。在吴淞江支流上建闸，充其量只能挡住被潮流携带入支流的泥沙，改变吴淞江淤塞的作用有限。

水闸废弃的直接原因可能是异常的一次性突发事件。这个地区夏秋季多发暴雨，潮水一天内两次涨落。为了闭闸挡潮，闸门开启的时间不长，如果恰遇天文大潮或风暴潮又突发暴雨，闸内立刻就会出现严重的壅水现象，吴淞江带来的大量物质无法下泄，必然堆积于闸门内的河道。考古发掘获得地层沉积剖面表明，这次事件导致至少30厘米厚的泥沙淤积于河道，致使水闸从此无法运行而废弃。建赵浦闸之前还有两座建在新泾的木闸，建成不久就被突如其来的洪水冲毁，是另一次毁损水闸的突发事件。

根据《水利集》卷二记载，“所开江身阔二十五丈，置闸十座”，任仁发最初计划在新开吴淞江上建闸十座，并在吴淞江水系的许多河流上置闸筑坝，“于吴淞江内两涂开挑及修浚诸河或闸或坝”（《水利集》卷四）。按照任仁发的设想，吴淞江水系的治理是一项牵涉面甚广的庞大工程，但是由于各种原因，实际建闸同任仁发的设想相去甚远，计划半途而废，少数建成的闸根本不能解决问题，志丹苑水闸也难免废弃的厄运。

第五节　水闸的名称和位置

元泰定二年（1325年），于嘉定之赵浦、上海之潘家浜、乌泥泾三处，各置石闸两座。志丹苑水闸是石闸，当为元泰定二年所建六座石闸中的一座。据《水利集》卷七：吴淞江北岸有“东彭越浦、西彭越浦、赵浦、大场浦、桃树浦”。《三吴水考》：“又东为桃树浦，又东为大场浦，又东为赵浦，又东为彭越浦，又东为卢泾浦，俱北通走马塘，南入吴淞江。”今大场浦、彭越浦的名称尚存，仍注入明代形成并延续至今的吴淞江河道。

本水闸遗址位于大场浦、彭越浦之间，西北距夏长浦（赵浦）南端断流处不远，因此水闸同赵浦的关系最为密切。清光绪《宝山县志》上有任仁发“置赵浦闸”的记载。因此水闸遗址很可能就是元泰定二年建造的赵浦闸。

但是也有研究者认为，赵浦闸并非建于吴淞江的支流赵浦上，而是直接建在吴淞江或吴淞江的分水河上。傅林祥认为，因为该闸距赵浦不远，所以名赵浦闸，以同吴淞江上的其他水闸相区分。提出这一看法的理由是，所有历史文献对赵浦闸的具体位置均无明确记载，因此只能根据任仁发的治水设想和建闸规划作出“推论”（以下简称傅文）[①]。推论就是具有逻辑性的推理，或者说就是一种假设。下面我们就傅林祥的推论逻辑性进行讨论。

傅文的推论排在首位的依据是，任仁发建闸的目的是解决吴淞江的淤塞问题，赵浦只是一条小河，水量有限，闸门能够挡住的泥沙很少，况且如果水闸建在赵浦上就无法挡住直接灌入吴淞江的潮砂。这一推论隐含的意思就是，在支流等小河流上建闸对于解决吴淞江的淤塞问题没有必要，即使建闸也没有用，如果建闸就必须建于吴淞江上。那么，文献记载任仁发为治理吴淞江水系而建的所有的闸是否都建在吴淞江或其分水河上，是进行这一推论的前提条件之一。据明《江南经略》卷一下记载：“于嘉定之赵浦，上海之潘家浜、乌泥泾三处，各置石闸两座”，吴淞江水系建造的石闸，不仅在赵浦，还有乌泥泾和潘家浜。后两条河流的大致位置是比较清楚的，它们都是吴淞江以南的河流，但对它们的流向，以往的研究者

①傅林祥：《上海志丹苑水闸遗址考略》，《学术月刊》2005年第4期。

并没有一致看法，或以为它们北通吴淞江，即为吴淞江的支流。如果没有必要在支流上建闸，那么这四座石闸的位置，是否如同傅文推测赵浦位置的方法，建在靠近乌泥泾和潘家浜的吴淞江上？这恐怕是在确定赵浦闸的位置时也要一并思考的问题。我们的看法是，文献所指三个地点各在三条河流上，而不是在吴淞江上。

傅文推论“赵浦闸”建在吴淞江上还有一个依据，赵浦没有分叉，不必建两闸，也不可能建两座闸，因此“赵浦闸”是建在吴淞江上的闸。傅文解释了吴淞江同多闸的关系。傅文在102页上提到闸的宽度。据《水利集》卷二，“所开江身阔二十五丈，置闸十座，每闸阔二丈五尺，可以泄水二十五丈”。傅文指出，任仁发拟开十座闸，才能与吴淞江宽度相抵。一闸宽度2丈多，与志丹苑闸门宽6.8米相近。也就是说吴淞江上要建十座像志丹苑这样的闸才能解决问题。赵浦究竟有没有分叉姑且不论，也暂不论两闸是否都必须建在分叉河流上，仅就傅文对闸宽的理解提出问题。傅文103页上同样是二十五丈约合75米的江身，只要两座赵浦闸就够了，因为志丹苑水闸的最宽处是30米（实际为32～33米，指闸两端的宽度，而非闸门）。傅文把闸两端的宽度与闸门宽度混为一谈，矛盾之处显而易见。

另一位持志丹苑闸建在吴淞江之论的胡昌新从志丹苑闸的河流方向认为应该是吴淞江上的闸[①]（以下简称胡文）。但是志丹苑水闸并非像胡文所论为东西向，而是方位角117度，即入水端西偏北，出水端东偏南。况且整条河流并非只有单一流向，例如黄河流向主体向东，但是也有向北、向南的河段。胡文复原的古虬江流向以东西向为主，但是也有一段近南北向。因此绝对以河流方向决定水闸的位置是很不科学的。

胡文认为任仁发设想的十闸同维则和尚见到实际建成的四闸“是设在河道横断面上，将水闸一字排列的并联方式”。傅文认为，按照吴淞江的宽度恰好相当于两座“赵浦闸”连接，也是所谓“并联方式”。志丹苑水闸的西南侧是居民小区，发现志丹苑水闸时，小区已经建成。我们向施工人员调查后得知，施工过程中只发现零散木桩，并未见类似于考古发现这

①胡昌新：《探索元代“志丹苑水闸”的悬案》，《上海水务》27卷4期（2011年12月）。

样的构筑物。志丹苑水闸的东北侧是延长西路，地面以下布满各类管线。为考古发掘修建地下围护时曾经将地下管线搬迁再复位，施工中同样未发现任何古代构筑物。

但是现在只发现一座志丹苑闸，而文献记载了赵浦两闸，那么另一座闸在哪里呢？难道赵浦两座闸是建在同一条河流的不同位置？联系到乌泥泾和潘家浜应该都是不大的河流，为什么同赵浦一样，都要各建两闸？是否为“串联”的上下两闸？吴淞江通海，吴淞江水系“昼夜两潮，四个时辰涨潮，八个时辰落潮”（《水利集》卷二），因此为了阻挡涨潮时潮砂涌入，闸门必须随潮涨潮落两次启闭，这样一昼夜间就有三分之一时间闸门是关闭的。江南地区经济繁荣，吴淞江水系大小河流舟楫穿梭，河运繁忙，必定受到闸门关闭的影响。如果建造相距不太远的上下两闸，潮来时两闸交替闭启，既挡住潮砂，又不影响舟船通航，岂不两全其美？任仁发治理吴淞江水系、统筹规划水闸布局，是否考虑到航运因素，以建两闸应对？这里也仅作推论，有待今后考古发现和研究的深入。

我们都很关注《水利集》对研究吴淞江水系治理的重要作用，《水利集》论及治水方法有十分关键的一句话：“于吴淞江内两涂开挑及修浚诸河或闸或坝，畎引太湖百川之水拘入本江身内，流转冲涤浑沙，则江河自然深浚，绝无湮塞之虑”（《水利集》卷四）。由此可见，“或闸或坝”是“修浚诸河”的基本方式，包括了吴淞江之外的许多河流，目的是引百川之水入吴淞江。实际上在建赵浦闸之前屡次在太湖、吴淞江水系建闸。大德三年（1299年），“置浙西平江（今苏州）湖渠闸堰凡七十八所，……浚太湖及淀山湖”（《元史·成宗本纪》）。大德八年“开挑务要成就其余河道闸坝可以疏浚兴修者”（《水利集》卷一）。大德九年和大德十年的冬春疏浚吴淞江水系，“上引湖水下通东海及福山许浦等河俱已开通，亦导湖水入江达海，各置闸座依时启闭”（《水利集》卷四）。这些水闸中的绝大多数都应该置于较小的河流上。任仁发治水的三大措施是，“浚河港必深阔，筑围岸必高厚，置牐窦必多广”（《水利集》卷二）；“考之志籍，傍海枕江一浦一堰皆有牐窦，盖欲蓄水于未旱之先，泄水于既涝之后，乃牐窦限水之功也，故不可不立”（《水利集》卷二），看来治水多建闸是由理论依据的。尽管因考古资料有限、文献记载不详的制约，志丹苑闸“建于赵浦”并非定论，但是根据以上分析，这比“建于吴淞江”的推论更加具有说服力。

附录

造石牐[1]

立基　先掘井辨土性虚实，看其土无沙泥，方方扦定界址。譬欲造牐长九丈，阔二丈，须是开掘河身长十四丈，阔八丈，深三丈。如牐造以上以下者，从数增减。不要陡峻以滩为上。如掘河深至二丈，便于河两边打搿土桩二行，然后展深则土不坍。或有泉眼，以木桶盖罩，不致水浆溢出，多则汲去。仍於所开河身两头用水车时常踏出水，令水浸满。

下桩　用松桩，上等长者一丈八尺，径一尺，二千条；中等者一丈四尺，径九寸，四千条；下等者九尺，径七、八寸者，三千条。用上等者作顶石桩，中等者作撒星桩，下等者作挨桩。须是先打上等桩，次打中等桩，后打挨桩。於桩侧用瓦屑、青滋泥和填，从一尺起渐渐筑打积高，须要十分筑实为上。

断水板　板长三丈二尺，厚一尺二寸，高二尺。如此板五片拼缝，或名走马，粘四缝，拼高一丈，用枣核钉五寸长者拼缝。又两头按板长二丈，高厚同，各五片拼置如前，於牐正中禁口横槛下安钉。先於断水板下打九尺桩一行，密下了，然后安沓断水板在上，板两畔却用一丈八尺桩靠板帮打牢密，用水平取定高低，即用二尺丁，每一边连桩间针箇在板上相协出力，板缝并用油灰麻筋振抹不令透水。两头接板同前。

龙骨木　如牐身内部，打桩齐密了，又用砖瓦屑及生炭铺五、六寸厚，填筑牢实了。然后用龙骨木，长二丈，径一尺者，每一条悬二尺，顺牐安置。须凿竅楯楦牢，却用丁斜钉，又用瓦屑挨筑十分牢固。

万年枋　用板方厚五寸五分，长二丈，阔一尺二寸，拼缝了，於龙骨木上铺钉。丁用一尺二寸者，须要缝密。每条龙骨木参差着丁两个，然后油灰麻筋如造船法振粘。龙骨木上一槩浓铺水调石灰三寸厚。

叠石　万年枋已铺完备，即用墨线弹定牐样长阔了。先摆砌伏驮石、并槛石，次用禁口石，又用挨驮石，陆续叠砌脚石，复铺底板石。两辟伏驮石后面用秤砖砌七重阔，并用糯米粥纸筋石灰灌砌，及用秤石挨砖后至一丈高，不用挨石。

拽后桩　如牐两边立禁口、脚石了，即用拽后桩排立八带，如此三重共二百四十条，皆杉木。　三件木名

椿木　拽后木　卧牛木

禁口石、脚石后面用砖砌高七、八尺，即用拐子鍋，每个拽后木上接钉，如此四层，共用六十四个。

[1] "造牐石"为元代《水利集》（四库全书存目丛书编纂委员会：《四库全书存目丛书》史部地理类，齐鲁书社）卷十"营造法式"的一部分，是元代造闸工程的建设施工规范，对今人了解元代水闸各部位的名称、施工要领和建造过程，具有非常重要的研究价值。现转录于此，供参考对照。

后记

志丹苑水闸考古项目始于2001年5月3日线索露头，发掘报告今日付梓，历经16个年头，作为项目责任人，终于了却一桩心愿。

2012年第三次发掘工作结束，考虑到发掘报告的编写需要一段时间，而经过几次发掘和多方研究已经积累了较多资料和成果，也为了满足水闸遗址博物馆开馆前后的需求，决定先出一本综合性文集。文集包含发现、论证、保护、研究等多方面内容。2014年下半年开始编写发掘报告，报告内容比较单一，主旨是完整公布发掘资料。以往资料凡与报告不一者，均以报告为准。对以往研究成果，如无深化，均仅作概括，不再重复。因此文集和报告为一整体，互为补充，互作参考。

发掘报告变动较大的是描述水闸结构所用的名称。水闸作为一类工程构筑，各构成部分都有专用名称，然而，不仅古代和当代的名称差异较大，即使古代不同时期的名称亦有所不同。以往发表的资料和研究成果所用名称比较杂，有的流行于不同朝代，如“地钉”“衬石方”，宋代《营造法式》即用，“衬河砖”和“荒石”等则不见于《营造法式》和《水利集》，当元代后始用。发掘报告对此作了修订，以元代著名的《水利集》卷十中的“造石牐”为依据，尽可能使用元代水闸各构成部分的名称。由于《水利集》记载的简洁、水闸保存和考古发掘的不够完整，并不能将实体与文字一一对应，为此作了不同的处理。对于那些文字描述明确而可以确定实体名称的均用之，如用“万年枋”替代“衬石枋”；“秤砖”替代“衬河砖”；“秤石”替代“荒石”；不同名称的“桩”，如“顶石桩”“擗土桩”等，替代“地钉”。对于尚存疑问的，如“断水板”，以往研究有两种不同意见，或以为在水闸中部闸门处的底板石以下，或以为在水闸两端的进水口和出水口，前者因为未发掘而不知详情，后者在“造石牐”文中无记载，本报告再次就此问题进行了讨论。“造石牐”还提到多种石构物，可以确定的有“伏驮石”“并槛石”“底板石”等。“禁口石”和“脚石”连用，位于“牐两边”，并提及“牐正中禁口横槛”，因此“禁口石”和“脚石”可能是“石门柱”和“顶柱石”，但不确定，报告未用。为更清晰描述，也用了少数清代使用的专有名称，如闸墙的分段：“正身”“雁翅”“裹头”等。为便于欲深化研究者，并供有兴趣者参考对照，发掘报告最后全文录入“造石牐”作为附录。

为水闸考古项目，在进展各阶段做过事、出过力的人很多，其中有著名的考古学家，有市、区各级各职能部门的行政官员，更多的是项目的直接参与者，包括考古、科技、工程等许多方面，有关详情可以看文集的“考古大事记”。我们由衷感谢项目的所有参与者！

万事开头难，水闸考古能够实现的关键是2001年线索发现之初的两次重要会议。一次是当年6月18日召开，以时任中国考古学会理事长的徐苹芳先生为组长的专家论证会，考古、水利专家归纳学术意义，赞同考古发掘；另一次是7月14日召开的专题工作会议，由时任上海市市长徐匡迪主持召集，市领导拍板决定考古发掘，要求各方配合。自此，考古项目正式启动，进展比较顺利。

还要特别提到元代的两位名人：任仁发和赵孟頫。任仁发一生主要致力于水利事业，为治水做出重大贡献。他将历年治理吴淞江流域的过程和经验等汇集于《水利集》，为后人留下了宝贵财富，也为考古人从古代遗存再现那段历史提供了可以信赖和依靠的借鉴。赵孟頫作《水利集》跋，高度评价了任仁发的治水功绩：“水顺其性，民蒙其福，利泽在人心，名声满天下。”我们特地从赵孟頫所书辑出“志丹苑”三字为书名。

每次考古发掘结束后，多少总要留一些遗憾，志丹苑水闸也非例外。为了尽可能多地获取信息，我们在水闸两侧、出水端作了少量解剖，但是在伏驮石（石墙）内侧的闸身部分，只能从建筑施工的钻孔内看到一点底板石及以下的结构。细心的读者，特别是想深入了解一些细部结构的读者会感到失望，例如闸门各部位的连接、闸身中部和两端的“断水板”，都不太清楚。无奈志丹苑水闸是迄今唯一的保存完好的元代水闸，理当原汁原味全貌保护与展示。但愿今后有新的发现以作更多解剖性发掘，实现考古人不懈的探究之愿。

元代为治理吴淞江而建闸多处，赵浦闸就有两处，但发现者甚少，经系统发掘的仅“志丹苑”一处。1948年的航片影像图上，赵浦（夏长浦）

在今南端断流处继续南流至新村路北折向东，在靠近今子长路的同济医院处断流。新村路南、与新村路平行另有一河，图上无名。据调查，此河名老闸港，今宜君路座落其上。老闸港东流至今志丹路折向南，流经志丹苑水闸附近继续东南向注入闸子江（今名真如港）后入吴淞江。老闸港旁原有两个石墩，分别位于今宜君路25号和28弄附近，不知今在何处，或以为此石墩即闸门柱。难道这是另一处“赵浦闸”？至本报告完成之日尚未在赵浦闸的位置上达成共识，在获得确凿证据之前，志丹苑闸是否建于赵浦之上的讨论还将继续。

宋 建